U0538197

天下雜誌出版
CommonWealth
Mag. Publishing

```
BASIC MCS 8080    GATES/ALLEN/DAVIDOFF           MACRO 47(113) 03:12 10-S
F3        MAC      6-SEP-64 03:11                IF ... THEN CODE

3615                                             52520       SUBTTL IF ... TH
3616   004325'  001600   000315                  52540   IF:     CALL
3617   004326'  000000   005336'
3618   004327'  000000   004323'
3619                                              52560       IFE    LENGTH,<
3620                                              52580       IFN    STRING,<
3621                                              52600              LDA
3622                                              52620              PUSH
3623   004330'  001000   000176                   52640              MOV
3624                                              52660       IFE    LENGTH,<
3625                                              52680              CALL
3626                                              52700              MVI
3627                                              52720
3628                                              52740
3629                                              52760
3630                                              52780   LOOPIF:  SUI
3631                                              52800              JC
3632                                              52820   NUMREL=LESSTK-GR
3633                                              52840              CPI
3634                                              52860              JNC
3635                                              52880              CPI
3636                                              52900              RAL
3637                                              52920              ORA
3638                                              52940              MOV
3639                                              52960              CHRGET
3640                                              52980              JMP
3641                                              53000   ENDREL: MOV
3642                                              53020              ORA
3643                                              53040              JZ
3644                                              53060              PUSH
3645                                              53080              CALL
3646                                              53100
3647                                              53120
3648   004331'  001000   000376                   53140       IFE    LENGTH-2
3649   004332'  000000   000654
3650   004333'  001000   000314                   53160              CZ
3651   004334'  000000   003426'
3652   004335'  000000   004326'
3653                                              53180       IFN    LENGTH,<
3654   004336'  001000   000376                   53200              CPI
3655   004337'  000000   000210
3656   004340'  001000   000312                   53220              JZ
3657   004341'  000000   004346'
3658   004342'  000000   004334'
3659   004343'  001000   000317                   53240              SYNCHK
3660   004344'  000000   000245
3661   004345'  001000   000053                   53260              DCX
3662   004346'                                    53280   OKGOTO:
3663                                              53300       IFE    LENGTH,<
3664                                              53320              POP
3665                                              53340              POPR
3666                                              53360       IFN    STRING,<
3667                                              53380              XTHL>
```

;EVALUATE A FORMULA

;GET VALUE TYPE INTO (A)
;SAVE THE VALUE TYPE ON THE STACK
;GET TERMINATING CHARACTER OF FORMULA

;ONTO THE STACK
;KEEPS RELATIONAL OPERATOR MEMORIES
;LESS THAN =4
;EQUAL   =2
;GREATER THAN =1
;CHECK FOR A RELATIONAL OPERATOR
;NOPE
;NUMBER OF RELATIONAL OPERATORS
;IS THIS ONE OF THEM?
;NO SEE WHAT WE HAVE
;SETUP BITS BY MAPPING
;0 TO 1, 1 TO 2 AND 2 TO 4
;OR WITH EARLIER BITS
;STORE NEW BITS
;GET NEW CHARACTER
;SEE IF RELATIONAL
;GET REALTIONAL MEMORIES
;SEE IF THERE ARE ANY
;NO RELATIONAL OPERATORS!
;SAVE RELATIONAL MEMORIES
;PICK UP FIRST NON-RELATIONAL
;CHARACTER AGAIN AND INTERPRET FORMULA
;ANSWER LEFT IN FAC
;A COMMA?

;IF SO SKIP IT

;ALLOW "GOTO" AS WELL

;MUST HAVE A THEN

;POP OFF NUMBER

;COMPARE FORMULA TYPES

天下 雜誌出版
CommonWealth
Mag. Publishing

>BILL
GATES

原始碼
成為比爾·蓋茲

SOURCE
CODE/>
MY BEGINNINGS

比爾·蓋茲 著
吳凱琳 譯

謹此紀念我的父母
比爾・蓋茲與瑪麗・麥斯威爾・蓋茲

獻給我的姊妹
克莉絲蒂與莉比

發現事理的樂趣,本身就是獎賞。

——理查・費曼 (Richard P. Feynman)

目錄

BILL GATES >> SOURCE CODE
原始碼:成為比爾·蓋茲

人物表		11
序言	開始	15
第一章	特雷	23
	從遊戲中學會,問題都有答案,世界可被理解	
第二章	維嶺	49
	在充滿機會的美國,成長在追求卓越的家庭	
第三章	理性	69
	最喜歡在書中探索世界,一夜之間進入叛逆期	
第四章	幸運的孩子	91
	不符合父母期望,在諮商師引導下化解親子戰爭	

第五章	**湖濱學校**	117
	交到一輩子的好友，初次接觸電腦就愛上寫程式	
第六章	**自由時間**	143
	超高專注工作模式成形，把興趣打磨成有用技能	
第七章	**還只是孩子？**	163
	在邏輯與秩序中找到安全感，創業之心開始萌芽	
第八章	**真實世界**	191
	有人陪你一起冒險，你會更勇敢踏出下一步	
第九章	**一場戲與五個九**	245
	寫程式震撼教育，開始思考如何成為領域頂尖	
第十章	**早熟**	267
	在哈佛重新認識自己，認真抉擇未來之路	

第十一章	百搭牌	299
	決定主修數學，為第一台個人電腦寫軟體	
第十二章	絕對的正直	321
	差點被退學的危機，新事業有了新名字	
第十三章	Micro-Soft	337
	立志成為軟體工廠，菜鳥創業家應對各種新挑戰	
第十四章	原始碼	371
	打造獨一無二的事業，人生之路就此底定	

後記	411
致謝	419
圖片來源	427

人物表

*依姓氏字母排序

保羅・艾倫（Paul Allen），蓋茲的好友暨微軟共同創辦人，是蓋茲在湖濱學校的學長，同為湖濱程式設計工作室的成員，也是蓋茲從求學階段到往後事業生涯中最重要的夥伴。

丹・艾羅爾特（Dan Ayrault），湖濱學校的校長，主張非傳統、自由開放的學風。同意蓋茲請假兩個月，投入電力公司系統自動化的程式設計工作。

史帝夫・鮑爾默（Steve Ballmer），蓋茲在哈佛大學的好友，後加入微軟，成為蓋茲重要事業夥伴。

安迪・布萊特曼（Andy Braiterman），蓋茲在哈佛大學的好友，16歲就進哈佛的天才，也是蓋茲後來的室友。

布蘭琪・卡菲爾（Blanche Caffiere），蓋茲在維嶺小學時的老師兼圖書館員，讓蓋茲在圖書館當小助理，啟發蓋茲探索知識的興趣。

湯姆・齊特漢（Tom Cheatham），哈佛大學艾肯計算實驗室的主任，破例同意一年級的蓋茲加入實驗室，使用在當時很先進的 Harv-10 電腦。

麥可・克里爾（Mike Collier），蓋茲兒時在童軍團的健行夥伴，是健行探險團的領導人物，多次帶領蓋茲挑戰高難度徒步健行之旅。

查爾斯·克雷希博士（Dr. Charles Cressey），蓋茲青少年時期的諮商師，引導蓋茲走出與父母對抗的思維模式，也協助蓋茲的父母改變教養方式。

蒙特·大衛杜夫（Monte Davidoff），蓋茲在哈佛的學弟，主修數學，大一時與艾倫、蓋茲一起為 Altair 電腦寫程式，後來也成為微軟初始團隊的一員。

肯特·伊凡斯（Kent Evans），蓋茲在湖濱學校最好的朋友、也是影響蓋茲一生的重要人物，也是湖濱程式設計工作室的一員。

克莉絲蒂（Kristi Gates），蓋茲的姊姊，長蓋茲二十一個月，克莉絲蒂是會計師，微軟初創時期協助蓋茲處理公司稅務。

莉比（Libby Gates），蓋茲的妹妹，家中的老么，比蓋茲小近十歲，蓋茲認為她是三兄妹之中社交能力最強、也最有運動天賦的人。

莉蓮·伊莉莎白·蓋茲（Lillian Elizabeth Gates），蓋茲的祖母。

瑪麗·麥斯威爾·蓋茲（Mary Maxwell Gates），蓋茲的母親，蓋茲形容母親是天生的領袖，為家人設定很高的標準，同時兼顧家庭與事業，也是聯合勸募首位女性主席。

威廉·亨利·蓋茲二世（William Henry Gates II），蓋茲的父親，是家族中第一個大學畢業的人，攻讀法學院畢業後成為律師，也是蓋茲基金會首任領導人，一直是蓋茲堅強的後盾。

吉姆·詹金斯（Jim Jenkins），蓋茲在哈佛大學的室友。

史帝夫·賈伯斯（Steve Jobs），蘋果共同創辦人，從個人電腦時代一開始就是蓋茲長期合作與競爭的對象。

克里斯・拉森（Chris Larson），蓋茲在湖濱學校的學弟，中學就開始參與湖濱程式設計工作室，微軟創立後也到阿布奎基與蓋茲同住寫程式。

約翰・馬瑟（John Mather），哈佛大學數學教授，他開設的「數學 55」高等微積分課對蓋茲有很深的啟發與影響。

J. W. 麥斯威爾（J. W. Maxwell），蓋茲的外曾祖父，是白手起家的銀行家，也是活躍的公民領袖。

小麥斯威爾（J. W. Maxwell Jr.），蓋茲的外祖父。

馬可・麥唐納（Marc McDonald），微軟第一位支薪員工，蓋茲在湖濱學校小一屆的學弟，也是湖濱電腦室大家庭的一員。

保羅・邁恩斯（Paull Mines），在阿布奎基執業的律師，協助蓋茲贏得與 MITS 公司的仲裁，後續持續為微軟提供法律服務。

約翰・諾頓（John Norton），程式設計高手，曾在 TRW 公司指導蓋茲寫程式，啟發蓋茲更加精進磨練程式設計實力。

艾德・羅勃茲（Ed Roberts），MITS 公司創辦人，其公司開發的 Altair 電腦是最早的暢銷個人電腦，蓋茲與艾倫為 Altair 開發的 BASIC 程式後來成為微軟的主力產品。

艾瑞克・羅伯茲（Eric Roberts），蓋茲在哈佛的學長，也是艾肯實驗室實質領導人，與蓋茲一樣是熱愛寫程式的電腦迷，幫助蓋茲很多。

莫妮克・羅納（Monique Rona），蓋茲在湖濱學校的同學母親，創辦「C 立方」，是全美最早的電腦分時系統公司之一，讓湖濱程式設計工作室有機會免費使用電腦。

吉姆・賽斯納（Jim Sethna），蓋茲在哈佛大學的好友。

愛黛兒・湯普森（Adelle Thompson），蓋茲的外祖母，家族稱她為「加米」，影響蓋茲非常深。加米是玩牌高手，從小教導蓋茲「聰明思考」的力量。

艾達・湯普森（Ida Thompson），蓋茲的外曾祖母，家族稱她為「拉拉」。蓋茲自嬰兒時期的暱稱「特雷」就是拉拉取的。

瑞克・韋蘭德（Ric Weiland），蓋茲在湖濱學校的學長，同為湖濱程式設計工作室成員，是蓋茲的好友與微軟早期的重要功臣。

史帝夫・伍德與瑪拉・伍德（Steve and Marla Wood），微軟初始團隊的成員。

史帝夫・沃茲尼克（Steve Wozniak），蘋果共同創辦人，也是微軟早期的合作對象之一。

弗瑞德・萊特（Fred Wright），湖濱學校數學老師，湖濱電腦室的管理者，讓蓋茲與朋友們在電腦室反覆挑戰寫程式，度過在湖濱最快樂的時光。

史坦・楊斯（Stan Youngs），蓋茲在勞雷爾赫斯特小學的好友，暱稱「布默」。

山姆・茲奈莫（Sam Znaimer），蓋茲在哈佛大學的室友。

序言

開始

孩子們的遠征

　　大約 13 歲時，我開始和一群男生出去玩，我們會定期在西雅圖附近的山區長途健行。我們因為參加美國童子軍而認識。我們和自己所屬的童軍小隊去健行與露營很多次，但後來我們幾個很快自成一個小隊，進行我們自己的探險活動，我們把那些活動都當作是遠征探險。我們想要比童子軍活動更自由、更冒險的體驗。

　　通常我們是五個人一起旅行，成員包括麥可（Mike）、洛基（Rocky）、萊利（Reilly）、丹尼（Danny）和我。麥可是老大，他比我們年長幾歲，戶外活動經驗也比我們豐富很多。接下來三年左右的時間，我們一起健行了數百公里。我們會去位於西雅圖西邊的奧林匹克國家森林（Olympic National Forest）與東北方的冰川峰荒野（Glacier Peak Wilderness），也會沿著太平洋海岸線走。我們經常會連續走七天，或是更長的時間，只能依靠地形圖的引導，穿越原始森林與岩石海岸，

試圖計算潮汐時間，迅速繞過岬角。學校放假時，我們會外出一週左右的時間，在各種天氣下健行與露營。在太平洋西北地區，這代表我們整整一週都必須忍受濕透、令人發癢的軍裝羊毛褲，腳趾頭都泡得發皺。我們的冒險不算是技術性登山，沒有繩索、吊帶或是陡峭的岩壁。就只有漫長而艱苦的步行。我們一群十多歲的孩子深入山區，距離救援地點有好幾小時的車程，而且那時候手機還沒有問世。但除此之外，我們的旅行並不危險。

後來我們逐漸成為自信、緊密的團隊。在一整天長途跋涉之後，我們會決定露營地點，幾乎不用說話就能各自投入自己的工作。麥可和洛基會綁好防水布，作為晚上休息時的遮蔽屋頂。丹尼會走去灌木叢撿乾柴。萊利和我則會小心翼翼地用打火棒與樹枝，點燃晚上的篝火。

一切就緒後，我們會開始吃東西。我們的背包裡帶的都是便宜的食物，沒什麼重量，卻足以提供我們在旅途中需要的能量。對我來說，沒有更美味的食物了。晚餐時，我們會把一塊午餐肉切碎，然後與漢堡包或是一包酸奶燉牛肉加在一起。到了早上，我們可能會喝三花即溶早餐粉或是一種粉末，加水攪拌後就會變成西式歐姆蛋，至少包裝上是那麼寫的。我最愛的早餐是奧斯卡梅爾煙燻香腸（Oscar Mayer Smokie Links），廣告標榜是一種「全肉」香腸，現在已經絕跡了。我們使用僅有的煎鍋準備大部分的食物，然後用我們每個人攜帶的咖啡鋁罐

來裝食物。這些咖啡罐就是我們的水壺、醬汁鍋、燕麥碗。我不知道我們當中是誰發明了覆盆子熱果汁。不是什麼偉大的烹飪創新：只需要把即食果凍粉加入沸水中，就可以喝了。它可以當作甜點，或是在健行之前的早晨補充糖分。

我們遠離父母或任何成年人的控制，自己決定要去哪裡、吃什麼、什麼時候睡覺、自行判斷要冒什麼樣的風險。在學校，我們都不是受歡迎的孩子。只有丹尼有參加團隊運動，他打籃球，但不久後就退出了，因為他想留更多時間和我們一起健行。我是團隊中最瘦小、通常也最怕冷的人，而且我總是覺得自己比其他成員弱。不過，我喜歡這種體力上的挑戰，也很愛獨立自主的感覺。健行在我們住的地區愈來愈受歡迎，但是很少有青少年會獨自在森林裡健行八天。

在1970年代，大家面對教養的態度普遍比現在更寬鬆一點。小孩多半擁有更多自由空間。我進入青少年期沒多久，我的父母就已經接受我與多數同齡的孩子不一樣，他們清楚認知到，我在探索世界時必須擁有一定程度的自主性。這種理解得來不易，對我母親來說更是困難。但是父母給予我的空間對我未來人格的塑造，發揮了很關鍵的作用。

回想起來，我們所有人在那些旅程中尋找的，或許不僅僅是同伴之間的革命情感與某種成就感。那個年紀的孩子總是想測試自己的極限、探索不同的身分認同，有時也渴望體驗格局更寬廣、更超越小我的經歷。我開始明確感受到內心有一股憧

憬,想找出自己的人生道路。我不知道自己未來會走向何方,但我知道必須是既有趣又有意義的事業。

那些年,我也花很多時間和另一群男孩玩在一起。肯特(Kent)、保羅(Paul)與瑞克(Ric)和我都在湖濱學校就讀,學校找到方法,讓學生可以透過電話線連上大型電腦。在當時,很少有青少年能夠透過任何形式使用電腦。我們四個人很快就愛上電腦,把所有空閒時間都用來寫愈來愈複雜的程式,探索可以用那台電子機器做些什麼。

表面上,健行與寫程式是毫不相關的兩件事。但是兩種活動對我來說都是在冒險。我跟著兩群不同的朋友一起探索新世界,前往多數成年人無法抵達的地方。寫程式就像健行一樣很適合我,因為我可以自己定義成功的標準,而且寫程式沒有極限,不會受限於我能跑多快、球可以丟多遠。寫又長又複雜的程式需要的邏輯、專注力與毅力,對我來說都是很自然的事。和健行小隊不同的是,在寫程式的小團體,我是領導者。

腦海中的程式

1971 年 6 月,我在湖濱學校快讀完高二時,麥可打電話告訴我新的探險之旅:去奧林匹克山區挑戰長達約 80 公里的健行。他選的目標叫「媒體探險路徑」(Press Expedition Trail),是以 1890 年由報社贊助的探險活動為名。他指的是團員都差點餓死、連衣服都爛掉的那次探險活動嗎?沒錯,但

那是好久以前的事了,他說。

就算已經過了 80 年,這條路線的難度依然很高。那一年又碰巧是有紀錄以來雪量最多的年份,使這個提議更加嚇人。但既然洛基、萊利和丹尼他們所有人都要去,我不可能退縮,加上還有另一位年紀更小的童子軍成員奇普(Chip)也躍躍欲試。我必須去。

我們的計畫是攀登低山脊(Low Divide)山口,然後往下走到奎諾特河(Quinault River),再沿相同路線徒步返回,每晚就住在沿途的小木屋庇護所裡。我們總共花了六、七天的時間。第一天很輕鬆,晚上我們睡在被冰雪覆蓋的美麗草原上。接下來一、兩天,我們開始攀登低山脊,積雪愈來愈深。當我們抵達計畫過夜的地點時,庇護所已經完全被雪掩埋了。我暗自竊喜,心想我們一定會折返,回到剛才經過的另一個更適合過夜的庇護所。我們可以在那裡生火取暖,填飽肚子。

麥可說,我們來投票:折返或是繼續往終點前進。不論是哪種選擇,都代表還要徒步走好幾小時。「我們剛剛經過山腳下的庇護所,比這裡低約 548 公尺。我們可以回那裡過夜,或者繼續前進到奎諾特河,」麥可說。他不需要說明,所有人都知道,折返就表示放棄抵達奎諾特河的任務。

「丹,你認為呢?」麥可問道。丹尼是我們團體的非正式二把手。他比其他人高,是技巧熟練的健行高手,一雙長腿似乎永遠不會疲累。他的意見會影響最後的投票結果。

「我們已經快到了，或許我們應該繼續走，」丹尼說。大家舉手投票時，顯然我屬於少數的一方。我們繼續前進。

走了幾分鐘後，我說：「丹尼，我對你很不滿耶。你原本可以阻止這一切的。」我是在跟他開玩笑，也不是在開玩笑。

我一直記得那天非常冷、我全身都很難受。我也還記得，接下來我做了什麼。我躲到自己的思緒中。

我的腦中開始浮現電腦程式。

大約在那個時候，有人借給湖濱學校一台迪吉多（Digital Equipment Corp）生產的 PDP-8 電腦。當時是 1971 年，那時的我已經開始理解剛興起的電腦世界，但我從未見過這樣的裝置。在那之前，我和朋友只用過體積龐大的大型電腦，而且是同時與其他人共用。我們通常是透過電話線連上大型電腦，這些電腦會被鎖在另一間房間裡。但是 PDP-8 的設計是可以直接給個人使用，而且體積小到能夠放在旁邊的桌上。在那個年代，PDP-8 或許是最接近十年後才會問世的個人電腦的產品，只不過它重達約 36 公斤，要價 8,500 美元。為了挑戰自己，我決定為這台電腦撰寫某個版本的 BASIC 程式語言。

出發健行前，我忙著寫程式，告訴電腦當某個人輸入類似 3(2 + 5) x 8 − 3 的方程式，或是設計一款需要複雜數學計算的遊戲時，應該遵循什麼順序執行任務。程式設計上，這項功能稱為「公式求值器」（formula evaluator）。我邊走邊低頭看著眼前的地面，一直想著我的程式，不斷琢磨需要經過哪些步驟，

才能執行這些操作。小是關鍵。當時電腦的儲存容量很小,所以程式必須非常精簡,盡可能使用最少的程式碼,以免占用太多儲存空間。電腦會透過隨機存取記憶體,儲存正在處理的資訊,當時 PDP-8 的記憶體容量只有 6 千位元組。接下來我開始在腦海中撰寫程式,並試著想像,電腦會如何執行我的指令。走路的節奏有助於我思考,就像我經常原地搖擺的習慣一樣。接下來一整天,我沉浸在自己腦中的程式設計難題。當我們下降到山谷底部時,積雪逐漸消融,眼前是一條地勢平緩的小徑,我們穿越古老的雲杉與冷杉森林,終於抵達河邊,我們紮營、吃我們帶的午餐肉,然後睡覺。

隔天一早,我們再度爬上低山脊,斜向吹來的狂風和雪雨拍打著我們的臉。我們在樹下躲了一段時間,分享一包麗滋餅乾,然後繼續前進。我們經過的每一個庇護所都擠滿了等待風雪過去的健行者。我們只好繼續前進,原本已經感覺冗長的一天,現在更是看不到盡頭。我們在穿越一條小溪時,奇普不小心跌倒,割傷了膝蓋。麥可幫他清理好傷口,並貼上蝴蝶繃帶,現在我們只能配合奇普跛行的速度前進。我依舊默默地在腦中拆解程式碼。那天我們步行了約 32 公里,我幾乎沒有說話。後來我們終於找到有空位的庇護所可以讓我們停留。

就如那句名言:「我很想寫一封更簡短的信,但是我沒時間。」比起寫出冗長雜亂、長達好幾頁的程式碼,要在一頁空間寫完同樣的程式反而比較困難。鬆散的程式運作速度緩慢,

而且會占用龐大的記憶空間。那次的健行，給了我時間寫出精簡的程式。在那漫長的一天，我又進一步簡化程式，就好比削木棍一樣，逐漸把頂端磨尖。我寫出的程式看起來既有效率，又簡單地令人滿意。那是我寫過最棒的程式。

最後一天，太陽終於露臉，我終於感受到每次健行結束之後的滿足感，所有的艱難都已經過去。我對於儲存在腦海中的程式，也覺得非常有成就感。

秋天開學時，借我們 PDP-8 的人就把電腦要回去了，我從未完成我的 BASIC 程式語言專案。但那次徒步旅行寫下的程式、我的公式求值器與它的優雅設計已經烙印在我腦海裡。

三年半後，升上大二的我還不確定未來的人生道路。某一天，我在湖濱學校的好友保羅突然衝進我的宿舍房間，他告訴我，有一台劃時代的電腦上市了。我知道我們可以為這台電腦開發 BASIC 程式，我們擁有領先優勢。我做的第一件事，就是重新回想在低山脊健行、超級悲慘的那一天，從記憶中找回當時寫下的程式，將程式輸入電腦。這顆種子後來發展成全球規模最大的企業之一，並且開創出全新的產業。

第一章

特雷

從遊戲中學會，問題都有答案，世界可被理解

玩牌高手

未來某一天,有一家大公司將會誕生。有一天,長達數百萬行的軟體程式將成為全球數十億台電腦的核心。財富、競爭對手會隨之而來,你隨時都在擔憂如何一直走在科技革命的最前端。

不過在那一切發生以前,我只有一副牌和一個目標:打敗我的祖母。

在我家,想贏得青睞最好的方法就是要很會玩遊戲,尤其是紙牌遊戲。如果你是拉密(rummy)、橋牌或是凱納斯特紙牌(canasta)高手,就能贏得我們全家人的尊敬。我的外祖母愛黛兒・湯普森(Adelle Thompson),我們都叫她加米(Gami),就因此成了家族的傳奇。小時候,我很常聽大家說:「加米最會打牌。」

加米在華盛頓鄉間的鐵路小鎮伊納姆克洛(Enumclaw)長大。距離西雅圖只有不到 80 公里,不過在她出生的 1902 年,這個小鎮算是相當偏僻。加米的父親是鐵路電報操作員,她的母親艾達・湯普森(Ida Thompson)也靠著烘焙蛋糕以及在當地鋸木廠販賣戰爭債券,賺取不多的收入,我們都叫她拉拉(Lala)。拉拉也經常打橋牌。她的牌友與對手都是小鎮的社交名流,像是銀行家的太太、鋸木廠老闆等等。這些人或許更有錢,社會地位更高,但是拉拉靠著在牌桌上擊敗他們的常勝紀錄,縮小了雙方之間的差距。後來加米遺傳了這項天賦,

又將一部分的天賦傳承給她的獨生女、我的母親身上。

我很早就融入這個家族的文化。在我襁褓時期，拉拉就叫我特雷（Trey），這是紙牌術語，意思是「三」。這個稱呼其實有雙關的意思，因為我是家族第三個還活著的比爾·蓋茲，另外兩人是我爸爸與我爺爺。（事實上我是第四個，但是我爸選擇用「小比爾·蓋茲」作為名字，於是我就成了比爾·蓋茲三世）。加米從我五歲就開始教我玩釣魚趣紙牌遊戲（Go Fish）。接下來幾年，我們一起玩了數千回紙牌，我們為了好玩而打牌，也是為了逗樂對方、打發時間。除此之外，外祖母玩牌也是為了贏——而每次都是她贏。

她的高超牌技讓我著迷不已。她是怎麼變得這麼厲害的？她天生就這樣嗎？她有信仰、而且非常虔誠，所以或許是上天賜予的禮物？有好長一段時間，我一直找不到答案。我只知道每次玩牌，都是她贏。任何紙牌遊戲都一樣。不論我多麼努力嘗試打敗她，都沒有用。

1900年代初期，基督科學（Christian Science）[1]在美國西岸迅速發展。我母親與父親的家族都成為虔誠的信徒。我認為我的外祖父母從基督教科學那裡獲得了力量，他們相信真正定義一個人的是他的精神、而非物質層面。他們是相當自律的信

---

1 譯註：深信基督教是科學，認為作為精神的上帝才是真實的，而且存在於萬物之中。反對現代醫學，認為只要虔誠信仰上帝，疾病就會痊癒。

徒。基督科學信徒不會記錄年齡，所以加米從不慶祝生日，也從未揭露她的年齡，甚至是她的出生年分。雖然她信仰基督科學，但是她並沒有將自己的觀念強加在其他人身上。我母親就沒有跟著信仰基督科學，我們家也沒有。加米從來沒有想要說服我們加入。

她的信仰或許影響她成為一個極度自律的人。即便在我還小的時候，我也能察覺到加米有一套關於公平、正義與正直的個人原則。美好的人生，代表過著簡單的生活，將你的時間和金錢奉獻給其他人，最重要的是，要用腦，要保持與世界的互動。加米從不發脾氣、從不八卦或是批評。她也完全不會耍心機。她往往是房間裡最聰明的那個人，但是她會特別留意、讓其他人發光。本質上，加米是一個害羞的人，但是她的內在有足夠的自信，總是能展現出禪定一般的平靜。

在我五歲生日前兩個月，我的外祖父小麥斯威爾（J. W. Maxwell Jr.）因為癌症病逝，年僅 59 歲。他因為信仰基督科學，拒絕現代醫療干預。他在生前最後幾年承受了很多痛苦，身為照顧者的外祖母也跟著受苦。後來我才知道，外祖父相信自己會生病，是因為加米做了某件事，在上帝眼中是某種罪過，所以現在上帝才懲罰他。儘管如此，加米依舊堅定地陪在他身邊，直到生命的最後一刻。我童年時期最深刻的記憶之一，就是爸媽不讓我參加外祖父的葬禮。我不知道發生了什麼事，只知道母親、父親和姊姊都有去送他最後一程，只有我和

保姆留在家裡。一年後，我的外曾祖母拉拉去加米家探望她時，也過世了。

　　從那時候起，加米就把所有的愛與關注都給了我、我姊姊克莉絲蒂（Kristi）以及後來出生的小妹莉比（Libby）。我們的童年都有她的陪伴，對我們後來的為人處世產生了深遠的影響。在我能夠拿起一本書之前，加米讀了很多書給我聽，而且持續了好多年，那些書包括：《柳林風聲》（The Wind in the Willows）、《湯姆歷險記》（The Adventures of Tom Sawyer）與《夏綠蒂的網》（Charlotte's Web）。外祖父過世後，加米開始教我自己閱讀，幫助我朗讀出《九隻友善的狗兒》（The Nine Friendly Dogs）、《這是愉快的一天》（It's a Lovely Day）以及我們家裡其他書本中的單字。等到我讀完家裡的書，她就開車載我到西雅圖圖書館東北分館借更多書。我發現她讀了很多書，而且似乎什麼都知道。

　　外祖父母在西雅圖的溫德米爾（Windermere）高級社區建了一棟房子，足夠容納孫子與家族的聚會。外祖父過世後，加米繼續住在那裡。偶爾克莉絲蒂和我會在那裡度過週末，輪流享有在加米房間睡覺的特權。另一個人就睡在旁邊的臥室，這間臥室從牆壁到窗簾全都是淡藍色。街道與經過的車輛燈光，在那間淡藍色的房間會投射出詭異的陰影。我一直很怕睡那間臥室，所以每次輪到我睡在加米的房間時都特別開心。

　　這些週末的探訪很特別。雖然加米家和我們家相距只有幾

公里,但是每次去那裡過週末,感覺就像在度假。她家有一座游泳池,外祖父還在側院搭了簡易迷你高爾夫球場,我們經常在那裡玩。她還允許我們享受看電視的樂趣(電視在我們家是被嚴格管控的)。加米對所有事情都很有興趣,多虧了她,我的姊妹和我都成了狂熱的遊戲玩家,把大富翁、戰國風雲(Risk)與注意力遊戲(Concentration)等全都變成競技運動。我們會買兩份一樣的拼圖,比賽看誰先完成。但是我們都知道加米的最愛。多數晚飯過後,她會開始發牌,然後狠狠打敗我們。

　　大約在我八歲時,我第一次窺見加米的祕密。我一直記得那天的場景:我坐在餐桌前,外祖母坐在我對面,克莉絲蒂坐在我旁邊。房間裡有一台老舊的大型木製收音機,即便當時也算是歷史遺物。另一面牆有一個大型櫥櫃,裡面擺放了我們每個星期天晚餐時才會使用的特別餐具。

　　房間非常安靜,只聽得到紙牌拍打桌面的聲音,以及瘋狂快速抽牌與配對的聲音。我們正在玩貓捉老鼠(Pounce),這是一種快節奏的多人接龍紙牌遊戲。連續獲勝的高手能夠同時記住自己手中的牌、所有玩家的個人牌堆中的每一張牌、以及桌面上的公共牌堆中的每一張牌。這個遊戲會提升你的工作記憶與模式配對能力,讓你能迅速辨認桌上出現的牌如何與你手中的牌配對。但是當時的我什麼都不懂。我只知道,加米擁有讓運氣轉向她所需要的一切能力。

我盯著手中的牌，大腦迅速尋找可以配對的牌。然後我聽到加米說：「你可以出六，」接著她又說：「你的九可以出了。」她一邊指導我姊姊和我出牌，一邊玩自己的牌。她看不到我們手中的牌，但是她知道我們有哪些牌，這可不是魔法。她怎麼做到的？對所有玩牌的人來說，這是基本能力。你愈能記住對手的牌，就愈有機會贏。但對於那個年紀的我來說，這是很重要的一課。我第一次意識到，撲克牌遊戲雖然充滿了神祕與運氣成分，還是有我可以學習的東西，來增加贏牌機會。我知道，加米不僅僅是運氣好、有天分。她會訓練自己的大腦。我也可以。

從那時候開始，每當我坐下來打牌，我都會清楚意識到，每一手牌都是一次學習機會，只要我願意把握機會。加米也知道這一點。但是這不代表她會讓這個學習過程變得容易。她大可一步一步告訴我各種遊戲的注意事項、策略與戰術。但那不是加米的作風。她不愛說教。她以身作則。所以我們就是不斷地打牌。

我們玩貓捉老鼠、金羅美（gin rummy）、傷心小棧（hearts），以及我最愛的排七。我們會玩她最喜歡的複雜版金羅美遊戲，她稱為海巡羅美（Coast Guard rummy）。我們偶爾也會玩橋牌。我們從頭到尾玩遍《霍爾紙牌遊戲正式規則》（*Hoyle's Official Rules of Card Games*）裡所有的遊戲，熱門與冷門的都玩，包括皮納克爾（pinochle）。

從頭到尾，我一直在研究加米的技巧。在電腦科學領域，有一種名為「狀態機」（state machine）的東西，屬於程式架構的一部分，能夠接收輸入，然後根據一組條件的狀態採取最佳行動。我的外祖母擁有經過精準調校的紙牌狀態機，她的心理演算法能有條不紊地處理機率、決策樹與賽局理論。當時的我無法清楚表達這些概念，但是我已經憑著直覺逐漸理解這些概念。我發現，即使是遊戲中的某些特殊時刻，出現加米可能從未見過的出牌與機率組合，她通常也能做出最佳決定。如果她在某個時刻失去了一張好牌，我會在後來的遊戲過程中發現，她其實是刻意犧牲掉那張牌：為了最後的勝利而預做準備。

我們不停地玩牌，我一次又一次地輸牌。但是我不斷觀察、不斷改進。加米一直溫柔地鼓勵我。當我苦思下一步該怎麼出牌時，她會說：「要聰明地思考，特雷。聰明地思考。」這句話的潛台詞就是：如果我能運用我的大腦、保持專注，就會想出如何打出正確的牌。我就能贏。

有一天，我真的贏了。

沒有大肆慶祝、沒有獎品、沒有擊掌。我甚至不記得，我第一次在一天之內贏牌的次數超過加米時，我們是在玩哪些遊戲。我只知道，外祖母非常高興。我很確定她露出了笑容，肯定我的進步。

後來，大概花了五年時間，我終於可以穩定地贏牌。那時

的我差不多進入青春期，自然特別好勝。我喜歡智力上的較量，也喜歡學習新技能之後得到的強烈滿足感。紙牌遊戲讓我學會，無論某件事看起來多麼複雜、多麼神祕，你通常都可以想明白。這個世界是可以被理解的。

故事的開端

我出生於 1955 年 10 月 28 日，在三個孩子中排行老二。克莉絲蒂 1954 年出生，比我大二十一個月；妹妹莉比要再將近十年後才會出生。嬰兒時期的我總是滿臉笑容，所以被暱稱為「快樂男孩」（Happy Boy）。我不是不會哭，但我小時候感受到的快樂，似乎蓋過了其他情緒。我小時候還有另一個明顯的特徵：精力過剩。我喜歡搖來搖去。一開始是坐在橡膠玩具馬上，一坐就是好幾小時。長大後，即使沒有玩具馬，我也會不停搖晃，坐著的時候搖晃，站的時候搖晃，每當我在認真思考某件事時，身體也會不停搖晃。搖晃就像是我大腦的節拍器。直到現在依然如此。

我父母很早就知道我的心智節奏和其他小孩不一樣。克莉絲蒂和其他小孩一樣，很聽話，很容易和其他小孩玩在一起，一開始上學就拿到好成績。這些事情我全部做不到。我母親很擔心我，她還提前向橡果學院（Acorn Academy）幼兒園的老師說明我的情況。我上學的第一年接近尾聲時，學校主任寫道：「他的母親事先告訴我們他的情況，她似乎覺得他和他姊

姊完全相反,我們的看法也完全一樣。他似乎就是想讓我們知道,他對學校生活的各個方面都不關心。他不知道、也不想知道如何剪裁東西、穿上自己的外套,而且對此感到心滿意足。」(有趣的是,克莉絲蒂對我最早的記憶就是很挫敗的經驗,她總是那個必須負責把我塞進外套的人,穿完外套後,她還要讓我躺在地上,才能順利幫我把拉鍊拉上。)

在橡果學院的第二年,我成了「最近變得好鬥、叛逆的孩子」,這個四歲小孩喜歡獨唱,踏上想像的旅行。我經常和其他小孩打架,「多數時候看起來充滿挫折、不開心」主任在報告中寫道。幸運的是,老師對於我的遠大計畫還是感到相當振奮:「我們覺得被他接納了,因為他把我們列入他的登月之旅的乘客。」老師寫道。(我的登月計畫比甘迺迪還早了幾年。)

教育工作者和我父母很早就注意到某些跡象,也準確預示了未來的發展。我將鑽研加米的牌技的那種強烈熱情,投入到任何我感興趣的事物,至於那些我不感興趣的事物,我則是完全不在意。我感興趣的事情包括閱讀、數學、沉浸在自己的思考中。不感興趣的事情包括生活與學校的日常作息、寫字、藝術與體育,還有大部分我媽媽叫我做的事。

在我的成長過程中,我的父母為了應對這個過動、聰明、常常唱反調、個性激烈的兒子,耗費了大量的精力,這也深深影響了我們的家庭。隨著年紀漸長,我愈來愈能理解我的父母,在我非傳統的成長道路上發揮了很關鍵的影響。

我父親被稱為「溫柔的巨人」，他身高有 200 公分，舉止冷靜有禮，跟人們的想像不同，因為他往往是房間裡最高的那個人。他與人打交道的方式直接、目標明確，這是他的為人，也非常適合他的職業：他是專門為企業與董事會提供諮詢服務的律師（後來成為我們慈善基金會的首任領導人）。他彬彬有禮，但是很勇於爭取他想要的。大學時，他想要的是一位舞伴。

1946 年秋季，他和其他退伍軍人一樣受惠於美國退伍軍人權利法案（G.I. Bill），這項慷慨的計畫讓數百萬人享有原本可能無法負擔的教育機會。不過計畫有一個缺點，根據我父親的估計，華盛頓大學的男生人數遠遠超過了女生人數。這代表找到舞伴的機率非常低。後來他向一位朋友求助，她的名字是瑪麗‧麥斯威爾（Mary Maxwell）。

他知道她是卡帕卡帕加瑪聯誼會（Kappa Kappa Gamma）的幹部，所以他問：她知道有人會有興趣認識一位喜歡跳舞的高個子男生嗎？她說，她會問問看。一段時間過去，她沒有介紹任何人給他。某天他們在聯誼會辦公室外散步時，我爸再一次問她，是否有認識適合的人選。

「我心裡有一個人選，」她說，「就是我。」

我母親身高 170 公分，我父親告訴她，她沒有達到標準，他指的就是字面上的意思。「瑪麗，」他說，「你太矮了。」

我媽走到他身邊，墊起腳尖，把手放在頭頂上，反駁道：

「我不矮！我很高。」

父親總是宣稱，他要母親幫他介紹舞伴，並不是為了要跟母親約會而故意使詐。但事情就這樣發生了。「真是的，」他說，「我們去約會吧。」據說是兩年後，他們就結婚了。

我一直很喜歡聽這段故事，因為它完美地展現了我父母的個性。我爸：深思熟慮、超級務實，有時候甚至在感情上也是如此。我媽：活潑外向，完全不會羞於爭取自己想要的。這是一個簡短、精彩的故事，是完整故事的濃縮版，是一個關於身高以及其他差異的故事，而這個故事最終也深刻影響著我會成為什麼樣的人。

麥斯威爾家族

我媽非常嚴謹細緻地保存了她的生活紀錄、家族旅行與學校音樂劇的相簿、報紙簡報與電報的剪貼簿。最近我發現了我父母在 1951 年春天結婚前一年的通信。婚禮前六個月，我父親在家鄉當律師，他在當年稍早取得了法律學位，這是他畢業後的第一份工作。我母親則是回到大學校園，完成最後一年的學業。她在 10 月寫了一封信給我父親，開頭她寫道，希望接下來的信件內容避免出現「情緒失衡」的字眼，她覺得兩人前一天的對話，就給她那種感受。她沒有詳細說明，但是即將結婚的兩人，似乎對於彼此的結合以及如何弭平雙方的差異，有一些憂慮。她在信中解釋：

關於我們的關係，我的客觀結論是：我們有很多共同點，這是非常美好的一件事。我們對於社交生活與家庭生活的期望是一致的。我認為，我們確實都想擁有緊密的婚姻關係，也就是我們都希望兩人是一體的。雖然我們的社交與家庭背景不同，但是我認為我們能夠理解由此衍生的問題，因為作為個體，我們是相似的。我們都喜歡探討想法，不斷思考與學習……我們想要的東西也是一樣的，我們都希望在誠實與公平的前提下，獲得世界上可企及的成功。雖然我們高度重視成功，但我們都認為不可以為了成功而不公正地貶低另一個人。我們希望我們的小孩擁有同樣的基本價值觀。也許我們的「做事方法」有所不同，但是我傾向於認為，我們可以形成穩固的統一戰線，互補雙方的觀點……比爾，你知道，如果你真的一直愛我，我會為你做任何事。

我愛你，比爾。

瑪麗

我在信中看到他們會私下協商，這樣的溝通模式貫串了我的童年時期與之後的生活。他們會形成穩固的統一陣線，私下再解決兩人的分歧，分歧大多源自於兩人的成長背景。

我的母親瑪麗成長的家庭文化，是她的祖父 J. W. 麥斯威爾（J. W. Maxwell）建立的。她的祖父是一位銀行家，非常寵

愛我母親，終其一生都是持續自我提升的典範。麥斯威爾在內布拉斯加長大，輟學後就說服當地一位銀行家，讓他幫忙挖掘住家的地下室，藉此換取金錢與食宿。兩個月後，麥斯威爾放下鏟子時，那位銀行家直接要麥斯威爾到他的銀行上班。當年他才 15 歲。他花了幾年時間學習銀行業務，之後搬到華盛頓展開新生活。1893 年的經濟蕭條摧毀了他剛起步的銀行事業，原本他預期經濟會起飛的沿海小鎮破產了。後來，他找了一份安穩的工作，成為聯邦銀行審查員。這份工作使他必須長時間離家，騎馬、坐馬車、搭火車在西部各地出差，評估小型銀行的財務狀況。最終他成功創立了自己的銀行。1951 年，當他在 86 歲過世時，我的外曾祖父已經是西雅圖一家大銀行的董事長，也是相當活躍的公民領袖。他擔任過市長、州議員、學校董事會成員、聯邦儲備銀行的總監。

麥斯威爾建立起的財富與機會，在我外祖父（也是一位銀行家）的掌管下蓬勃發展，這表示我母親的童年生活不虞匱乏。她是優秀的學生，參與各種體育競賽與活動，擁有廣大的家族與朋友圈。每個星期天，她會跟家人一起野餐，夏天時就去她祖父在普吉特灣（Puget Sound）的海濱別墅游泳。在任何聚會場合，運動與比賽都是不可或缺的節目，主要包括槌球、沙狐球（shuffleboard）、擲馬蹄鐵（horseshoes），母親當然也學會了打網球、騎馬，也是優雅的滑雪好手。在麥斯威爾家族，比賽有著更深層的意義。舉例來說，打高爾夫球就像經營

銀行，她的祖父寫道，兩者都需要「技巧、持續練習、保持清醒、耐心、毅力與警覺心。」

在我母親保存的其中一本相簿中，有一張照片是在她三、四歲時拍攝的。一群鄰居把孩子聚集在一起拍照，每個孩子都騎著三輪車。加米在照片背後寫下當時的故事。有個男孩騎最大台的三輪車，我母親希望能和他交換，這樣她就能騎最大台的三輪車。不知她用了什麼方法，母親成功讓那個男生答應了。照片中，她笑容燦爛地騎在三輪車上，比其他孩子高出一個頭。她從不害怕展現強勢，不怕去占據屬於她的空間。

母親的自信與企圖心或許同時來自麥斯威爾家族與加米，加米不僅在牌桌上有敏銳觀察力，她也是高中畢業生代表、天賦異稟的籃球選手，她博覽群書，渴望離家追尋更寬廣的人生。加米在華盛頓大學時，認識了我的外祖父。我母親隨後於1946年進入華盛頓大學，有志向遠大的父母全力支持她，全家人都期望她能出類拔萃。

我的父親

隔著普吉特灣與西雅圖相望，就是我父親的家鄉布雷默頓（Bremerton），當地最知名的景點就是海軍造船廠，破損的戰艦都是在這裡進行修復。就在幾年前，這裡被稱為賭城，酒館多到很難在一天之內走完。

小時候，我姊克莉絲蒂和我會搭渡輪到布雷默頓探望我們

的祖父母。下渡輪後，我們會沿著山坡走一段路，抵達我父親從小成長的家，一棟藍色的工匠風房屋，座落在一條安靜的街道上。我們會在那裡住一、兩個晚上。如果電視開著，就是祖父在看拳擊比賽，那幾乎是他唯一允許自己的消遣。我的祖母莉蓮・伊莉莎白・蓋茲（Lillian Elizabeth Gates）和加米一樣喜歡玩牌，我們常會一起玩幾回。我的祖父母和外祖父母一樣，都是基督科學的信徒。我記得幾次探望祖父母的情景，早上奶奶會在廚房，一邊喝咖啡、一邊靜靜地朗讀瑪麗・貝格・愛迪（Mary Baker Eddy）[2]的每日聖經課文給祖父聽。

每當我爸談起自己的童年時，總是對他父親充滿懷念。他說他父親是工作狂，幾乎沒有把時間留給其他事。我祖父經營一間家具店，是我曾祖父傳承下來的，勉強熬過了經濟大蕭條。我祖父一直很憂慮家裡的財務狀況，成了被生意綁架的人質。在藍色小屋後方有一條巷子，早年我祖父下班返家經過那條巷子時，會沿路撿送貨卡車掉落的煤塊。我父親說，他爸爸沒有看過電影，也從不帶兒子去看棒球賽；他認為那些事情會讓他分心，占用他經營家具店的時間。父親說，他爸爸總是生活在恐懼與擔憂之中。

某種程度上，這不是他的錯。我祖父在阿拉斯加州諾姆市（Nome）長大，小時候生活很貧困，全家人僅能勉強糊口

2　編註：美國宗教領袖與作家，於 1879 年創立基督科學。

的同時，我的曾祖父、也就是家族的第一個比爾‧蓋茲，搭上1800年代末的淘金熱，外出尋找發財機會。小比爾不得不在八年級時輟學，開始賺錢養家。他在諾姆寒冷的街道上賣報紙，在他父親離家淘金時，有任何工作他都做。後來，他們搬到西雅圖開始從事家具業。家裡的經濟狀況逐漸好轉，但是祖父早年生活經驗留下的焦慮，從未消失。

我爸說，我祖父的世界觀一直非常狹隘。我爸將部分原因歸咎於缺乏安全感。祖父從未受過完整教育，總是緊守著自己的至理名言，關於世界與人生，他自有一套規則。他會對我父親說：「要學會賺錢，兒子，學什麼都是為了賺錢。」教育是為了獲得工作需要的技能。僅此而已。

我的祖母曾是充滿自信的高中畢業生代表，她有自己的原則，影響了我父親對於自我提升的看法：「你知道的愈多，不知道的也愈多。」但是我祖母在家裡過得並不輕鬆。即使當時的女性已經開始在社會上開創新的生涯路徑，我祖父依舊停留在過去。她不讓我父親的姊姊梅瑞蒂（Merridy）考駕照，甚至不考慮送她上大學。他認為女性只需要與持家有關的技能。

我父親清楚意識到自己與父親之間存在智識上的鴻溝。他爸爸不是文盲，但是幾乎不會閱讀。而我父親想要善用自己的大腦，想要讀大學。他不希望遵循父親為他設定的計畫：接管家具行生意。

我爸爸老家的隔壁，是一棟有如童話故事裡的房子：一棟

諾曼式磚石灰泥建築，有著彩色玻璃窗以及圓錐屋頂的塔樓。整棟建築看起來與周遭的工匠式平房截然不同，被當地人稱為「城堡」。我父親經常和城堡的主人、布拉曼（Braman）一家玩在一起，從此拓寬了他的人生道路。吉米（Jimmy）是布拉曼家的大兒子，是我爸成長過程中形影不離的死黨。我爸說，他非常佩服吉米總是有辦法將瘋狂的想法變成現實，兩人整天都在夢想各種計畫與創業構想。他們在前院擺攤賣漢堡，在後院舉辦馬戲團表演，孩子們居然願意花錢來看我爸打赤膊躺在釘床上，真是有趣。他們還發行一份報紙，叫做《接收者週報》（*The Weekly Receiver*），為他們的 70 位訂戶提供新聞，只要幾美分就能看到從廣播電台精選的新聞內容，以及當地學校足球與棒球賽的比分。

我爸成了布拉曼家的另一個兒子。他將吉米的父親多姆視為人生導師與榜樣，希望自己以後也能成為那樣的人。多姆·布拉曼（Dorm Braman）高中時輟學，創辦了布雷默頓最大的木工廠，後來他成為海軍軍官、還當選西雅圖市長、後來甚至擔任尼克森政府的運輸部副部長。那棟風格獨特的城堡，就是他親手設計與建造的。

我爸曾語帶敬佩地說，多姆「對於人的極限，從不設限」。多姆將這種精神傳承給家中的男孩以及他的童子軍，我父親一滿 12 歲就馬上加入了童子軍的行列。

我祖父和多姆都從學校輟學，但兩人應對這個挑戰的方式

卻完全不同，他們的人生機遇也因此截然不同。我祖父一直生活在焦慮中，死守著他的嚴格規則。多姆從不執著於自己缺少什麼，而是想著自己可以成為什麼樣的人。我爸比較偏愛多姆的世界觀。

我父親在高二那年秋天，從自己房間的櫃子裡拿了 85 美元，走過四個街區到一家二手車經銷商，買了一輛 1939 年款的舊式福特 A 型雙門轎車，輪胎都已經舊到鼓起來了。他父親不讓他開家裡的車，對青少年來說風險太大了。我爸還沒到可以合法買車的年齡，所以是由他姊姊在文件上簽名。（後來說起這個故事時，爸爸告訴我，他姊姊買下了那輛車當他的生日禮物。）

我爸知道這麼做會惹怒他父親，甚至會牽連到其他人。他絕不會花一毛錢替兒子買車，而被他禁止開車的女兒現在居然擁有一輛車。

我父親把車開回家，若無其事地宣布，他現在是一輛淺綠色老舊雙門轎車的車主了。家門口的吵鬧聲驚動了我祖母，她將父子倆拉進室內，強迫他們坐下來和解。我爸堅持養車不會花太多錢，最後他說服了祖父和他一起開車兜風。我喜歡想像他們兩人當時的場景，固執的老人最終也被兒子的雀躍心情感染了。那天晚上，我爸從床上爬起來兩次，只為了看一眼他新買的寶貝。「我真的開心到爆炸。我終於獨立了！」我爸在一篇大學作文中寫道。

我父親將新車取名為克拉貝兒（Clarabelle），他覺得這個名字很符合這輛車的中年形象。克拉貝兒給了他自由，他開著這輛車去約會、看足球賽、釣魚。有時候甚至會有十個人擠進後座折疊椅，還有人掛在擋泥板上，整輛車就這樣在布雷默頓街道與城外崎嶇的林務局公路上顛簸而行。

從那時候起，我父親也開始漸漸遠離基督科學，對宗教本身開始有了懷疑。高中最後那年，他和兩位好友每星期天晚上都去籃球校隊教練肯・威爾斯（Ken Wills）的家，他是很受大家尊敬的教練。每個星期天，他會開放自家健身房，讓那些想打籃球、不想上教堂的人有地方可去。到了星期天晚上，我爸和朋友們會專心聽著教練講述為什麼他們應該質疑舊約聖經與上帝的存在。

當時，美國加入二戰已經快兩年，我父親的許多朋友及45歲以下尚未參戰的男性，都在為上戰場做準備。布雷默頓的上空漂浮著大型防空氣球，為了阻礙日本俯衝轟炸機的攻擊。位於山下的布雷默頓造船廠正在修復田納西號戰艦（USS Tennessee）與其他經歷珍珠港轟炸的倖存船艦。我爸高中畢業後，也隨即加入美國陸軍預備役，在被徵召前可以先進入華盛頓大學就讀。大一結束時，他收到了入伍令。1944年6月，就在數十萬美軍挺進諾曼第海灘一週後，我爸爸到阿肯色州報到，開始接受基礎訓練。

就是在這時，我父親決定要改名。他的出生證明寫的是

「威廉‧亨利‧蓋茲三世」（William Henry Gates III），他覺得對家具店的兒子來說，這名字太高貴了。他覺得名字裡面的「三世」一定會被教育班長與其他同僚嘲笑，所以他正式去掉了名字後面的數字，以「小」（Junior）替代。

我爸在接受基礎訓練期間，以及後來進入預備軍官學校，都經常寫信回家，我在那個19歲年輕人寫的信中已看見了父親的影子。他個性幽默、有自覺，會告訴家人自己很努力，也表現對家人深厚的感情。他在信中不時會透露沮喪的情緒，軍隊的日程安排充滿不確定，很難找時間回家探親。他很會開玩笑，也會因為必須跟家裡要錢（買內衣等小東西，以及他借給另一個新兵15美元）而感到愧疚。多數時候，他都在思考自己的人生。他寫道，軍隊生活很艱難，但是他只想著如何讓自己成長，如何變得更好。他對於在軍中接觸到的新世界感到驚嘆，看見來自各處的年輕人，有窮人、富人、不同膚色的人。我爸曾與來自南方的同儕爭論美國南北戰爭的議題。

軍官學校有定期審查：沒有通過審查，就會被開除。每經過一次審查，我爸班上的人數就會變少。即使他暫時生存下來了，還是要擔心下一次審查，尤其是伏地挺身、引體向上、100碼胸部爬行和其他身體測試項目。他剛入伍時「就是個弱不禁風的人，」他寫道，「我感覺自己成為真正的男人，不再是男孩了。如果我在這裡失敗了，我知道我永遠都無法恢復。如果我成功了，我相信我會變得更有自信、更能應對生活中的

一切。我相信這裡會塑造我的人格。除了精神層面之外，我的身體狀況從未如此好過。」

他的確成功了，以少尉軍銜畢業。1945 年 8 月 15 日，日本投降時，我父親正在前往菲律賓的船上。他是第一批駐東京的美軍，大部分的服役期間都在那裡度過。在他的信中經常可以看到各種鮮明的對比，在清晨攀登富士山時看見的美景，以及美國轟炸東京後的震撼景象：燒毀的房屋與只剩下混凝土結構的建築物。

我爸很少談到他在陸軍服役的經驗。他知道自己是幸運的。軍官學校讓他遠離戰場半年，最後原子彈結束了戰爭。但是他的許多朋友就沒那麼幸運。幸運活下來的人，也很難走出戰爭的陰影。我父母的一位朋友也住在西雅圖，離我們家不遠，戰爭時他頭部中彈，後來成功活了下來。他把破損的頭盔與紫心勳章放在家中展示。如果有人問起，我父親會說，服役對他來說是寶貴的經歷。就這樣，不會再多說。

回到美國後，我爸急著想取得學位、趕快啟動他的職涯，喔，還有，他想去跳舞。

內向與活潑

我父母因為都是學生會志工而成為朋友。華盛頓大學學生聯合會既是社交俱樂部，也是管理機構，因此我父母有很多機會與彼此相處。當時，學生會一直在與大學董事會爭取廢除禁

止政治演講的政策。我知道那項政策激怒了我父親，他試圖推翻禁令，但最終失敗了。

與她只喜歡在幕後工作的未來男朋友不同，我媽是在舞台上發光的人，如果是被同儕推舉上台，她的表現會更出色。憑著一如既往的決心，她在大三時為了競選學生會祕書，發起了極有組織的競選活動。她創作了一首競選歌曲（剛好「瑪麗」〔Mary〕與「祕書」〔secretary〕二字有押韻），還寫了腳本，讓支持者打電話給學生時可以照著腳本拉票。投票日當天，我母親仔細追蹤了五千名投票學生的投票情況。最終，她以懸殊的票數擊敗對手。

在她的其中一本剪貼簿中，收藏了來自朋友與家人的祝賀電報，還有聯誼會姐妹的手寫信箋。她還保留了她祖父寄給她的信。他在信中列出了她那年春天的重大勝利：當選學生會祕書與聯誼會主席，還贏得滑雪比賽冠軍。為了獎勵她贏得這三場勝利，他附上了 75 美元（相當於今天的 1,000 美元），祝賀她「成為眾人矚目的焦點」。

我很容易想像我父母成為好友的過程。我媽非常溫暖、優雅，擁有近乎神奇的交際能力。如果你去一場派對，卻不認識任何人，我母親會是第一個伸出手迎接你的人，她還會帶著你融入派對人群之中。我們教會的牧師曾說過，我母親「從未遇過她覺得不重要的人。」

我能想像她會不由自主地想要引導身材高瘦的小比爾・蓋

茲開口說話。她看得出來他很內向，她會想知道他的故事，他來自哪裡、有哪些朋友、有哪些喜好。她很快會找到兩人的共通點：學生會的成員以及議題。她不是在調情。他比她大兩歲，頭頂已開始稀疏，不太符合典型的帥哥形象。她當時的男朋友倒是很英俊。從照片上看，他的輪廓更加分明、更符合大眾審美。

儘管如此，她還是充滿好奇。這位比爾・蓋茲說話時，沒有任何廢話。他邏輯清晰、有條理、很會分析。有些人想到什麼就說什麼，她最要好的朋友桃樂絲（Dorothy）就是這種人。但是這個年輕人說話時充滿智慧，看起來比身旁的人更老成、想法更深入。此外，他也很風趣。他的笑容很好看，是個開朗的人。

至於我爸，他被我媽的活力、敏捷的思緒，以及勇於表達想法等特質所吸引，就連她在建議別人怎麼做對他們最好時，也很勇於表達。「比爾，我覺得如果你能……會很好，」這大概是他們才剛認識時，母親就對父親說過的話。

而且，他們跳舞時也很合拍。

瑪麗・麥斯威爾的相簿補足了這個故事的其他細節。1948年春天拍攝的照片顯示，她和那位輪廓分明的男人一起跳舞、參加派對以及其他大學活動。但是到了1950年初，他們應該分手了，不再有那個男人的照片，只有一張照片是1950年初、在以流行歌曲〈追夢假期〉（Dreamer's Holiday）為主題

的半正式舞會上,我未來的媽媽、爸爸坐在桌旁,對著鏡頭微笑。我爸在那年春天畢業,同時取得大學與法律學位,這要感謝當時為退伍軍人提供的加速課程。我媽在一年後畢業,取得教育學學位。

他們一定成功化解了之前的信中提到的性格差異,因為兩人在1951年5月結婚了。我媽跟隨我爸來到布雷默頓,當時他為當地一名律師工作,那名律師同時兼任市檢察官。我爸主要協助人們處理離婚訴訟、起訴警方的案件等等。我媽則是在我父親曾就讀的國中任教。

在布雷默頓生活兩年之後,為了追求更好的工作、更有活力的生活,我父母搬到西雅圖。在我出生幾個月後,全家又搬到了維嶺(View Ridge)一棟新建好的房子。維嶺位於西雅圖北方,有小學、兒童公園與圖書館,全都在步行距離內。我們抵達社區時,整個區域都還在興建中。我還留著一段影片,是我爸在我們搬去不久後拍的:你可以看到院子裡全是泥土,還沒有種草坪。我姊姊在水泥人行道上騎著三輪車,人行道路面非常乾淨平滑,水泥看起來就像是液體一樣。往街道另一頭看去,是一棟尚未完工的木造房屋。我看這段影片時,覺得真不可思議,一切看起來都如此嶄新,彷彿整個社區都是為我們這樣的孩子而新建的。

第二章

維嶺

在充滿機會的美國，成長在追求卓越的家庭

六零年代的西雅圖

「轟」的一聲，房子開始搖晃。我媽媽剛剛和克莉斯蒂、我與保母道別，正要出發與我父親會合、共進晚餐。房子開始搖晃時，她整個人愣住了，手還抓著門把。就在那一刻，我們從後窗望出去，看到停車棚的屋頂飛過我們的房子，撞到後院，壓垮了鄰居家的柵欄。

母親立刻帶我們躲進地下室，我們蜷縮在罐頭食品和其他核武攻擊防災物資旁邊。在 1962 年，所有人都為炸彈攻擊做好準備，卻沒想到那個星期五晚上來襲的，是西雅圖有紀錄以來第一個龍捲風。它在我們的維嶺社區成形後，在街道上著陸，先是穿越我們家後院，之後向華盛頓湖前進，在湖面捲起了約 30 公尺高的水柱。

龍捲風只持續了 15 分鐘就消失了。奇蹟似地沒有人受傷，除了有樹木被連根拔起、窗戶破損之外，我們社區大部分的損害都在我們家的停車棚。《西雅圖郵訊報》（*Seattle Post-Intelligencer*）還派了記者和攝影過來。母親將那篇報導的照片貼到記錄我童年的剪貼簿上，照片裡是一位鄰居家的小孩站在被龍捲風夷平的建築物上。

我父親想要舉辦一場烤肉派對，邀朋友來看看我們家停車棚的遺跡，現在已經變成一堆碎木頭、金屬桿與瀝青瓦。但是母親反對。她仍然心有餘悸，如果她早幾秒鐘把門打開，誰知道她、還有我們會發生什麼事。而且，任何體面的家庭都不會

慶祝這種事，這麼做一點都不得體。這不符合我母親心目中的蓋茲家該有的形象。

我姊姊克莉絲蒂和我（還有後來出生的妹妹莉比），都屬於戰後嬰兒潮世代。當時二戰後經濟一片繁榮、樂觀主義盛行，這段期間有一大批嬰兒誕生。當時正值冷戰高峰，民權運動才正開始。龍捲風襲擊我們社區幾個月後，甘迺迪與赫魯雪夫因為蘇聯在古巴部署飛彈相互角力。就在危機最後一天，世界好不容易阻止了核戰爭，我則是在家中拆開我的七歲生日禮物。不到一年之內，25萬人在華盛頓特區遊行，馬丁·路德·金恩（Martin Luther King Jr.）說，他夢想有一天，我們的國家能成為人人生而平等之地。

我對這些歷史事件的認知非常片段，只知道一些名字和字詞，都是在我父母看《CBS晚間新聞》（*CBS Evening News*）或是討論《西雅圖時報》（*The Seattle Times*）上的文章時聽到的。在學校，老師播放了令人毛骨悚然的廣島與蘑菇雲的影片片段。我們還練習如何臥倒掩護。然而，對於在維嶺生活的小孩來說，外面更廣闊的世界感覺起來很抽象。停車棚被龍捲風夷平，應該是我們人生中最戲劇化的事件。在像我們這樣的家庭中，大家都感覺到強烈的信心。我們的父母和身邊其他家長都經歷過經濟大蕭條與二次世界大戰。所有人都看到了欣欣向榮的美國。

西雅圖也和美國其他城市一樣，迅速向郊區擴張。農田與

森林被剷平，變成住宅與購物中心。我們的城市在戰爭期間就開始轉變，地方企業波音（Boeing）成為重要的戰機製造商。我出生時，波音正好成功推出第一架噴射客機，接下來幾年，搭飛機旅行從稀有，到變得稀鬆平常。

　　從我房間的窗戶可以聽到鄰居家另一側的維嶺運動場上，棒球棒擊球的聲音。1960 年，我進入維嶺小學就讀時，學校為了容納超過一千名學生，剛新建了一棟新大樓。不久之後，這一區就會新建第二個小學。往另一個方向的山上走十個街區，可以看到西雅圖公立圖書館東北分館，這個分館擁有該市圖書館系統中最多的兒童讀物。圖書館在我出生前一年開幕，孩子們排著長長隊伍，從門口一路延伸到街上。在我的青少年時期，這裡就像是某種俱樂部，有很長一段時間，一直是我在世界上最喜歡的地方。

　　我們居住的社區是由像我父親這樣的律師、醫生、工程師、商人、以及二戰退伍軍人家庭所組成。受益於軍人權利法案，那些退伍軍人有機會讀大學，在北西雅圖過著比他們父母更好的生活。這個社區全是白人中產階級家庭。如果我是 1955 年、出生在西雅圖的黑人，就不可能住在維嶺。我們的社區與其他附近的社區曾經在 1930 年代實行種族契約，禁止任何「非白人」居住（除了傭人之外）。儘管這項規定已經在 1948 年被最高法院廢除，西雅圖在接下來很長一段時間仍然存在種族隔離現象，有色人種被迫居住在南部的工業區。

世界博覽會

1957年，蘇聯發射了史普尼克號（Sputnik）衛星，驚動了美國，促使美國政府投入大量資金發展科學與科技，國家航空暨太空總署（NASA）與當時稱為高等研究計畫署（Advanced Research Projects Agency）等機構於焉誕生。其中也有部分資金流向西雅圖市中心，當時西雅圖正在籌畫舉辦下一屆世界博覽會，名為「二十一世紀」世界博覽會。博覽會的主軸很快地轉向反擊蘇聯，大力展示美國在太空、交通運輸、電腦運算、醫療等領域的科學實力與未來願景，同時彰顯美國身為全球和平使者的角色。推土機剷平了整條街的低收入住宅，變成博覽會用地。從一張畫在餐巾紙上的草圖，誕生了184公尺高的太空針塔（Space Needle）。

「我們展示了在科學、技術與工業領域付出巨大努力後獲得的成果，」博覽會開幕當天，甘迺迪總統從佛羅里達州透過衛星通訊宣布，「這場博覽會體現了我們秉持和平與合作精神，面對未來數十年的世界。」

幾天後，我媽為我穿上一件扣領襯衫與藍色西裝外套，帶著我和其他穿著超級正式的家人，出發前往二十一世紀世界博覽會。我們看到了才剛搭載首位美國人進入太空的水星太空艙。在太空館，我們遊覽了太陽系與銀河系。我們看到了福特擘畫的未來：六輪核動力汽車「西雅圖人XXI號」，也看到了IBM設計的平價電腦概念：價值10萬美元的IBM 1620。我

們看了一部名為《科學之家》（*The House of Science*）的短片，講述人類思想的進步，包括早期的數學家以及在生物學、物理學、地球科學與電腦領域從事最先進研究的男性科學家（女性科學家的貢獻要等到很久以後才會得到認可）。「科學家把大自然視為一個充滿謎題的系統！」旁白以誇張的語調說道，「他相信宇宙存在某種秩序。」當時的我不太懂具體細節，但是我大致理解到：科學家懂很多重要的事情。博覽會持續的四個月期間，我們反覆參觀了好幾次。我們去了每一個展館，玩了每一樣遊樂設施。我還吃到了在博覽會上首度引進美國的比利時鬆餅。真的很好吃。

如果用好萊塢模式講我的故事，大概會是這種場景：我接近七歲時，被 IBM 展館深深吸引，從此愛上了電腦，再也沒有回頭。對其他孩子很可能是如此。與我共同創辦微軟的保羅・艾倫（Paul Allen）就表示這場博覽會讓他愛上了電腦，就像某些音樂家在某個年紀拿起小提琴之後，就再也沒有放手。但這不是我的故事。我愛上的是勇敢的雙人滑水表演者，我忍不住讚嘆從太空針塔俯瞰的城市景色。不過最棒的（至少對我來說）是野鼠飛車（Wild Mouse Ride），那是一種類似雲霄飛車的遊樂設施，雙人座的鋼製小車和你的身體會在轉彎時猛烈甩動。我記得大家臉上的笑容，以及很多的笑聲。這個遊樂設施很刺激，就此點燃我這一生對雲霄飛車的熱愛。

博覽會展現的科技樂觀主義願景，還是對我產生了影響。

對於正值易受影響的年紀的我，1962 年傳遞的訊息非常明確：我們可以探索太空，消除疾病，更快速、更輕鬆地旅行。科技不斷進步，如果在對的人手中，將能帶來和平。那年秋天，我們全家擠在電視機前，觀看甘迺迪總統發表「我們選擇登月」演講，總統告訴全美國人民，我們必須充分利用我們的精力與技能，創造美好的未來。幾天後，我們看了《傑森一家》（*The Jetsons*）的首播，這部動畫描繪了甘迺迪總統所說的未來，包括飛行汽車與機器狗。透過電視主持人克朗凱（Walter Cronkite）與《生活》（*Life*）雜誌，我們不斷看到新奇蹟出現：第一個雷射器、第一個卡帶、第一台工廠機器人、第一個矽晶片。對當時的孩子來說，所有人都一定能感受到那種興奮的情緒。

「一個井然有序的家」

這種充滿無限潛力的氛圍正是我早年生活的背景，也是我媽對於我們家的未來懷抱的期望。我的父母一起撫養我長大，但母親的風格是把時鐘調快 8 分鐘、讓我們能遵守「媽媽時間」。

從一開始，我媽就為我們家設定了遠大的願景。她希望我父親非常成功，不過不是由金錢定義，而是建立聲譽、為社區服務，在市民與非營利組織發揮更大的影響力。她期望她的孩子在學業與運動都能出類拔萃，積極參與社交活動，全力投入

他們所做的每一件事。她的孩子當然全都要上大學。在這個願景中，她扮演的角色是提供支持的伴侶與母親，並成為社區的一股力量，最終也會建立屬於自己的事業。雖然她從未明說，但我猜想她為蓋茲家設定的典範，有受到當時最負盛名的一個家族——甘迺迪家族的影響。在 1960 年代初期，在所有的悲劇與問題降臨到這個知名家族之前，他們就是全美國的家庭典範：英俊美麗、成功、積極、愛運動、講究生活。（母親的一些朋友曾拿她類比前第一夫人賈桂琳·甘迺迪。）

我們的生活遵循著母親制定的常規、傳統與規則。用父親的話來形容，母親管理著「一個井然有序的家」。對於生活各層面，從最尋常的小事到最重大的決定與計畫，她都有明確的對錯標準。平凡的日常瑣事，像是整理床鋪、打掃我們的房間、穿衣服、燙衣服、為一天做好準備，都是神聖的儀式。你不可以不整理床鋪、沒梳頭、或是穿著皺巴巴的襯衫出門。母親從我們小時候就開始反覆重申的告誡，如今已成為我的一部分，雖然我還是沒遵守：「不可以在電視機前吃飯」，「手肘不能放在餐桌上」，「不要把番茄醬瓶子帶到桌上」（一定要用附有小勺子的小碟盛放調味醬，這樣才體面）。對母親來說，這些小事都是建立生活秩序的基礎。

1962 年，就讀低年級的我會和克莉絲蒂爬上一座小丘，抵達維嶺小學，我姊姊在學校已經樹立了好榜樣，學校老師對我也有同樣的期望。克莉絲蒂會乖乖遵守規則。她會在我們家的

車後座監控時速表，只要我父親超速，她就會提醒我父親。在學校，她是非常認真的學生，對老師很有禮貌，總是按時完成作業，最重要的是，她成績很好。

就如母親之前告訴幼兒園老師的，我和我姊姊完全不一樣。剛上小學時，我自己在家讀了很多書。我學會了如何自學。我很喜歡快速吸收新知、沉浸在橋梁書的樂趣。但是學校對我來說進度太慢了，我很難對課堂上的學習內容產生興趣，很容易就走神。如果有某件事吸引了我的注意，我可能會突然從座位上跳起來、連忙舉手，或是大聲說出答案。我不是故意要破壞班上的秩序，但我的思緒很容易進入不受控制的亢奮狀態。同時，我也覺得自己與其他同學格格不入。我的生日在10月底，所以我的年紀比班上多數同學都小，而且我看起來也確實如此。我很瘦小，說話的聲音也特別尖細，我在其他孩子面前總是顯得很害羞。而且我有搖晃身體的習慣。

我感覺我父母與老師之間的聯繫比其他小孩的父母還要密切。什麼家庭會在學年開始時邀請小孩的老師到家裡晚餐？我不認為其他父母會這麼做。但是對我父母來說，這是很自然的事，這代表他們很重視小孩的教育。對克莉絲蒂和我來說，我們只覺得無比尷尬。看到自己的老師在家裡的餐桌上吃飯，那樣的場景實在很詭異。那幾年，只有一位老師拒絕我父母的邀請，因為擔心被招待鮪魚砂鍋會有利益衝突。（那位老師等到學期結束後，才接受晚餐邀請。）

我父母不會追問我們的成績。我們會從媽媽談論其他家庭的情況，間接知道父母對我們的期望。如果她朋友的兒子或女兒成績不佳，或是惹上麻煩，我媽會猜想她的朋友可能很失望。她從不會對我們說，不要像那些孩子一樣。但是從她描述那些故事的遺憾語氣，我們就能理解她的潛台詞：不要胡鬧，要出人頭地，不要讓我們失望。他們還制定了獎勵制度：如果有一科的成績拿 A，就有 25 美分獎金；如果所有學科都拿 A，就可以去你選擇的餐廳享用晚餐，通常是在超過 180 公尺高的太空針塔頂樓新開幕的旋轉餐廳「穿針之眼」（Eye of the Needle）。我們每次都是靠克莉絲蒂的成績才能去那家餐廳，身為弟弟，無論我的表現如何，總是能跟著一起去。

　　那時候我媽開始花更多時間參與社區非營利組織的志工活動，例如少年聯盟協會（Junior League）或是後來被稱為聯合勸募（United Way）的組織。她通常會在下午出門，所以我姊和我放學回家時，加米會在家裡等我們。每次看到加米站在家門前，我就很開心，她會帶著我們進屋、給我們吃麗滋餅乾加花生醬或是其他小孩愛吃的零食，然後問我們在學校過得怎麼樣。接下來，我們會看書或是玩遊戲，直到母親回家。加米就像我們的第三位家長，跟我們一起度假、參加聖誕滑冰派對、避暑，參與幾乎所有家庭活動。其他家庭都知道，每次和蓋茲家碰面，通常也會看到我的外祖母，她總是穿得最正式體面，佩戴珍珠項鍊，頭髮梳得整整齊齊。不過，她從不把自己視為

我父母的代理人。她是我們的朋友、是充滿耐心的老師。她希望給予我父母足夠的空間，讓他們用自己的方式養育我們。她尊重不同角色之間的明確界限，她總是在我父親結束工作返家前，跟我們道晚安、然後返回自己的家。

我父親進家門後不久，全家人會一起坐下來吃飯。這時候我母親通常會叫我把書放下：不能在餐桌上看書。晚餐是與家人分享的時刻。我媽聽說甘迺迪的父親約瑟夫・甘迺迪（Joseph Kennedy）會指派他的每個孩子不同的主題，要在餐桌上報告分享。我們未來的總統必須在吃胡蘿蔔的空檔，概述阿爾及利亞的近況。我們曾在晚餐時討論甘迺迪家族的這項儀式，以及在那全家共處的一小時可以學到一些重要的事。我父母沒有期望我們詳細解說任何主題，但是我們會聊各自的日常，他們也會分享自己的事。透過這些對話，我開始在腦海中想像成年人的生活樣貌，以及在大人們更廣闊的世界裡發生的事情。

晚餐時母親談到少年聯盟協會的活動，以及聯合勸募面臨的某些挑戰，我因此第一次聽到「配比基金」（matching fund）或「衝突解決」等詞彙。我感覺到我媽嚴肅的語氣，她認為每個人都應該得到公平對待，每個議題都應該經過仔細考量，每一分錢都應該要花在刀口上。我母親用一句我們經常聽到的話，總結她的處世哲學：每個人都應該當「優秀的管事（steward）」。她的意思與韋氏字典的定義完全一致：謹

慎、負責任地管理其他人託付之事。這就是我母親的真實寫照。

當時我父親任職於史其爾法律事務所（Skeel, McKelvey, Henke, Evenson & Uhlmann），這家事務所向來以強勢、毫無破綻的訴訟策略聞名。我不認為法庭鬥士的角色符合我父親的性格，但就像他在軍中服役時一樣，他應該也會認為這是很好的自我訓練。雖然我不了解案件的細節，但我知道那些公司付錢請我父親完成一些很重要的工作。那時候，在我們家很常聽到「范沃特斯羅傑斯」（Van Waters & Rogers）這個名字，那是當時正在迅速成長的一家本地化工公司，也是父親最大的客戶之一。

在我能理解律師實際的工作內容之前，我就從父親身上感覺到，法律是值得尊敬的領域。從他分享的故事，就能隱約知道他的正義感源於何處。我聽說過坎威爾委員會（Canwell Committee），那是一場反共產主義的獵巫行動，在我父母就讀華盛頓大學期間席捲了整個校園。主持委員會的州議員艾伯特・坎威爾（Albert Canwell）禁止交叉詢問、提出異議，完全無視其他公正原則。委員會斷送了許多無辜者的職業生涯，其中包括教過我爸爸的兩位教授。這只是前奏，幾年後全美各地陸續召開麥卡錫聽證會（McCarthy hearings）。我父親看到聽證會的報導時震驚不已，對於委員會公然踐踏司法正義的行為感到不齒。

我父母偶爾會讓我們看當時的熱門電視劇《梅森探案》（Perry Mason），劇情描述一位厲害的刑事辯護律師遭遇的種種挑戰。每一次，就在片尾字幕開始播放時，令人困惑的案件細節就會神奇地串連在一起，所有問題都獲得解決。但是聽我爸的描述，讓我知道法律（與人生）跟電視劇不一樣。他負責的案件感覺都非常複雜。晚餐後，他通常會繼續工作到很晚，埋首在餐桌上的一大堆文件之中，為隔天的案件做準備。真實世界的律師工作遠不如電視劇裡那般光鮮亮麗，但是對我來說卻更有趣。

你可能會覺得我把我的父母形容得好像道德很高尚、很堅定投入志工服務與回饋社會，那是因為他們真的是那樣。他們花很多時間在規劃、開會、打電話、籌備活動，做一切能幫助社區的事。我父親心甘情願地花一整個早上的時間，穿著夾心板，站在街角宣傳學校的稅收議案，當天晚上再去參加基督教大學青年會（University YMCA）的董事會會議，他曾擔任過董事會主席。我三歲時，我母親主持少年聯盟的一項計畫，在四年級的教室裡展示博物館文物。我知道這件事，是因為我們登上了報紙。照片中是我們母子與一箱醫療器材，下方的圖說寫著：「小威廉・蓋茲夫人看著她三歲半的兒子威廉・蓋茲三世觀察蒂利庫姆盒子（Tillicum Box）裡的一組老舊醫療器材。」

我父母的朋友也選擇差不多的生活。他們不覺得有必要離

開家鄉,到紐約或洛杉磯追求更精彩的生活。他們從華盛頓大學畢業,取得法律、工程與商業學位後,就在母校與朋友家附近的地區定居。他們生小孩、創業、加入企業、競選公職,然後投入他們各自版本的學校稅收案或基督教青年會。我父親的許多朋友都是市政聯盟的成員,不是保齡球聯盟,而是由一群年輕的進步派成立的組織,多數成員就和我父母一樣,三十歲出頭,決心要顛覆他們眼中僵化的西雅圖市政府。我爸向我們解釋聯盟如何評估政治候選人的資格,並在選舉年公布評分結果。在 1960 年代初,我們曾在晚餐時聊到聯盟希望清理華盛頓湖。多年的汙水排放與廢棄物傾倒,汙染了湖水。到了 1960 年代中期,「汙染水域,不宜游泳」的告示牌已經被拆除。

跟這些成年人接觸對我有多大影響?對我長大後當然有影響,但是在我小時候,我最大的感受是成年人的生活很忙碌,我父母總是很忙,他們的朋友也都很忙。

父母的朋友來我們家時,我父母會期望我姊和我能與客人們互動。我媽通常會交辦任務給我們。我的工作就是在大人們在玩橋牌時,負責倒咖啡。讓媽媽看到我繞著桌子、小心翼翼地讓咖啡壺傾斜,將咖啡倒入瓷杯中,正如她教我做的那樣,讓我感到很自豪。即使到現在,每當我想念母親,想感受到我媽就在我身邊時,仍然會想起這段記憶。我感覺自己很重要,是成年人生活的一份子,是他們歡樂時光不可或缺的一部分。

奇里歐的夏天

在地圖上，胡德運河（Hood Canal）看起來像鋸齒狀的魚鉤。實際上，它不是運河（運河是人造的），而是由冰川形成的峽灣，位在西雅圖西南方的奧林匹克半島（Olympic Peninsula）。我父親小時候在那裡釣到人生的第一條魚（幾乎和他身高一樣長的鮭魚），他在參加童軍期間也曾在運河邊露營。我母親曾到那裡參加由職業婦女福利互助會（Soroptimist）兩位領導人主辦的露營活動，互助會是由一群女孩與婦女組成的志工團體。我父母結婚後，每年夏天都會去胡德運河。我留存的一張最早的照片，是我大約九個月大的時候，父親坐在長椅上，把我抱在腿上，祖父就坐在我們旁邊——三個比爾・蓋茲，胡德運河，1956年。

從1960年代初期開始，我父母和他們的朋友每年7月都會租下奇里歐度假小屋（Cheerio Lodge Cottages）。我到現在都記得北岸路旁藍白相間的奇里歐招牌，我們的車會轉進未來兩週大家即將居住的小木屋區。這裡並不豪華，由十間小屋組成，旁邊有一座網球場，中央區域有篝火坑。附近有樹林、開闊的田野與卵石海灘。對小孩來說，這裡就是天堂。我們游泳、在小船裡嬉戲、撿牡蠣、在樹林裡奔跑、玩奪旗遊戲。我會吃很多漢堡與冰棒。通常都是相同的十個家庭參加，連同大人與小孩共有約50人。他們都是我父母最要好的朋友，其中有不少是大學時期就認識的朋友。我父親會卸下嚴肅的律師面

孔,變成我們口中的「奇里歐市長」,負責策劃娛樂活動、管理孩子的作息。每天晚上,當營火將滅,所有的孩子都知道,看到我父親起身就是信號,所有人都會跟在他身後排隊,由他帶領我們回到各自的小屋。我們跟在後面走,唱著自己編的歌詞,用電影《桂河大橋》裡的《布基上校進行曲》(Colonel Bogey March)的曲調(後來我看了電影才知道那是戰俘集結歌。但對我姊和我來說,聽到這首歌總是讓我們想起父親和一群孩子跳舞的場景。「前進吧,走去奇里歐……」)

我父親身為奇里歐市長,也會負責主持奇里歐奧運會開幕典禮。我們會點燃火炬,為這場盛會拉開序幕,一名頭戴樹葉桂冠的男孩,手持燃燒的火炬(那是1960年代)跑步,為期數天的比賽正式開始。比起運動能力,奇里歐奧運比較像在測試一個人的敏捷度與動力,比賽項目包括:麻袋賽跑、跑步比賽、兩人三腳比賽、穿越汽車內胎障礙賽、湯匙托蛋賽跑。我還記得父親扶著我的腿參加獨輪手推車比賽。不論是哪種比賽,我都全力以赴,力拼在一天結束時能登上頒獎台。我雖然不夠敏捷,但是我的動力很強。

來到奇里歐一星期後,大人們會將每個家庭的名字寫在紙上,讓孩子從一個藍色的小盒子中抽出一個名字。你抽到什麼名字,可能是鮑(Baugh)、伯格(Berg)、卡佩羅托(Capeloto)、梅里特(Merritt),就要去那一家的小屋,與那一家的父母共進晚餐。他們的小孩也會抽出即將共進晚餐的

家長。這是我母親想出的玩法。當我回顧童年時光,總是反覆出現相同的模式:我姊和我經常被推入需要社交的情境中,特別是與成年人交流。我媽認為,她的朋友都是角色典範,她希望我們也能成為那樣的人。他們全都有讀大學,都非常有企圖心,在保險、金融與木材公司擔任管理職。有位父親在福特工作,還有一位父親擔任美國聯邦檢察官。有人經營一家大型花藝店,有人在玫瑰盃(Rose Bowl)大學美式足球賽中踢進致勝的一球。多數人和我爸一樣曾在二戰期間服役。母親們都是大學畢業生,和我媽一樣,照顧家庭的同時也在「計劃生育」(Planned Parenthood)或聯合勸募等非營利組織工作。對我來說,到其他小木屋和其他父母晚餐,讓我不能躲在自己的木工作業或是埋首於書本之中。六、七歲時的我覺得這是很困難的事,但隨著時間過去,母親的計畫逐漸發揮效果。我開始覺得與奇里歐大家庭相處時,幾乎就像與自己家人相處一樣自在。

蓋茲家的過節傳統

日本車廠向來以「持續改善」聞名,從二次大戰後就一直遵循改進的哲學,年復一年提升汽車的品質。但說到籌劃節日活動,豐田絕對比不上我媽。以聖誕節為例,我們家從初秋就開始準備,我媽會翻閱前一年的聖誕節筆記,看看去年哪些地方做得不好,需要改進。其中一條寫著:「比爾(我父親)強烈質疑為何又要用雪花裝飾聖誕樹。失誤。」我很確定後來我

們沒有犯下相同的錯誤。有一次，父親為了母親的聖誕節改善計畫，走進家裡的地下室，利用鋼絲鋸與膠合板製作了真人尺寸的聖誕老人。我們都叫它「大聖誕老人」，往後數十年的每個聖誕假期，它都會被放在前門口。

萬聖節過後不久，母親就會徵求我們的意見，開始設計當年的聖誕卡。我們會在一張折疊桌上建立生產線，用鋼筆、毛氈、彩色紙、家庭照片、甚至是絲網印花機，以及我母親創作的詼諧詩句，手工製作數百張聖誕卡，寄給我父母的好友。加米也會自己手製聖誕卡，或許是承襲自她母親的傳統，那個年代商店販售的卡片相當昂貴。龍捲風襲擊我們社區那一年，也就是 1962 年，我們的聖誕卡是連環漫畫，以詼諧的方式呈現我們家每年如何想盡辦法超越自己，每一格漫畫都描繪了我爸媽如何絞盡腦汁想出各種誇張的計畫，傳遞聖誕節訊息。其中一項計畫是租一架飛機，用古英文在空中寫下「佳節愉快」。另一格漫畫中，我父親在想著，我們可以把刻著「剛被風吹來，祝你佳節快樂」的停車棚碎片寄出去。

聖誕卡寄出之後，我們就會開始設計與另外兩個家庭共同舉辦的年度假日滑冰派對邀請函。邀請函都會附上客製化展示品或是謎題，例如，我父親用鋼絲鋸切割的木質溜冰鞋，或是填字遊戲，答案會揭示派對的時間與地點。賓客們都知道，他們抵達山脊溜冰場時，就會看到我父親在冰上轉圈，200 公分的高大身軀擠在租來的聖誕老人裝裡，而我母親則是忙著為客

人端上撒了糖粉的甜甜圈與蘋果酒，溜冰場上的老式沃利策（Wurlitzer）風琴不斷播放著聖誕歌曲。

接下來的日子，每年都是重複相同模式。聖誕夜時，我媽會送給每位家人那年她為大家挑選的同款睡衣。隔天早上，我們會穿著新睡衣到走廊集合，依年紀依序走到客廳（按年紀做事是必須嚴守的家族傳統），從最年長的人開始依序打開聖誕襪。我們都知道裡面有什麼：如果是給我們的襪子，就會有一顆橘子和一元銀幣；我媽媽的禮物一定是我爸送的紅色康乃馨。接下來，在拆其他禮物之前，我們會先吃早餐：有炒蛋與火腿，還有從附近麵包店買來的克林格丹麥酥皮麵包。終於到了拆禮物的時間，克莉絲蒂拆完禮物之後，我在大家注視之下打開我的禮物，接下來從年紀最長的加米開始，依照年齡大小依序拆禮物。禮物通常很實用又有趣，而且不貴。通常是襪子或襯衫之類的禮物，也或許是最新出版的暢銷書。

當假期結束，最後一個裝飾品被打包、最後一封感謝信寄出之後，母親就會拿出紙筆，開始為明年的聖誕節做準備。我們三個小孩有時候對於傳統儀式忍不住翻白眼，每次我們都在近傍晚時才拆完所有禮物，身上還穿著睡衣，但如果少了任何一項過節傳統，我們一定都會覺得很失落。至今，聖誕節仍是我們家三個小孩最喜歡的回憶。

第三章

理性

最喜歡在書中探索世界,一夜之間進入叛逆期

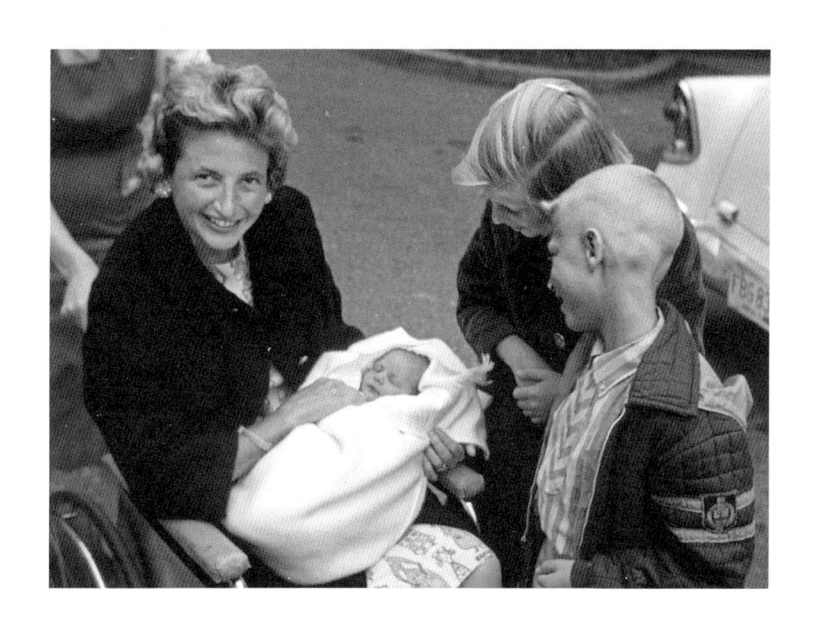

公路學習之旅

二年級課業結束後幾天，母親和祖母把我姊和我塞進車裡，開始我們的第一個長途旅遊。克莉絲蒂和我都將這次旅行稱之為迪士尼樂園之旅，但事實上遠遠不止如此。對我媽來說，長達 1,600 公里的車程表示她的孩子將有成千上百次的學習機會。

在 1963 年 6 月的那個早晨，我們準時在「媽媽時間」8 點 15 分出發，前往此行的第一站，預計四天後抵達洛杉磯。我爸會在那裡跟我們碰面（那一週他還要工作，所以只能搭飛機去找我們），一起去迪士尼樂園，再一起開車回家。

前不久，我媽剛買了一台在當時技術最先進的打字機。她的 IBM Selectric 打字機使用高爾夫球大小的金屬球，顯示不同的字體與文字，你可以根據自己想要的字體與字型更換金屬球，它甚至可以打出草寫字體，這是我認為最酷的一點。出發前，我媽為我姊和我分別製作了一本旅遊日誌，她要我們將一天的所見所聞記錄在日誌上，每天寫兩頁。她用那台打字機設定的草書字體寫下標題，列出旅途中經過的城市，以及每天大約行駛的里程數。接著她在下方打出要我們填寫的項目，看起來像這樣：

一、地形
二、天氣

三、人口分布

四、土地運用

五、產品

六、歷史或其他有趣景點

七、其他

日誌的最後一部分，她設定成「當天旅遊描述」。關於寫旅遊日誌的練習，我們永遠不缺資料。母親以她一貫的衝勁，規劃了充實的行程，包括參觀兩個州的國會大樓、奧勒岡州的熔岩鑄模森林（Lava Cast Forest）、好幾所大學校園、金門大橋、赫斯特城堡（Hearst Castle）、聖地牙哥動物園、蜂蠟製作展示，以及其他景點。

我媽開車時，加米就朗讀小說給我們聽，故事內容講述名駒「鬥士」（Man o'War）打破了速度與耐力紀錄，是史上贏最多場比賽的賽馬之一。我姊和我一邊聽著加米朗讀，一邊看著車窗外的風景，默默記下可以寫在旅遊日誌裡的內容：蘋果園、土坯建築物、載著巨大花旗松原木的卡車、油井。每天晚上在汽車旅館，克莉絲蒂會依照我媽設定的項目寫下我們看到的一切。她寫得非常詳細，因為她知道我媽會仔細看，還會用紅筆糾正文法與拼字。我在另一本小筆記本上記錄其他的觀察心得，盡可能工整地寫下來。

透過我們每天的紀錄，我母親可以確認我們學到哪些地

理、地質、經濟、歷史、甚至是數學知識⋯⋯此外，在我們興奮地發現新事物的同時，也能學會專注的技巧。因為這些日誌，我知道為什麼鐘乳石是向下垂掛、石筍是向上生長；如果有人想知道，我可以告訴他，要登上華盛頓州議會圓形大廳的頂端，需要爬 262 個台階。

父親在洛杉磯與我們會合時，我們興致勃勃地分享剛聽完的故事，書中描述那匹神駒如何被精心培育、贏得比賽。隨著時間過去，我母親似乎也在用類似的模式栽培我們。

信仰與知識的力量

在我們去公路旅行的那年夏天，我已經隱約知道加米對於基督科學信仰的虔誠。根據我的理解，這種信仰很大一部分與結構和紀律有關。加米與蓋茲家的祖父母一樣，每天起床第一件事就是讀基督科學創辦者瑪麗・貝格・愛迪撰寫的每日聖經課文，這就是她的日常生活的框架，幾乎不曾改變過。她在 8 點吃早餐、12 點吃午餐、下午 1 點半睡午覺。她一定會在傍晚 6 點吃晚餐，然後吃一顆時思（See's）深色楓糖胡桃糖，這是她每天唯一的奢侈享受。晚飯後，她會玩牌或是遊戲，睡前會再次閱讀每日聖經課文。1960 年代末期，加米買下胡德運河旁的一棟度假別墅，從此新增了一項日常作息：每天游泳，在冰冷的水中划行，她的頭髮即使是游泳時也永遠保持整齊，每天無論天氣如何都去游泳，即使是在刮著強風、下著凍雨、

浪特別大的日子。

關於基督科學信仰的細節，我知道得不多。直到某個週末，我父母不在家，加米留在我們家。我和克莉絲蒂跟她的朋友蘇（Sue）一起在前院玩，穿著泳衣跳過灑水器。後來某個人（也許是我）突發奇想，認為遊戲應該增加難度。於是我們把灑水器拖到車道上，輪流嘗試穿溜冰鞋跳過灑水器。當時還有一些溜冰鞋是金屬輪子。我不記得我們的溜冰鞋是什麼材質。但後來我們發現，不論是什麼材質，都不適合溼滑的車道。

克莉絲蒂開始助跑起跳，完美越過灑水器，但是當她落地時，她的溜冰鞋滑了出去，她整個人重重摔在柏油路上，右手肘以上的手臂骨折了。

我只記得接下來我們都擠在克莉絲蒂的房間裡，她痛苦地哭喊著，加米苦思著下一步該怎麼做。從基督科學的觀點來看，通常不會去醫院。相反地，他們會求助於專業的基督科學療癒者，他們相信這些人能透過祈禱治癒疾病。我猜加米可能在我們在克莉絲蒂房間時，打電話聯絡她的療癒者，那位療癒者我們也認識，名叫寶琳（Pauline）。她可能告訴加米，骨折是真的必須接受治療。當天稍晚，克莉絲蒂就在附近的兒童骨科醫院接受專業醫師的治療，整支手臂打上了石膏。

又過了一、兩年，有一天我爬上廚房流理台，想拿櫥櫃裡的玻璃杯，突然腹部一陣劇痛。我摔倒在地上，加米發現我已

經有點神智不清。這一次沒有任何延誤。我得了闌尾炎,她把我送到醫院接受手術,在闌尾破裂之前切除。

每次我父母不在家好像就會發生不好的事(我姊和我多年來一直拿這件事開玩笑),但這些事件也讓當時的我對大人的世界產生了疑問。我無法理解理性且教育程度高的外祖母,為什麼從不去醫院,也從不服用現代藥物。她看報紙、搭飛機,是我認識最聰明的人之一。但是她有一部分的生活卻是在信仰以及看似迷信的領域。

信仰在我們家比較像是社交與智力上的活動。我父母在我出生前就離開了基督科學信仰,但是他們讓我參加大學公理會教會。這是西雅圖當地頗受歡迎的教會,有超過兩千名教友,這得要歸功於充滿魅力、在西雅圖地區小有名氣的牧師戴爾・透納(Dale Turner)。公理會在教義的詮釋上留有許多空間,透納牧師選擇了自由主義的角度,將經文與進步觀點結合,例如支持同性戀權利與民權運動,他後來與我父母成為好友。雖然我父親在高中時拒絕接受宗教體制,母親仍然希望小孩能認識宗教中的道德啟示。這是他們兩人經過討論與妥協的其中一件事。

對我而言,主日學校只是我必須穿著正式服裝參加的其中一項活動。我很喜歡參加主日學。透納牧師有一項長期有效的提議:完整背誦出「山上寶訓」的孩子,就能在太空針塔頂的旋轉餐廳吃一頓免費晚餐。教會堅振班(confirmation class)

的多數年長孩子都會接受這項挑戰，克莉絲蒂在11歲時就獲得免費晚餐的獎勵。在那之後不久，我們全家到華盛頓海岸旅行的路上，我坐在車後座，手捧著聖經開始背誦：「虛心的人有福了，因為天國是他們的⋯⋯」以及基督在《馬太福音》提出的其他教誨。透納牧師宣布我贏得太空針塔免費晚餐獎勵時，其他孩子都很驚訝地看著我，我感到很驕傲。我應該有內化一些耶穌的教義，但是那次的小小成就，對我而言更多是為了測試自己的腦力，看我能否做到。如果智者確實如耶穌所說的，能在磐石之上建造房屋，那麼對於那個時候的我來說，智力、好的記憶力與推理能力，就是我的磐石。

從書中的世界找答案

坐在汽車後座、或是在任何地方讀聖經或其他書，是我的預設狀態。當我沉浸在閱讀的世界，時間過得很快。我與外界隔絕，只有模糊地意識到家人在我周圍生活著，母親叫我擺餐具，我姊和她的朋友在玩。我總是在自己的世界裡，無論是待在房間裡、坐在汽車後座，在烤肉聚會或是在教會，只要有機會，我就會鑽進書本的世界，獨自探索與吸收新知，不需要他人的陪伴。外祖母是我心目中博覽群書的典範，她很支持我的閱讀習慣。放學後，她會開車載我到山上不遠處的圖書館，我會把接下來一週要讀的一整疊書塞進她的車裡。每次去加米家，我都會直接走去地下室，那裡有一整面牆的《生活》雜

誌。她一定訂閱了這本雜誌好幾十年，而且認為這份紀錄世界萬象的雜誌值得收藏。後來我們養了一隻英國古代牧羊犬（我們叫她煎餅〔Crumpet〕），我翻遍所有過期雜誌尋找狗狗的照片，把它們剪下來重新製作成一本書。之後只要有任何學校報告或專題，我都會先翻閱《生活》雜誌尋找插圖。我在翻閱雜誌時，可以隨心所欲地漫遊各種世界：時事、名人、戰爭、科學，以及在美國與全球發生的事件。

我父母唯一不會節省的花費就是買書。我們擁有最珍貴的財富之一，就是1962年出版的《世界圖書百科全書》（*World Book Encyclopedia*）。總共二十冊、紅藍相間的百科全書，竟然包含了如此豐富的內容，讓我為之驚奇。書頁紙質光滑、插圖顏色明亮，尤其是那些印刷精美的透明塑膠頁面，顯示了骨骼、肌肉與器官，一層層疊起來組成了完整的人體。這套百科全書是了解大自然、地理、科學、政治以及幾乎所有世界知識的入門讀物。我在大約九歲時從A到Z讀完了整套百科。每年1月，百科全書的年鑑就會寄到家裡信箱，就像遲來的聖誕禮物，年鑑濃縮了過去十二個月的歷史。我也讀完了所有年鑑。

透過閱讀，我可以找到所有事情的答案。當然，得到一個答案又會衍生更多的問題：愈深入挖掘，就想知道愈多。我曾經對企鵝很感興趣，我可以告訴你阿德利企鵝可以在水下憋氣多長時間（6分鐘），或是皇帝企鵝可以長到多高（131公

分）。有段時間，我對火箭與橋梁很有興趣，我畫了無數個形狀大小各異的火箭以及高空長橋，每座橋都有複雜的格狀結構與堅固的塔樓。我一頁又一頁地畫著自己覺得很美的設計。但後來我意識到，儘管我認為這些設計很棒，我卻不知道它們實際上如何運作。怎麼設計出不會倒塌的橋？如何製造能真正飛行的火箭？這種想像與實物之間的落差，讓我很懊惱。我不喜歡感覺自己的設計只是幼稚的想法，永遠無法實現。

對於學校的孩子們來說，閱讀很多書、聰明、對老師說的話感興趣，都是女孩子才會做的事。這種刻板印象的確很不好，但是我和其他小孩都是這樣想。大約在三或四年級時，我意識到，為了好玩而讀《世界圖書百科全書》、跟外祖母一起玩傷心小棧、或是想討論為什麼橋不會倒塌，這些事一點都不酷。我們圖書館舉辦的暑期閱讀計畫，只有我一個男生參加，其他都是女孩。下課時間，其他孩子會與各自的小圈圈在一起，我總是獨自一人，年紀大一點的孩子還會捉弄我。現在回想起來，我不會說我感覺孤單或受傷，比較多是感到困惑：為什麼其他孩子和我看事情的方式不一樣？

我想，我媽對我也有同樣的困惑。克莉絲蒂會自己整理房間、梳頭髮、做好功課，為什麼特雷不會？其他小孩會保持桌面乾淨、不咬鉛筆、自己拉外套拉鍊，為什麼特雷不會？我並沒有特別反抗，老實說，我沒有意識到要去做這些事情。母親不斷的提醒，或許能讓我短暫從自己的世界中回神，但是過了

一秒,我又會回到書本的世界,或是我正在思考的事情上。我相信母親一定很希望我能改變,變得更符合她期望的樣子,變得更有責任感。但我沒有,對此她一方面感到生氣,一方面又憂心不已。

賣堅果任務,激發好勝心

我對多數的社交互動絲毫不感興趣,母親對這一點特別擔憂。我母親有一本有折角的《卡內基說話之道》(*How to Win Friends and Influence People*),卡內基(Dale Carnegie)在書中歸納出一系列人際關係技巧與建議。(後來她送給我們幾個小孩一人一本,當作聖誕節禮物。)我不確定我母親從卡內基身上學到了什麼,因為她似乎天生就很擅長與人建立情感連結。我看著我媽支持我爸的事業,主動負責舉辦律師公會活動,成為迎新委員會的成員,歡迎新進員工搬來西雅圖,如果他們需要找房子,她知道合適的仲介,如果他單身,她會把他介紹給其他人。我現在明白我母親是人際關係的專家,她真心地喜歡媒合每個人的能力與角色,她總是知道什麼問題該聯繫誰來解決。但是當時的我不懂得這項才能的可貴,我覺得一點也不重要,甚至有點膚淺。

現在回想起來,可以發現我母親希望提升我的社交能力,所以讓我參加許多活動,這也是我加入童子軍 144 小隊的原因。當時我八歲,加入由 65 名男孩組成的童軍小隊。小隊由

一群父親帶領，那些男人對二次大戰期間在陸軍、海軍與海軍陸戰隊服役的經驗，仍有鮮明的記憶，這表示小隊非常注重秩序與組織。我們必須在小隊中逐步往上爬，每年我們都會在童子軍營地進行一週的體能測試，包括跳遠、伏地挺身、仰臥起坐，基本上就是一個迷你訓練營。

但是真正考驗我們的重大活動，是一年一度的堅果銷售。每年秋季，小隊會銷售袋裝堅果，為隔年的活動募集資金，這是我們唯一的資金來源。年度銷售活動視同軍事任務：我們有11天的時間銷售重約450克、1.3公斤與2.2公斤共三種重量的堅果袋。小隊的未來就取決於我們能否成功賣出堅果，至少當時的我們認為是如此。

我們提供榛果、山核桃、胡桃、巴西堅果、杏仁，以及顧客最喜歡的混合堅果。每個人被要求至少要賣出約45公斤重的堅果。最後會根據我們的銷量給予獎賞。

這是我遇過最嚇人的挑戰之一。45公斤的堅果？我的體重連一半都不到。委員會的理貨單上列出的總額是如天文數字般的108公斤。我怎麼可能賣得完這麼多堅果？但是我絕不想要失敗的理由是因為沒有盡力。

這個挑戰也激發了我內在的另一面：好勝心。這是一場競賽，有明確定義的規則與目標。我在獎品清單上標記了我想要的東西：玩具水槍（賣出4.5公斤）、足球（29公斤）、使用電池的幻燈片放映機（43公斤）。這些獎品都很棒，但更棒

的是賣最多堅果的人可以到處炫耀。

我（難得有一次）梳好頭髮，穿上燙過的童子軍制服，先從我住的社區開始，挨家挨戶敲門賣堅果，之後我爸開車載我到更富有的社區，我沿路敲門，他緩緩地跟在我身後開車。堅果銷售委員會提供我們一份銷售腳本，教我們如何自我介紹、如何成交。舉例來說，如果有人抱怨 450 克堅果賣 65 美分太貴了，我們可以告訴對方，一般商店裡賣的堅果都是去年的庫存，品質不如我們的堅果。

11 天的銷售期間，我每天都重複同樣的行程。主動推銷產品對我來說是很困難的任務。但這有點像萬聖節的「不給糖就搗蛋」遊戲，所以慢慢地我也愈來愈自在。我很喜歡每次成交後，在表單上打勾的感覺。

活動結束時，我總共賣了 81 公斤的堅果。我對這個數字感到相當自豪，但是我不記得自己是不是當年的銷售冠軍。我至少拿過一次冠軍。我記得，幾乎年年都得冠軍的那個男孩，他父親是理髮師，他要他父親在為客人理髮時順便幫他推銷堅果。我覺得蠻不公平的。

忽然到來的叛逆期

1964 年秋季，升上四年級的我精力充沛、充滿好奇心，我會毫不遲疑的提出奇怪的問題、打斷課堂，占用老師大量時間。我們的老師海澤兒・卡森女士（Hazel Carlson）總是盡心

盡力地教導我。她不可能在管理 30 人班級的同時滿足我的需求，所以她會在課後或是安靜的時候，花很多時間向我解釋許多事情。我對書籍、科學以及所有浮現在我腦海中的事情，都有許多疑問。身為老師的她是教室裡最聰明的人，所以我認為她知道所有答案。

　　卡森女士有一個習慣，為了保持髮型，她每天都會時不時地在精心梳理過的頭髮上補噴髮膠。有一次的寫作功課，我寫了一則故事，描述一位老師的髮膠被換成了噴漆。一整天下來，老師的頭髮逐漸變成粉紅色，她毫不知情，但是全班同學都看得一清二楚。謝天謝地，卡森女士覺得這個故事很有趣，班上同學也很喜歡。那時候我開始意識到，幽默可以讓我在課堂上受到關注。在課堂上講笑話或是做一些奇怪的事情、引起其他人的注意，逐漸成為我在學校的形象。

　　有些規則對我來說很不合理。我們開始學寫字時，卡森女士發給每位學生寬行距的三線紙，讓我們練習草書。對我來說這似乎變成看誰寫得漂亮的比賽。但如果寫字的目的是為了傳遞想法，為什麼要在意寫得好不好看？

　　評分的方式也是如此。我們跟多數學校一樣，A 代表最好，其次是 B 與 C。對我來說，這種評分方式很合理。但我無法理解的是，他們為什麼要為「努力程度」評分。如果你付出很多努力，就會得到 1，中等努力得到 2，沒有努力則會得到 3。以這個邏輯來看，A1 當然被認為是最高分。但是對我

來說,這是不對的。如果你真的很聰明,就可以用最少的力氣得到 A,所以 A3 才應該是最高分。我告訴卡森女士,我認為比較好的評分方法時,她以為我在開玩笑。每次交作業,我都會說:「卡森女士,請給我 A3。」她以為我在炫耀(也確實沒錯),但是我認為,以最少的努力拿最好的成績,這樣的組合才是最合理的。

有段時間,我對於人體的運作很好奇。或許是《世界圖書百科全書》的塑膠頁面插畫引起了我的興趣,我想要在「展示與討論」(show-and-tell)活動上分享與生理學有關的知識。我記得有個女孩帶了長笛,有同學帶了家庭旅遊的紀念品。我想要展示又酷又有教育意義的東西。顯然我不可能拿得到人體器官,所以我問我爸的意見。他建議可以用動物器官代替我想要展示的人體部位,他可以幫我去問屠宰場。

所以,那天早上,我帶著牛肺來到卡森女士的課堂上。到學校時,包牛肺的布已經開始滲出一些血跡。

我向全班展示牛肺時,有人驚呼、有人覺得很噁心。我按壓牛肺,示範肺部如何吸進與呼出空氣,這就是氧氣交換的機制!有個女生當場昏倒了。後來有人說,那個女生是基督科學信徒,基於宗教的原因,無法接受我的牛肺展示。我記得當時我心想,基督科學信徒的肺和其他人的肺是一樣的,也跟牛肺沒什麼不同,所以到底有什麼大不了的。(後來卡森女士要我把牛肺拿到教室外面,用布包著,一直到放學時我父母來接

我。我不記得後來我們怎麼處理那個牛肺。）

　　卡森女士在教室前方放了一台收音機，測驗我們的乘法。我們坐在桌前，低著頭、手握鉛筆，一位男子唸出題目：「9乘以12，」他的聲音混合著雜訊，從收音機裡傳出來。大家匆匆動筆寫答案。過了一會，收音機又會傳來：「11乘以6。」大家唰唰地寫著。沒過多久，我就發現每次我答題的速度都比其他人快。我寫下答案，抬頭一看，發現多數同學都還在急忙地計算。有些人甚至跟不上，當收音機裡的人開始唸下一題時，會大喊道：「等等，我還沒寫完。」

　　那是我第一次感覺自己在某方面的表現優於其他同學。對我來說，數學很簡單，甚至很有趣。我喜歡數學如鐵一般的確定性。數學遵循基本法則，你要做的只是記住這些規則。我一直無法理解為什麼有些同學無法明白這一點。4乘以4永遠都是16。

　　我愈來愈覺得世界上絕大多數的事物都是有邏輯的，數學也正好符合這樣的認知。我開始理解，大多數的複雜問題，包括橋梁、紙牌遊戲、人體等，都有答案，只要我用腦思考，就能找到答案。我不會說那是一種覺醒的感覺。我一直都很喜歡思考、搜尋新資訊。到那時候，我對自己的智力愈來愈有信心。憑藉這份自信，我感覺自己與大人之間的智力鴻溝已經不存在。我父親後來說，這個改變發生得很突然。他說我在一夜之間變成了大人，一個愛辯論、聰明、有時候滿討厭的大人。

多數小孩進入青春期時都有叛逆的階段，我的轉變比多數人早很多。那時候我大約九歲。

這個年紀的小孩會期待父母與老師知道所有答案。但是我愈來愈覺得他們不知道所有答案，或至少他們無法提出讓我滿意的答案。

當我認知到成年人智慧的極限之後，原本緊密的家庭關係也受到了影響。如果我可以獨立思考、推理，為什麼還需要父母的意見？也許我甚至不需要他們。我開始質疑親子關係這個架構。為什麼他們可以發號施令？他們憑什麼告訴我什麼時候要睡覺、吃什麼、怎麼整理我的房間？為什麼我要去做對我來說毫無意義的事情？儘管我爸媽在物質與情感上提供了我所擁有以及所需要的一切，我就是不明白為什麼主控權在他們手上。他們擁有的權力似乎是專制的、沒道理的。

我母親對於這種心理變化首當其衝。她向來是家裡的規則制定者與執行者，因此經常是我頑強抵抗的目標。當我認為她又要控制我，我就會極力反抗。

我父親被夾在中間。如果我跟母親陷入僵局，她會等到我父親回家再處理。白天的律師父親，到了晚上就變成了家裡的法官。在某一次「等你爸回來再說」的爭執中，為了一件我早已記不得的事，父親直截了當地告訴我：「你必須尊重我們。」我完全無法認同。尊重到底是什麼？為什麼他們這麼需要別人的尊重？我用我能想到最尖酸刻薄的語氣頂嘴：「不，

我才不要!」現在回想起那一刻,我內心依然相當沉重。我知道我是在無理取鬧、自作聰明,但我不打算低頭。相反地,我更加退回到自己的世界。

圖書館偵探

在學校,我也開始保持距離。上課時,我開始隱藏自己的個性。我不再問問題,不再像以前一樣投入。我開始選擇要把精力放在哪些事情上、哪些事情就完全不管。我在數學與閱讀方面持續表現優異,至於我覺得無聊的科目,我完全不想花力氣學習。卡森女士用錄音機上西班牙文課時,我就開始恍神了。我不明白要怎麼用錄音機學西班牙文,我們幾乎也沒有小考,沒有評量這件事,完全不符合我的認知。我認為數學課更有意義,因為你一定能知道自己是對還是錯。

有一天,卡森女士帶著我穿越走廊,走進圖書館,她告訴館員,我需要一些挑戰。圖書館有什麼工作可以給我做嗎?

那是一間很小的圖書館,典型的 1960 年代小學圖書館的模樣,沒有電腦,只有書和期刊。那裡蒐藏很多《國家地理雜誌》(*National Geographics*)、像《黑神駒》(*Black Stallion*)這樣的熱門系列書、陳舊的百科全書,以及一些基礎科學叢書。圖書館內大概有三十個高至天花板的書架,以及與胸等高的書目卡片,這些就是我們當年的網路。圖書館員布蘭琪・卡菲爾女士(Blanche Caffiere)曾是我一年級的老師,她說故事

很生動。她會製作大型毛氈板作為背景,生動地演繹《柳林風聲》裡面鼴鼠與蟾蜍先生的故事,或是當天讀的任何故事情節。

我認識卡菲爾老師時,她已經在學校教書很多年了。她見過你能想到的各種學生,在維嶺小學很有名,因為她經常幫助那些極端的學生,不論是學習遇到困難,或是表現優異的學生。老師會打分數,教務人員會給處罰。卡菲爾女士則是會給你一份工作。她認為工作可以解決所有問題。

她立刻指派了工作給我。她說,有好幾本書不見了,那些書可能在書架上,但是放錯了位置。我能找到這些書嗎?這是大人讓小孩打發時間的工作,但是我樂在其中。「你需要的是類似偵探的人,」我告訴她。這正是我需要的,她回答。我拿著失蹤書籍的卡片,在書架之間四處走動,直到我找到每一本書。

這些書要放在哪裡?我一邊問道,一邊看著我找到的書。她解釋,非虛構書是按照 000 到 900 的數字範圍進行分類。為了讓我記住杜威十進制系統,她要我記住一個簡單的故事:一個穴居人提出愈來愈複雜的問題,從「我是誰?」(這是 100:哲學與心理學)開始,一直到「我可以如何為其他人留下紀錄?」(900:歷史、地理與傳記)。

卡森女士來接我休息時,我請求她讓我留下來。我很愛我的工作。我的圖書館助理職務應該是一次性的,但我喜歡這份

工作，所以隔天一早我又到圖書館報到。卡菲爾女士看到我有點驚訝，我問她能否讓我成為固定的助理圖書館員，她同意了。

對於愛看書又很愛數字的小孩來說，這簡直是夢想中的工作。圖書館不是隨機的空間，它有一套邏輯系統，由數字決定秩序。學會了這套系統，你就能成為專家，可以在任何地方的任何圖書館，找到你想要的藏書。你會知道一本關於狗與貓的非虛構書，會放在 636 分類號（畜牧業）的書架上，而且你絕對不會跟《一貓二狗三分親》（*The Incredible Journey*）這本書（講述兩隻狗和一隻貓的故事）搞混，因為這是小說，會放在其他書架上。

那一年在學校剩下的時間，我都在圖書館工作，經常利用下課時間，埋頭查找與重新上架失蹤的書，沒有注意到其他學生或是午餐時間。我把這份工作當成一場競賽，對手就是我自己。我可以多快地將一本書放回到它原本的位置？卡菲爾女士會用她的方式表達感謝，讓我感覺受到重視。她會說：「比爾，如果沒有你的偵查，我都不知道要怎麼找到那些書。」現在我明白，她是在做所有優秀老師都會做的事：給予正面回饋，建立我的自信心。但那時候，我只能理解字面上的意義。我在幫助圖書館與學校，我是不可或缺的。

每當我重新歸位完所有失蹤的書，卡菲爾女士會跟我聊天，問我正在讀什麼書，或是對什麼事感興趣。過程中，她也

會給我肯定，還會建議我讀超出我知識範圍的書，像是名人傳記，或是我從沒有聽過的想法。其他小孩寧可出去玩。但對我來說，待在圖書館的時光別具意義，我也覺得卡菲爾女士是我的朋友。

迎接新生活

那年稍早的一個星期天，我們在加米家吃完晚餐後，我父母把克莉絲蒂和我叫到客廳，一起玩「吊死鬼」（Hangman）猜字遊戲。那不是我們常做的事，所以我們知道爸媽肯定有什麼事。母親畫完絞刑架後，我們馬上猜出了答案：「有位小訪客即將到來。」但我們沒聽懂這其中更深層的含義。母親解釋：她懷孕了。我父母本來沒有打算再生一個小孩，他們也不知道孩子是男生還是女生。我不記得我更期待是弟弟還是妹妹，但我聽到消息後很開心。家裡多一個小孩一定很有趣。但是好心情很快被另一個消息沖淡了：我媽說，精力旺盛的狗狗不適合靠近脆弱的小嬰兒，所以我們必須送走煎餅。

好消息與壞消息持續到來。現在我們即將成為五口之家，需要更多空間。我父母有一塊土地，他們計劃將來要在那裡建一棟房子。他們決定，現在就是那個將來。那塊地在勞雷爾赫斯特（Laurelhurst），距離我們現在的家不遠，但是搬新家代表我必須轉學。那對我來說是震撼彈。我抗議道，我在圖書館有工作，卡菲爾女士需要我。「以後誰來找那些失蹤的書？」

我向母親抱怨。母親說，應該邀請卡菲爾女士來家裡晚餐，表達我們的感謝。她幫我一起寫了正式的邀請函，隔天我很緊張地把邀請函交給卡菲爾女士。晚餐時，我再次抗議搬家的決定。卡菲爾女士建議，或許我可以在新學校的圖書館當助理。

我妹妹莉比在 1964 年 6 月出生，六個月後我們搬去了新家。我們在那時候得知，煎餅已經在附近的農場開心地生活。

新學校的圖書館員說她不需要助理。最後，我父母決定讓我留在原來的學校與圖書館，完成四年級課業。考量到家裡發生這麼多變化，我相信他們也認為，讓我暫時繼續沉浸在書中的世界，是比較明智的決定。

第四章

幸運的孩子

不符合父母期望，在諮商師引導下化解親子戰爭

蓋茲樂園

「早安,早安,早安,早安,早安。」這是我母親從我五年級開始,每天早上都會唱給我聽的起床歌。她在廚房準備早餐時,就會透過連接樓下我們的臥室,與樓上廚房的對講機唱這首歌。我不覺得我們的新家有大到需要用對講機,但是對母親來說,對講機是能提升她工作效率的工具,她可以透過對講機叫醒我們、提醒我們準備好上教堂、叫我們吃晚飯,同時能不中斷地繼續做手邊的工作。對講機傳來聲音時,就代表著:現在立刻上樓。

搬到勞雷爾赫斯特之後,母親開始從基層志工逐步晉升為上市企業的董事會成員,而且她往往是首位擔任那樣職務的女性。她手提公事包、穿著正式服裝,衝出前門趕去開會,或是在電話上敲定某場募款活動的細節。我們上床睡覺許久之後,我媽會用她的打字機寫上一場募款活動的感謝信,或是寫下一次募款的企劃書。

母親不會自稱是先驅,但是在當時女性面臨各種限制的職場,她確實走在時代的前端。如果是現在,她會被認為是女性主義者,但她不會喜歡這個標籤,她更想專注於工作,尋找更大的平台實現她認為重要的改革。她在做這些事情的同時,仍全心投入母親的角色。當然,我的外祖母一直給予她很大的支持。

我的姐妹和我都敏銳地意識到我們的媽媽與傳統母親很不

一樣。我們朋友的母親不會像我母親那樣穿著褲裝去開會，或是在父母的社交圈中主張自己對於律師、政治人物與企業家的看法。當時是 1960 年代中期，貝蒂・傅瑞丹（Betty Friedan）的《女性的奧秘》（*The Feminine Mystique*）剛出版兩、三年，她在書中提出女性需要的不只是家務勞動；另一方面，美國女性還沒開始在企業職涯階梯上往上晉升。我的母親想要兼顧兩者。後來，我和我的姊姊與妹妹常會聊起我們為母親感到驕傲，她總是有辦法在自己的理想與母親的角色之間取得平衡，儘管生活因此非常忙亂。莉比 10 歲時，她幫母親報名參加地方舉辦的「年度母親」大賽，她在報名表上寫道，「除了經常保持心情愉快之外，」我媽媽會跟我們一起打保齡球、打網球，在足球比賽場邊為我們加油。後來莉比贏得比賽時，我媽當然也把報導文章剪下、貼到她的剪貼簿。

　　我父親也很支持我媽媽的抱負，我認為這在當時是少見的。那時候，角色都有明確定義（至少在中產家庭是如此）：男性養家，女性顧家。我認為我爸一直想避免重覆祖父的軌跡：將他母親與姊姊束縛在嚴格的傳統性別角色中。我在母親保存的盒子中發現了父親大學時寫的一篇論文，內容描繪了他想像中的完美世界，他稱之為「蓋茲樂園」（Gatesland）：「在蓋茲樂園，人們都理解男性與女性之間，除了生理構造不同，沒有其他差別。諸如『女人的歸宿是家庭』等格言，或是『男性優越』、『男人應該賺錢養家』、『弱勢性別』等說

法,在蓋茲樂園都毫無意義。不論從事什麼工作,男性與女性都擁有平等的位置⋯⋯女性在各專業領域與商業界的人數比例和男性不相上下,男性也將女性進入這些領域視為正常現象,而非反常事件。」

真實的蓋茲樂園是一棟四房的中世紀現代風格住宅,只要聽見對講機傳來媽媽的起床號,就代表該起床、穿好衣服、整理床鋪,然後上樓。她會把我們的早餐放在廚房吧台上,每次都是按相同的位置與順序,從最年長到最年幼。我媽會坐在我們對面,用抽拉式砧板當作臨時早餐桌。每天這時候,我爸已經去上班了。他喜歡第一個到公司,在短暫安靜的辦公室裡看報紙,向每位抵達公司的同事打招呼。

適應新學校,交到好朋友

我在五年級時轉學到勞雷爾赫斯特小學,轉學生會有的恐懼和不安,我全都有。我一個人也不認識。我能交到朋友嗎?其他小孩會欺負我嗎?我們只是搬到幾公里外的地方,距離不算遠,但是對這個關係緊密的社區來說,我們是新來的家庭。這裡的孩子從一出生就一起玩耍。班上有兩個男孩甚至開玩笑說,他們還在媽媽肚子裡時就認識了。

我對新學校的最初一個印象,充滿了害怕與驚奇。學校有一座天橋,可以通往四十五街另一側的遊樂場。在學校發生的爭吵,最後都會在遊樂場的泥地上、遠離老師視線的地方解

決。某天下午，我走過天橋時，突然僵住了。我前面的兩個同學正在互相毆打對方，拳頭像雨點般落在雙方的頭上與臉上。他們和我同年級，但是身材比我們壯碩許多，其中一個人肌肉發達，另一個體型高大。我從未見過別人這樣打架，也沒想過會在學校看到這麼赤裸的攻擊行為。幾位老師連忙跑過來把他們拉開，事件就這樣落幕。

當時我的第一個想法是：我最好遠離這兩個人。那時我的體重只有約 26 公斤，雖然不是全年級最瘦的小孩，但也差不多了。加上我一頭像芭比娃娃的金髮，說話聲音又比較尖細，非常顯眼。我很容易就會變成目標。

關於那些打架的孩子，還有一件事讓我印象深刻：他們都擁有某種社會身分。在學校裡，表現出強悍、惡劣的行為會帶給這些孩子某種特殊地位，但不是我和其他多數孩子想要的那種地位。這群高大的孩子已經在一百四十多名五年級學生構成的社會秩序當中，確立了自己的位置。在這個權勢階級結構中的最上層，是勞雷爾赫斯特本地知名家族的孩子，包括提姆布萊克（Timberlake）、斯多禮（Story）與其他家族，所有人都認識他們，也尊敬他們。他們是獨立的階層。在這個階層之下，是運動健將、聰明的孩子、以及一兩個書呆子。我不夠強悍、也不擅長運動，那些位置與我無緣。我也不認為自己是書呆子，也不想被認為是用功讀書的孩子。那些很酷的同學不會追求在課堂上認真學習的形象，這麼做會讓我被嘲笑。

我覺得自己有一個與眾不同的特點：幽默感。在我之前讀的學校，我發現班上的小丑角色在其他孩子心目中占有特殊的位置，舉手講笑話比舉手回答正確問題，更能夠贏得好感。大家都會笑。因此，我在勞雷爾赫斯特小學主動扮演搞笑的角色，希望新的觀眾也能給予相同的回應。我假裝自己不在意學業，我會把桌子弄得亂七八糟，總是拖到最後一刻才寫作業。需要大聲朗讀時，我會誇張地表演；老師說話時，我會白目地大笑。如果我有認真做某件事，我會用幽默來掩飾。有一次，我們的老師霍普金斯女士（Mrs. Hopkins）要我們自選主題，寫一頁文章。我不記得我選了什麼主題，但是我記得花了不少時間，只用一個連續的句子寫了整整四十行。當霍普金斯女士因為這項壯舉點名我時，我在心裡暗自得意。她說，我寫的像蛇一樣的長句雖然惹人厭，但是標點符號都很完美。

我的老師、父母和學校校長都不知道該拿我怎麼辦。我的成績時好時壞，我的學習態度取決於當天的心情與科目。除此之外，有人認為我尖細的說話聲音需要矯正。升上五年級後不久，我開始去看學校的語言專家。每週幾次，我會去她的辦公室練習「大熊爸爸聲」（呃），還要一邊舔麵包棒末端的花生醬、一邊練習發出 R 的聲音。我覺得矯正說話聲很蠢，但那些練習又怪異到讓我願意配合。經過幾次練習之後，輔導員建議我的父母讓我重讀五年級。我想她是用了「發展遲緩」（retarded）這個字眼，現在這是過時且失禮的用語，但是在

當時，這多半是用來形容那些不適應課堂學習的孩子。幸運的是，我父母並沒有採納她的建議。在那位語言輔導員做出留級結論的前一年，另一位教育工作者建議我跳級。我心想，如果這些所謂的專家都不知道該拿我怎麼辦，我為什麼要在乎他們的意見？

多數時候，我開心地做我自己的事。我開始交到朋友，也至少找到了一個志同道合的朋友。他叫史坦・楊斯（Stan Youngs），不過大家都叫他布默（Boomer）[3]，這是他父親給他取的外號，因為他出生時的哭聲很像提醒船隻的霧號。布默很聰明，而且性格叛逆，跟我愛搞笑的性格十分契合。

我們在1965年認識，接下來兩年成為最要好的朋友。我在未來的人生中最常相處、最欣賞的人，那些人的個性往往都與布默的人格特質很類似。他擁有超乎年紀的自信，不加掩飾的聰明。他願意也有能力在任何時候、辯論任何議題，哪怕只是為了鍛鍊自己的思考而辯論，例如為什麼綠灣包裝工（Green Bay Packers）是史上最偉大的美式足球隊。

在我家地下室，我們會一起玩《戰國風雲》遊戲，看誰能統治世界。他還具備了讓我很佩服的身體素質。他和我一樣矮小、一頭雜亂的金髮，但是他毫不畏懼在四十五街天橋的另一邊和同學決勝負，即使他知道自己會輸。雖然一開始是我母親

3　譯註：「boom」這個字意思是發出轟隆隆的聲響。

替我報名參加美式足球隊,但我是因為布默才決定留在球隊打完整個賽季。身材矮小其實是一種優勢,這表示我們不會被安排在進攻或防守線的位置,對我來說,我的位置中線衛更有趣。我可以看到所有球員的動作、整個進攻陣型、開球瞬間,甚至還能看到別人跑過我身邊,達陣得分。

某一天在學校,老師要全班分成兩組,辯論越戰。大家都選擇反戰那一方。所以很自然地,布默選擇了支持戰爭的一方,純粹是為了挑戰。我也加入他的行列。這一組只有我們兩個人。布默的政治立場比我更偏保守,他甚至會讀保守派雜誌《國家評論》(*National Review*)〔他訂了這本雜誌作為父親節禮物,還寫了一封感謝函給雜誌,後來他真的收到創辦人小威廉・巴克利(William F. Buckley Jr.)的親筆回信,稱讚我朋友是個聰明的孩子〕。布默對於支持越戰的觀點非常熟悉,我也閱讀了不少相關的背景資訊,我們用多米諾骨牌理論(domino theory)[4]與共產主義威脅等論點進行辯論,我們輕鬆地贏了那場辯論。

熱愛解謎,渴望知識

我們在勞雷爾赫斯特的新家是一棟座落在小山丘上的兩層

---

[4] 譯註:冷戰期間美國政府提出的國際關係理論:假如中南半島落入共產黨的控制,其他東南亞國家就會出現多米諾骨牌效應,逐漸被共產黨赤化。

住宅，從我家後面可以遠眺雷尼爾山（Mount Rainier）。從前門走進來就是主樓層，有客廳、廚房與我父母的臥室。地下室有克莉絲蒂和我的房間，等到莉比長大一些，她也會加入我們，搬到地下室的第三間臥室。

這種上下層的格局讓我可以一直待在自己的房間，遠離家裡的日常活動。我的床與書桌，是在一片散落的書籍與衣服堆中，唯一可見的兩樣東西。我的房間總是一團混亂，我媽非常討厭這樣。有一天，她開始沒收我丟在地上的衣物，要我把衣服買回去，一件衣服要付給媽媽 25 美分。於是我就開始穿得更少。

待在自己的洞穴時，我會讀書或者只是坐著思考。我會躺在床上，不停思考某個問題。我聽到汽車引擎發動的聲音、樹葉在風中沙沙作響的聲音、樓上的人走動的聲音，就開始好奇這些聲音是如何傳到我耳朵裡的。像這樣的謎題會讓我一連思考好幾個小時。後來，我在《生活》雜誌上看到一篇與聲音有關的文章，也查閱了《世界圖書百科全書》，更到圖書館閱讀與聲音有關的書籍。我興奮地發現，聲音是一種由振動產生的能量傳遞，會受到許多因素影響，包括它穿越的介質密度與硬度。後來，我將新學到的知識寫成一篇科學作業，標題：「聲音是什麼？」結果老師居然因為我沒有留意頁面邊距、一直寫到頁面最底而扣我分數。我覺得太荒謬了。關於這個題目有太多重要的內容，誰還會去在意那些無聊的細節。

我也更深入地鑽研數學,幾乎每晚都會和克莉絲蒂一起寫她的七年級作業。這時候正是我執著於提升牌技、想盡辦法要贏外祖母的時期。

轉學到勞雷爾赫斯特小學的第一年,有一天霍普金斯女士要學生從帽子裡抽出數字。然後依抽出的數字順序,選擇美國的一個州作介紹。大家都想選加州、佛羅里達州或其他比較有趣的州。我班上的同學萊絲莉(Leslie)抽到一號,她選了夏威夷。輪到我時,我選了德拉瓦這個小州。這完全是逆向操作的選擇,我確信沒有人會想要選這個州。但是因為我父親的關係,我知道一件事:德拉瓦州對企業相當友善。

我蒐集了所有我能找到與德拉瓦州有關的資訊。我翻遍圖書館的書架,找到《德拉瓦州:第一州指南》(*Delaware, a Guide to the First State*)這本書,以及其他講述德拉瓦州歷史、探討該州與「地下鐵路」(Underground Railroad)[5]的關係等書籍。我寫信給德拉瓦州政府索取歷史與旅遊宣傳手冊。加米在家裡幫我查找《基督科學箴言報》(*The Christian Science Monitor*)、《生活》雜誌、《國家地理雜誌》與《西雅圖時報》,篩選有關的文章。我寫信給德拉瓦州當地的企業,向他們索取年報,並附上回郵信封。

5　譯註:十九世紀美國境內的祕密路線網絡與避難所,用來幫助非裔奴隸逃往自由州和加拿大等地。

第四章 幸運的孩子

　　我一邊研究一邊寫作。我寫了該州的歷史發展，從倫尼萊納佩人（Lenni Lenape）[6]一直到現在，還製作了橫跨400年的年表。我寫了一份威明頓市（Wilmington）旅遊指南以及淳樸小鎮雅頓（Arden）的歷史。我寫了關於德拉瓦州牡蠣漁民與花崗岩礦工的虛構人生故事。為了讓介紹內容更充實，我還寫了一篇《伊琳的美洲》（*Elin's Amerika*）的讀書心得，那本書講述了十七世紀德拉瓦州一位女孩的故事。

　　我花了很多時間研究德拉瓦州的企業杜邦公司（DuPont）。我在報告中寫了這家公司的管理結構；提到這家公司的董事會成員全是男性，而且多數是從公司內部升上來的人。我詳細說明杜邦的產品、海外業務與研發，概述了尼龍發明的過程，並盡可能清楚說明聚合反應的化學機制。我為其中一位董事會成員寫了訃告，他從基層銷售員一路晉升到經營層。

　　最後，我為德拉瓦州寫出了長達177頁的介紹。我無法形容當我完成這份超級長的報告時，感覺多麼自豪。我還用木片製作了報告書的封面。從各方面來看，這就是我夢想中的作業。我可以躲在房間裡，遠離其他小孩的目光，做我最喜歡的事情：閱讀、蒐集事實、整合資訊。沒有人會預期班上的小丑會交出這麼厚重的報告。我喜歡看到其他孩子露出困惑與欽佩

6　譯註：北美洲東北林地的原住民族。

的表情。老師很喜歡我的報告。

回顧那份報告,已經透露了某些跡象,顯示成年後的我會成為什麼樣的人,我對於知識的熱情開始生根萌芽。我意外地發現,只需要一點努力,我就能在腦中建構世界運作的模型,無論是聲音傳播的方式,或是加拿大政府的內部運作(這是另一份報告)。我吸收累積愈多知識,就愈覺得能力升級,感覺只要善用自己的大腦,我能解決全世界最複雜的問題。

不符合父母的期望

那個學年度,我填了一張表單,列出我的興趣與喜愛的學科。我媽每年都要求我們做這件事。在填:「長大後,我想成為_____。」這一題時,我跳過了建議的答案,例如牛仔與消防員(女孩的選單更受限、而且帶有性別歧視,像是:空姐、模特兒或祕書);我選擇了太空人,並用鉛筆在旁邊寫下我真正想成為「科學家」。我想成為的人,是每天都在努力理解別人無法理解的事物的那種人。

我母親對我的期望更多樣化,為了讓我多方面發展,她不厭其煩地幫我報名各種活動。我打過棒球,但是我很害怕自己被投手暴投的球擊中(那時參加比賽的孩子都還在練習如何投球,被球打到並不稀奇),所以我決定退出棒球隊。我曾經和布默一起打了一個賽季的美式足球比賽,但是團隊運動真的不適合我。與同齡人相比,我很瘦小,即使站在一群還未進入快

速發育期的孩子之中,我仍是矮小、窄胸的火柴人。我在團隊中總是感覺自己不如別人,也覺得努力嘗試很丟臉,怕自己顯得很蠢。我的肢體動作不像別人那樣流暢,我總是以一種看起來不像走路、更不像是跑步的速度,笨拙地移動。

滑雪和網球在我母親的成長過程中占有重要位置,她也希望她的孩子能參與這兩種運動。她從我很小的時候就開始讓我學滑雪,一開始是在家庭旅行時帶我們去附近的山上滑雪,後來我會固定在週末搭接送孩子到西雅圖附近山上滑雪的巴士。我喜歡高速滑行與跳躍帶來的刺激感,但是更喜歡在巴士後排座位與其他小孩一起胡鬧。我曾短暫加入水晶山(Crystal Mountain)滑雪隊,但是從來沒有認真練習。網球課也是一樣。

我的音樂生涯從學鋼琴開始,後來改成吉他,再變成管樂,結果也失敗了。我不知道為了什麼原因而決定學長號,但後來我背著這個裝在黑色箱子裡的可憐樂器,練了兩年的第四把位,最後決定放棄。

有一段時間,我又被指派了要負責一條送報路線。我賺到了一點錢,但是派送一份沒人訂閱、很少有人想要看的免費刊物,實在是一件吃力不討好的事。關於那段送報經驗,我只記得我騎著裝滿報紙的自行車,很難控制好方向,我不只一次不得不向加米求助,她開車載我沿著我的派送路線,讓我把報紙扔到大家的門廊上。

事實上，我只有在自己的腦中感覺最自在。

雖然我有自己感興趣的事，但我的成績很差，與家人的爭執也愈來愈激烈。那段期間，有時候我會連續幾天沒說話，只有吃飯和上學時才會走出房間。叫我吃飯，我不會理你。要我收拾衣服，不可能。清理餐桌，沒反應。叫我上車出門吃晚餐，沉默不講話。很多年後，我父母告訴記者，有一次我母親試圖讓我開口說話表達時，我生氣地說：「我正在思考！你難道都不會思考嗎？你應該試試看。」我必須很痛心地承認，這是真實故事。

有時候我特別怕聽到我爸下班回家時咚咚咚的腳步聲，他進門跟我母親打招呼，我會聽到父母低聲交談，媽媽會告訴他當天我們發生了哪些爭執，或是我在學校又遇到什麼問題。沒過多久，我爸就會下樓走到我房門前。有幾次，我被他打屁股。那種情況很少發生，我看得出來，他打我時自己也覺得很受傷。我覺得他不完全認同我媽嚴格的教育方法。但是在教養小孩這方面，他們是同陣線的合作夥伴，所以他永遠會站在她那一邊。

我爸通常會和我用講的，他不需要說太多話，就能產生效果。光是他的存在、他用字斟酌的低沉語調，就足以讓我挺直身體認真聽。他會給人一種壓迫感，但不是因為他很高大，而是因為他一貫的理性態度：「兒子，你媽說你今天在她講電話時頂嘴了。在我們家，你也知道，我們不會這麼做。我想你現

在應該上樓去跟媽媽道歉。」他會這麼說，而且在情感上保持一定距離，讓我知道他是認真的，我最好聽話。也難怪我們都認為爸爸在法律界的天職應該是法官。

有段時間，我父母報名參加了教會辦的父母效能訓練（Parent Effectiveness Training）。這種課程發展於1960年代，主張父母應該傾聽孩子的需求，不要使用懲罰性管教。這是現代教養模式的先驅，強調父母與孩子之間更像是合作關係、地位更平等。回顧過去那段時間，我意識到我爸媽一定是非常挫折，才會採取這種方式，我媽想必是真的非常辛苦，才會承認自己需要外界的幫助。後來我聽到克莉絲蒂回想這段經歷時，也感到很愧疚，我的行為消耗了母親幾乎所有的精力，讓她心力交瘁。

我不確定我父母在那個課程堅持了多久，但無論他們做了哪些嘗試，全都無效。

某天晚餐時，我們之間的緊張關係達到了頂點。我和母親再度發生爭執。我想不起來原因，只記得我像往常一樣無禮、自作聰明。從接下來發生的事情來看，我想必說了特別刻薄的話：坐在餐桌另一側的父親拿起一杯水往我臉上潑。我當場愣住了，眼睛直盯著餐盤。「謝謝你幫我洗澡，」我說，然後慢慢放下叉子、起身下樓走回我的房間。

我從未見過溫和的父親發脾氣。看到我把我爸逼到那種狀態，對我來說也很嚇人。

「我正在和我爸媽打仗」

因為我製造了太多混亂，我父母只好向查爾斯‧克雷希博士（Dr. Charles Cressey）求助。他是一名社會工作者，經營自己的診所。他的專長是教導醫學院學生如何對待病人，以及協助解決伴侶關係問題。我們全家一起參加了第一次面談，但每個人都心知肚明，原因全都是為了我。

「我正在和我爸媽打仗。」我告訴克雷希博士。

每個星期六早上，我爸媽會開車送我到那棟金色的維多利亞建築，就在西雅圖大學學區內的連鎖速食店「盒子裡的傑克」（Jack in the Box）附近。我會坐在前廳，等待克雷希博士結束與其他客戶的訪談。等待時，我可以透過石膏牆聽到在解決婚姻問題的夫妻針鋒相對的說話聲。我第一次去面談時心想：*這些人是真的有問題需要解決。我為什麼要來這裡？*

諮商時，克雷希博士和我會坐在陽光充足的窗戶旁，大概聊一小時左右。他的診間經過精心設計，有助於使人心情平靜。整個空間看起來像客廳，而不是診所，窗外有一座花園，種了一棵大樹，春天時還會開小白花。

你很難遇到比克雷希博士更平易近人、更富有同理心的人。他總是能引導我敞開心扉，他會問聰明、有見解的問題，包括我過去一週的生活、學校的事情、以及我跟媽媽之間的關係等等。在正常情況下，我多半會拒絕回答那些問題。但是他似乎是真心對我說的話感興趣，而不是為了引導我接受某種教

導,或是想要引導我產生什麼行動。克雷希博士本人也非常有趣。在取得社工學位之前,他曾是二次大戰期間的戰鬥機飛行員,也短暫做過藥廠業務,在當業務期間存夠了錢,開了自己的診所。那些關於他個人的細節,很少會出現在我們的談話中,他不太談論自己的事,他關注的焦點是我。他總是提出問題,從不會告訴我應該要怎麼想,或是我做對了什麼、做錯了什麼。「你會贏的,」他向我保證,沒有解釋更多。回想起來,我明白他其實是在引導我自己得出結論。

在他自己的專業領域,他是好學的學生,他大量閱讀心理學與治療相關的書,尋找適合應用於治療實務的見解。他和我分享了許多書單,推薦我讀榮格、佛洛伊德或是我們談到的那些專家的著作。有人致力於研究人類的大腦與行為,這一點激發了我的興趣。

透過我們之間的談話,我發現克雷希博士是對的,在我自己想像的親子戰爭中,我一定會贏得最後的勝利。隨著我不斷長大,我會變得愈來愈獨立,終有一天,我會獨立生活。在此期間,不論是現在或未來,我父母都會一直愛我。這樣多好啊?贏得這場戰爭,又不會失去父母的愛。克雷希博士沒有對我下指導棋,而是幫助我理解到:一、我的父母愛我;二、我不可能永遠待在他們的屋簷下;三、在真正重要的事情上,他們是我的盟友;四、他們並沒有做錯什麼事,一直覺得他們有錯,是很荒謬的想法。

與其浪費精力與父母抗爭,我應該把精神放在學習將來在社會上需要的技能。

後來我才知道,克雷希博士的童年過得很辛苦,他曾經被虐待,導致他心中充滿憤怒。戰後他決定放下憤怒,將人生奉獻給他所形容的「把愛傳遞出去」。他當然知道,跟他小時候的經歷相比,我的問題根本微不足道,跟他的許多客戶相比也是。但是他從來沒有貶低我當時正在經歷的煩惱。他曾對我說:「你是幸運的孩子。」我凝視著窗外的景色,沒有回答。但我心裡知道,他是對的。

我能透過牆壁聽到另一側在低聲談話,但是聽不清楚談話細節。克雷希博士在和我父母交談;我先離開診間,讓大人可以私下討論。後來父親跟我分享了克雷希博士說的話:「放棄吧,」他對我父母說,「他會贏的。」

我很確定他一定說了其他更多事,但那句話才是重點。放手吧,不要強迫,給你兒子更多自由。

多年後,我父親回想起那次訪談,他告訴我,他和我媽當下非常震驚。克雷希博士的建議讓他們希望破滅了,原本他們期望博士可以分享一些可執行的行動建議,幫助我重回正軌。對他們來說,放手看起來就像是認輸,是無計可施時才迫於採取的行動。對我媽來說尤其困難,因為她遇到問題的解決方法,一向是加倍努力。雖然我爸媽一直維持同一陣線,但是我爸對於孩子的教養看法比較寬鬆。他自己在很年輕的時候就爭

取獨立，我想他直覺地理解，讓孩子走自己的路的重要性。只不過他兒子的獨立比他預期的早了許多。

我與父母的關係逐漸改善。不是因為他們突然之間放手讓我想做什麼就做什麼，而是克雷希博士的建議改變了我的心態，讓我重新調整要把力氣放在哪裡。

許多年後，準確來說是 1980 年，我去電影院看剛上映的《凡夫俗子》（*Ordinary People*）。從那之後我又看了好幾遍，每次都忍不住哽咽。真是好電影，幾乎無可挑剔。撇除某些極端情節，例如手足過世的創傷、無法給予足夠關愛的母親、以及瀕臨崩潰的兒子，某些情節讓我想起自己的成長經歷。當時的我太年輕、充滿迷惘，經常與追求完美、特別是希望在外界眼中很完美的母親發生衝突。我父親就像唐納・蘇德蘭（Donald Sutherland）飾演的律師，竭盡全力維持家庭的穩定。而就像電影中康拉德（Conrad）的境遇，我也遇到一位優秀的諮商師，幫助我理解自己的處境、引導我自己找到改變的方向。

隨著時間過去，我必須接受媽媽原本的樣子，就像她也逐漸意識到我永遠無法符合她設定的標準。漸漸地，我不再把力氣用在反抗她，開始為未來真正獨立的生活做準備。這種想法的轉變來得正是時候。我開始對大人的廣闊世界有了更深的認識，我也幸運地生活在這個家庭，在我們家，與大人互動是很自然、甚至是被期待的事情。

開始理解大人的世界

那時候我經常去父親的律師事務所找他,辦公室位在西雅圖市中心的繁華地段。我會走進諾頓大樓(Norton Building),搭電梯到十樓,這是西雅圖第一棟現代化辦公大樓,共有二十一層樓。我會在父親的辦公室等他下班,我在看書時,目光經常被身穿西裝、從旁邊匆匆走過的人吸引。有的人安靜地在想事情,有人在去開會的路上熱烈討論著案件內容。對我來說,大人工作的樣子看起來是完全不同等級的大事,我想像他們談論的事情一定非常重要。

如果是星期六,辦公室都沒人時,我就會探索那裡成堆的法律書籍與一排又一排的口述錄音機。我會翻閱影印的法律文件,試圖破解寫在邊緣空白處的潦草筆記。我會偷瞄律師放在辦公桌上的工時紀錄表;我父親解釋說,為了計算薪水,每個人都必須非常精確地記錄自己工作的時數。我學到「口供證詞」這個詞,律師會對證人提出很多詳細的問題,所以需要使用那些錄音機。

這幾次探訪加深了我對父親的認識:他身為事務所的資深合夥人,負責監督很複雜又很重要的工作。我了解到,他帶給家裡的理性秩序感與穩定感,也是有助於他在十樓辦公室取得成功、能與一群衣著得體的專業人士共事的關鍵。這些探訪經驗不僅讓我更認識職場生活的樣貌,也成為我日後衡量成就的標準。

第四章 —— 幸運的孩子

　　我在家中聽到的成功故事，不是體育傳奇或電影明星，而是那些創造事物的人們，開發產品、擬定政策，甚至是打造建築物，例如我們家的一位朋友是土木工程師，在當地經營自己的建築公司。到了1960年代中期時，我父母和他們的朋友年紀都在30歲近40歲、或40出頭，在職場上努力多年後，已經在政府與企業界位居要職。我在讀中學時，我爸媽的橋牌牌友丹・伊凡斯（Dan Evans）已經是我們的州長（後來也當上美國參議員）。我爸平時積極參與地方、州、與全國性的法律公會，以及我媽在地方非營利機構的工作，擴大了他們的交友圈、兩人結識了許多有前途的專業人士，這群人都擁有類似的進步派價值觀，對西雅圖、華盛頓州與美國的發展也有相同的期待。

　　我對父母的這些朋友與他們的故事很感興趣，而接觸這些人對我來說再容易不過。我只需要放下手邊正在讀的書，走到樓上，通常每星期這些人都會在我家聚會。

　　我父母經常舉辦晚餐聚會與派對。（就和節日卡片與邀請函一樣，我父母在籌備這些派對時，會精心設計富有巧思的邀請函，並附上一道謎題，收件人解開謎題就會知道自己被邀請參加什麼活動，以及活動的時間與地點。當時我們已經擁有自己的絲網印刷機，就放在地下室。）這些聚會的目的，通常是為了共同討論某個議題，或是為新的計畫招募人力。受邀到蓋茲家作客，你可不能只是坐著閒聊，每場派對、每場雞尾酒

會，都經過精心策劃。我父母可能會邀請西雅圖律師公會的成員，討論如何讓年輕律師在州律師公會擁有更多權力，或是如何為華盛頓大學法律系的黑人學生提供獎學金。派對前，我們會挪動家具，擺放幾張折疊小桌，方便大家分成小組聊天。母親會在晚餐時拋出一個問題，讓大家討論。上甜點時，她會請每個人看看自己的咖啡杯底下，上面寫著每個人在另一張桌子的座位安排。母親希望透過這種大風吹遊戲，鼓勵不同的思想交流，也幫助賓客建立新的連結。她是大師級的社交工程師。

派對開始之前，母親會讓我們三人坐在沙發上聽她簡報。莉比和我在打鬧玩耍時，母親會仔細地逐一介紹賓客名單。她期望我們掌握這些資訊，能與賓客互動。克莉絲蒂可能會彈一首鋼琴曲；後來幾年，母親還會邀請莉比的合唱團來演唱。我通常能逃過這些表演，只需要幫忙端送飲料給客人，在不同討論群組之間穿梭，討論的主題可能是如何清理華盛頓湖、如何為聯合勸募找到更多知名捐款人，或是支持喬爾・普利查德（Joel Pritchard）競選州參議員。我喜歡向客人提出聰明的問題，也喜歡自己能在對話中應付自如的感覺。

其中一位常來我們家的賓客是我爸的客戶，一位名叫卡爾・伊德馬克（Karl Edmark）的心臟科醫師。伊德馬克醫生不僅是最早在西雅圖執行開心手術的醫師，還發明了創新的去顫器，透過電流讓心臟重新跳動。（早期的去顫器使用交流電，就和牆上的插座電流一樣，電擊心臟的同時還會讓患者

產生劇烈痙攣。伊德馬克設計的去顫器使用電壓較低的直流電，對患者的影響較為溫和，而且便於攜帶。）他透過菲康（Physio-Control）這家公司開發與銷售自己的發明。

我從多次的對話與家庭晚餐，逐漸拼湊出完整的故事。我爸告訴我，伊德馬克醫生多年來一直勉強維持公司的營運，幾乎沒賺到錢，最後甚至不得不考慮放棄公司。我爸協助伊德馬克博士雇用了一位專業經理人，將行銷思維帶進公司。他也拜託我父親協助聯繫外部投資人，後來公司的業績逐漸有了起色，獲利緩步上升，公司終於起死回生。一位醫生兼發明家製造了拯救生命的機器，這個故事深深吸引了我。同時，六年級的我也吸收了不少關於籌資、專利、獲利與研發的知識。

沒過多久，我拜訪位於西雅圖市中心的菲康辦公室，與工程師會面，並採訪新上任的總裁杭特·辛普森（Hunter Simpson），他就住在我們的社區，我在我父母舉辦的聚會上見過他。

我把取得的所有資訊寫成一份報告，內容是關於一家虛構的公司，我將公司取名為「蓋茲之道」（Gatesway），主要生產我發明的冠狀動脈照護系統。我在報告中闡述了各個生產要素，以及如何籌資生產我的產品。「如果我的想法很好，能雇用優秀的人才，募集足夠的資金，我應該可以成功。」我寫道。老師給了我 A1，代表付出最大努力、取得最高分。雖然我抱怨過這個評分系統，但這次我沒有異議。

這時候的我在社交上比較有自信了，那年我甚至成立了俱樂部，基本上就是我父母辦的聚會的少年版。我將俱樂部取名為當代俱樂部（Contemporary Club），邀請同年級的孩子一起討論當時的重大議題。當代俱樂部總共有六名成員：三名男孩與三名女孩，包括我的死黨布默。我們每個月會輪流在不同成員的家中聚會一、兩次。我們一邊喝果汁、吃餅乾，一邊辯論，我不記得我們討論了哪些話題，不過肯定包括越戰、民權以及在當時很急迫的議題。（我們也辦自己的萬聖節派對，有一條規則靈感來自我媽媽：你要帶一套服裝給其他人穿。所以，我人生中曾有一次打扮成威尼斯船夫，身穿藍條紋襯衫，配寬邊草帽。）

在我們爸媽的協助下，當代俱樂部舉辦了校外考察旅行，參訪當地非營利組織與華盛頓大學。我們還為提供早期兒童教育方案的「啟蒙計劃」（Head Start）募款。我們最大的收穫（至少在當時）是拜訪由大型非營利研發公司巴特爾（Battelle）成立的智庫，他們的辦公室就在我們社區。我在他們外面的草地踢足球時，總是很好奇光鮮亮麗的辦公大樓內正在發生什麼事。我們聯繫了巴特爾，沒想到他們竟然邀請我們花一個下午的時間認識他們工作的地方。巴特爾以發明乾式紙張影印技術成名，後來他們將這項技術獨立出去成立了全錄公司（Xerox）。他們向我們介紹了當時炙手可熱的新技術「辦公室影印機」的故事，以及巴特爾如何投資他們的影印技術專

利。我很訝異他們那麼認真地對待我們這群小孩,給予我們很多關注。離開巴特爾時,我心想:這就是聰明人在做的事。他們與其他聰明人一起合作,解決真正困難的問題。對我來說,這聽起來太完美了。

東岸之旅

我繼續與克雷希博士會面,大約持續了兩年半的時間。某一天,我們週六的諮商終於來到最後一次。我們家迎來了平靜。我不能說我變成理想的兒子,但我比以前更努力。同時,我父母也給了我更多自由,讓我做自己。我感覺到、也很感謝母親試著給我更多空間。她的職涯也開始起飛,同時又要照顧一個學步的幼兒。回想起來,雖然我父母需要時間適應,但他們已經接受了他們的兒子與多數父母認為的正常小孩有些不同。就如克雷希博士所說的,父母對我的愛永遠不會動搖。事實證明他是對的。

我父母持續滿足我對新知識刺激的需求。六年級結束的那年夏天,他們帶著克莉絲蒂和我(莉比當時三歲,跟加米一起留在家裡)去北美東部旅行,第一站是到蒙特婁參加六七年世博會(Expo 67),那是由加拿大舉辦的世界博覽會。之後我們造訪了波士頓、紐約、華盛頓特區與殖民地威廉斯堡(Colonial Williamsburg)。旅行中的每一天都有各種新體驗,既充實又好玩,還有一張具有教育意義的景點清單,上面包

括：參觀五月花號複製船、觀賞百老匯音樂劇《屋頂上的提琴手》（*Fiddler on the Roof*）、參觀紐約證交所。我們在國會山莊旁聽參議院的會議，參觀了白宮、阿靈頓公墓，也逛遍了史密森尼學會博物館，我們幾乎造訪了首都的所有主要景點。

這次的東部旅行對克莉絲蒂和我來說算是慶祝之旅。那年秋天，我姊即將進入羅斯福高中（Roosevelt High School）就讀，我也即將去新的學校。我父母決定讓我去湖濱學校（Lakeside），那是位於西雅圖北方的私立男子學校。那個決定對他們來說並不容易。他們都是讀公立學校（我媽就是羅斯福高中畢業的），也很支持公立學校系統。一年1,400美元的學費，即使以我父親的薪水來看也是一筆不小的開支。但是他們看得出來我需要更多挑戰，現在的我缺乏動力。他們認為湖濱學校或許能給我適當的刺激。一開始我很討厭這個決定。我聽說那裡的高年級生要穿夾克、打領帶，而且必須尊稱老師為「大師」（Master）。我去參加入學考試時，原本打算故意考不及格。但開始答題後我就控制不住自己。我的驕傲更勝一籌。我通過了入學考試。

第五章

湖濱學校

交到一輩子的好友,初次接觸電腦就愛上寫程式

孤僻、書呆子、甚至有點討人厭

關於湖濱學校給七年級的我的第一個感受,是它的名字很誤導。學校根本不在湖邊,而是坐落於森林中,緊鄰西雅圖北邊的五號州際公路,距離我家大約 20 分鐘車程。上學第一天,我媽開著福特休旅車載我到學校,我感覺學校離家很遠。

湖濱學校成立於 1919 年,最初是專為西雅圖富裕家庭的男孩提供大學預備教育。學校原本在華盛頓湖旁邊(因此取名為湖濱學校),但是在 1930 年代搬遷到新開發區,建了占地更廣的大學式校園。我將在這所學校度過六年時光,在這六年,學校慢慢放開僅非常少學校仍堅持的預備學校保守傳統,取消了服裝規定,開始雇用女性教職員工,並與一所女子學校合併。但是當我在 1967 年秋季入學時,除了圖書管理員之外,所有老師都是男性,而且都是白人,我們中午吃飯時必須依照指定的座位入座。在校期間,我愛上了青少年文學經典《麥田捕手》(*The Catcher in the Rye*)與《返校日》(*A Separate Peace*),這些書中描繪了典型東岸預備學校的模樣。湖濱學校的設計就仿照了那些學校,包括修剪整齊的綠色草坪以及柱式磚造建築,甚至還有一座鐘樓。

學校分成低年級以及高年級,前者為七到八年級,後者為九至十二年級。低年級生與高年級生沒有太多交流。低年級生多數時候都待在摩爾樓(Moore Hall),這是校園裡歷史最悠久的建築物之一,高年級生則可以自由地四處走動,他們無疑

是這裡的統治者。學校非常重視體育活動，這對我來說是壞消息。美式足球校隊保持長期的連勝紀錄，賽艇隊在全國錦標賽中擊敗了名氣更響亮的東岸學校，讓湖濱學校頓時聲名大噪。

我的班上大約有五十個男生，幾乎全是白人。他們父親從事的工作是在太平洋西北地區私立學校常見的類型，律師、醫生、銀行家、林業公司高層、波音工程師，全都是西雅圖的精英階層。有一位班上同學的父親開了一家牛排餐館，後來發展成全國連鎖餐廳。另一位同學的父親創辦了一家大型健康保險公司。不管從什麼角度看，我們都算不上是多元的群體，但我還是覺得自己與其他孩子不一樣。多數孩子似乎都很有自信，特別是手足已經就讀湖濱學校的學生，他們好像已經很熟悉這裡的一切。剛入學的那幾週，我看著其他學生很快找到了自己的位置，報名參加美式足球隊、學生報編輯、戲劇表演、合唱團或其他各種活動。和我不一樣，許多學生入學前就已經建立了人際網，透過滑雪俱樂部、網球俱樂部或是家庭關係，早已相互認識。

我在新環境中感到茫然，於是又回到了自己熟練的把戲，扮演搞笑角色。這在我之前的學校很有效，所以我認為可以繼續過去的諧星路線。在湖濱學校，你能獲得的最高榮譽之一就是金星獎（Gold Star），頒發給在「五大面向」表現優異的學生：體育、學業、友誼、品格與努力。在學校的前兩年，絕對不會有人把我跟金星獎聯想在一起。

我看過那段時間關於我的描述。我被形容為孤僻、書呆子，甚至有點討人厭。當時的我可能真的是那樣。經過了歲月帶來的距離與年紀給予我的觀點，我才意識到當時的我多麼努力地在尋找自己是誰。我在之前學校取得的進步，在這裡全都變得毫無意義。我在以體育聞名的學校，卻沒有參與任何運動。這裡的學生都專精於某個領域，我卻是喜歡廣泛涉獵的通才。我顯得格格不入，卻不知道該怎麼辦。所以我假裝自己不在乎。

我很快就遭遇到挫敗。

七年級的地理課老師是安德森先生（Mr. Anderson），他是學校的體育主任，也是讓湖濱學校美式足球隊取得連勝的教練。他的外表完全符合這個角色：方下巴、平頭、辦公桌上放著一顆美式足球。有時候他管理課堂的方式就像在管理球隊。考試成績不佳，就必須馬上做十個伏地挺身。寫錯答案，他可能會假裝拿美式足球丟你。雖然我很喜歡研究地理與地圖，我也知道在安德森先生算是個好人，但是我繼續在課堂上胡鬧、不寫作業、幾乎不參與課堂活動，當然也被罰過很多次伏地挺身。

我一直對於扮演班上的小丑感到很得意，直到後來某一次的小組討論。安德森把班上最優秀的學生分在同一組，把我和另一位大家都知道是班上成績最差的孩子配成一組。這個單純的分組安排，讓我突然間從老師的眼中看到了自己：蓋茲一點

也不聰明。這個領悟讓我很受傷。

後來，為了挽救形象，我寫了一份關於黑海的報告。我想向安德森證明自己、想被他認可。我到西雅圖圖書館，花了很多時間從《大英百科全書》（*Encyclopedia Britannica*）中抄錄大量的事實與歷史，寫滿了好幾張紙。跟我家那套適合兒童閱讀的《世界圖書百科全書》相比，《大英百科全書》在我眼中就像是更有學術成就的叔叔。這種大量抄寫的方法在五年級的德拉瓦州報告時非常管用，但是兩年後，老師的期望已經不一樣。安德森給了我很低的分數（我記不得實際分數，但是低到我留下深刻印象）。儘管我對自己的評價很高，但是在當年安德森與其他老師的客觀分析中，我的成績低於平均水準。

第一學年結束時，我請所有老師在我的紀念冊上簽名，我還標記了希望他們簽名的位置，並在簽名處加上一句懇求：「給我 A+ 吧！」可想而知，沒有任何老師回應我的請求，我根本不配得到那個分數。回家後，我用鉛筆在頁面最下方用大泡泡字母寫道：「哇！你們這些老師還真是令人想忘也忘不掉啊！再見！」

在這之前，我在學校都能輕鬆過關，要歸功於那些老師能看見我在偽裝的冷漠下的潛力。但是在湖濱學校，老師似乎只看到了我的偽裝。我很確定，在新學校的第一個學年結束後，我父母開始懷疑他們是否做了正確決定。我自己更是懷疑。

但如果那年春天，我留意到湖濱學生報的最後一期，就會

看到第二頁下方僅有兩段文字的報導寫道，從秋季開始，數學科將會連上電腦，「希望有學生可以利用它進行大型計畫，」報導說。

最好的朋友肯特

升上八年級後，我開始注意到低年級的一位同學。你很難不注意到他。肯特・伊凡斯（Kent Evans）個頭很高，頂著一頭棕色亂髮，嘴唇上有一道很深的裂痕，說話時有些口齒不清。後來我才知道，他在嬰兒時期，由於嘴唇與上顎嚴重畸形，他的父母還必須用滴管餵他。我在湖濱學校第二年時認識肯特，當時他已經經歷了一連串痛苦的手術，因為裝了矯正器，嘴巴總是微微張開。現在回想起來，我認為他因為那些辛苦的挑戰培養出強悍無畏的精神，在我認識他的短暫時間裡，他一次又一次地顯現出那種精神。

肯特和我一起上史托克林先生（Mr. Stocklin）的八年級數學課。肯特很安靜，幾乎從不參與課堂活動，但是我看得出來他都聽懂了課堂的內容。他似乎非常有數學天分，至少我從教室的另一邊觀察是如此。在我看來，他比班上其他學生都還要認真。

我知道他才剛搬來西雅圖不久。他們一家一年前才搬到西雅圖，剛好是升上七年級之前。他父親是一神論教派（Unitarian）牧師，他們經常搬家，在搬來西雅圖之前，住過

英屬哥倫比亞的維多利亞市（Victoria）。肯特和我一樣，很難融入湖濱學校既有的小圈子。他不是運動健將，也不是大家都崇拜的酷孩子。但是他和我不一樣，他一點也不在乎。社交地位，甚至別人的看法，似乎都不會影響肯特。他只為自己和自己的興趣而活，而且非常專注追求自己的興趣，程度遠超出大家對一個 12 歲孩子的想像。八年級的肯特，興趣是國家政治。

當時是 1968 年秋季，被認為是美國歷史上最動盪不安的一年。在短短幾個月之內，馬丁・路德・金恩與羅伯特・甘迺迪（Robert F. Kennedy）遇刺身亡；在芝加哥民主黨全國代表大會上，示威者遭到毆打的畫面透過電視轉播傳送到各地；從巴爾的摩到波士頓，接連發生暴動。反越戰的聲浪從激烈轉為沸騰。詹森總統（Lyndon B. Johnson）放棄尋求連任，讓許多民主黨人有機會阻止共和黨的尼克森入主白宮。

肯特對這些議題都有明確的看法與獨到的見解。他極力反對越戰、痛恨尼克森、很喜歡泰德・甘迺迪（Ted Kennedy）（他聚精會神地讀完這位參議員闡述民主黨政策的著作）。他認真研究美國公民自由聯盟（American Civil Liberties Union）最新的案件，也譴責那些否定科學的陰謀論，例如陰謀論者認為在飲用水中加氟，是共產黨毒害美國人民的陰謀。他很崇拜明尼蘇達州參議員尤金・麥卡錫（Eugene McCarthy），當時麥卡錫正在與詹森爭奪民主黨提名。我相信在某種程度上，肯

特以麥卡錫議員為榜樣,也希望成為自由主義知識份子,他後來在湖濱學校學生會選舉中贏得席位(他更早之前競選祕書長兼財務長失利)。

1968年,麥卡錫沒能獲得民主黨提名後,肯特就投入支持休伯特‧韓福瑞(Hubert Humphrey)的總統競選活動。他在自家院子鋪滿了紅色與藍色的韓福瑞競選標誌、挨家挨戶拉票,並在市中心發送傳單支持韓福瑞及其他正在競選州長與參議員的民主黨候選人。韓福瑞造訪西雅圖時,肯特就守在奧林匹克飯店,希望有機會與總統候選人說句話〔雖然沒有成功,但是一個月後,他驕傲地報告,他與韓福瑞的競選搭檔艾德蒙‧馬斯基(Edmund Muskie)握到手了〕。如果這時候你在西雅圖積極參與民主黨活動,很可能就會在造勢現場或聯合街上的地方黨部,看到一位身材圓潤的青少年,獨自站在一群政治操盤手與記者之間。

湖濱學校的一位老師很喜歡分享這段故事:他在某次政黨會議上巧遇肯特,聽完肯特對於政治組織的權謀以及幕後權力鬥爭的看法之後,非常震驚:「他對政治的了解遠超過我所知道的,」這位老師說道。肯特對那年的總統大選非常狂熱,甚至連法文課考試,他也用候選人姓名的首字母做標記:尼克森的首字母表示錯誤答案,韓福瑞的首字母則標記正確答案。當然,1968年的總統大選結果,尼克森當選了。肯特還是相信自己有幫助韓福瑞在我們的家鄉華盛頓州拿到險勝,這稍微緩

和了他的失望情緒。

肯特認真投入的程度讓我很印象深刻。對於他喜歡的事物，他永遠全力以赴。對於曾經做過那份長達 177 頁、木製封面德拉瓦州報告的我來說，我理解也欣賞肯特的作風。有一位英語老師曾經批評肯特太過執著：「他唯一的缺點就是準備過度，」那位老師在肯特第一年的成績單上寫道，「最近一次的 40 分鐘報告，他卻寫出了可以當作碩士論文的大綱。」但肯特跟我不同，他拿到很高的分數。

肯特和我很快就變成最要好的朋友。認識不久後，我們一起參加了露營旅行，領隊的湖濱學校老師經常帶學生冒雨在樹林中長途跋涉。那一次他帶我們走崎嶇的華盛頓州海岸線。晚上，肯特和我在海灘上搭帳篷，完全沒注意我們距離太平洋有多近。半夜，我被肯特搖醒，發現海水已經流進我們的帳篷，淹沒了睡袋。我們大笑著拖著帳篷，逃到地勢比較高的地方。

我們原本已經很要好，從那時開始更是形影不離。我們白天在學校開啟的對話，晚上會用電話繼續聊下去。我會把螺旋狀的電話線一直拉到樓下我的房間，我們一聊就是好幾個小時。我到現在都還記得他的電話號碼。

我和多數小孩一樣，幾乎不曾思考自己的未來，我只有一個模糊的概念：我想成為科學家，也可能像我父親那樣成為律師。在那個年紀，實在很難想像考試寫出正確答案，與離開校園之後的人生有什麼關聯，更別提遙不可及的職涯前景。但是

肯特比我們想得都遠。他會談論自己希望在十年內、二十年內達成什麼目標，並思考該採取什麼策略，才能實現目標。他似乎很確定自己會有了不起的成就，他只需要找出實現目標的眾多路徑當中，最有利的那一條路。

我們一起讀了許多名人傳記，像是富蘭克林・羅斯福（Franklin D. Roosevelt）與道格拉斯・麥克阿瑟（Douglas MacArthur）等領導者。我們花了好幾個小時在電話上剖析這些人物的人生。我們深入分析這些名人的成功路徑，狂熱程度就如同當時的青少年解讀披頭四的歌曲〈鑽石天空下的露西〉（Lucy in the Sky with Diamonds）[7]。進入西點軍校，成為陸軍將領如何？我們學到麥克阿瑟從小就立志投入軍旅生涯。我們將麥克阿瑟的成功路徑與巴頓將軍（General Patton）進行比較，後者是偶然加入軍隊，成為傑出的軍人與領袖。為了了解歷史觀點，我們閱讀了與拿破崙有關的書籍，驚嘆於他的天賦異稟與可怕的缺點。我們覺得真正能讓自己脫穎而出的唯一方法，就是成為戰爭英雄。但是我們兩人都不想去打仗，只好從清單上把「將領」這一項劃掉。加入美國外交部門呢？但我們發現，只有獲得政治任命的人才能得到最好的工作機會，而且根據肯特向某個政府部門索取的報告，大使館工作人員的待遇

7　譯註：披頭四的名曲，曾引起極大爭議，原因是歌名出現的關鍵字 Lucy、Sky 與 Diamonds，第一個字母分別是 L、S、D，合起來正好是當時盛行的迷幻藥 LSD。

很低,直接劃掉這一項。成為教授如何?教授不僅有影響力,還可以自由進行有趣的研究,但肯特擔心薪水也很低。成為政治人物呢?也許成為像我父親那樣的律師?

我就是那種玩遊戲就想贏的小孩,但是除了獲勝,我並沒有特別的目標。我喜歡的知識沒有特定目的,也喜歡大量吸收各式各樣的資訊,但是我從不曾仔細思考長期的人生方向。肯特的志向也激發了我的企圖心與旺盛的競爭慾。

就在我們想像未來的同時,我們最終會選擇的道路,已在我們眼前。

在湖濱第一次接觸到電腦

八年級的一個秋日早晨,史托克林老師帶我們全班到麥克阿利斯特館(McAllister House),那是一棟白色隔板建築,也是數學科的所在地。我們在屋裡聽見某種軋軋聲,在走廊迴盪著,像齒軌火車緩緩爬上坡的聲音。沿著走廊走去,我們看到一群高年級生聚集在曾經是辦公室的房間裡,彎腰圍著一台看起來像打字機的機器,旁邊有一個旋轉式撥號盤。

史托林克老師解釋,那是電傳打字機(teletype machine),我們用它連上電腦就可以玩遊戲,甚至寫自己的電腦程式。他說,電腦不在湖濱學校,而是在另一個地方(在加州),我們是透過電話線登入那台電腦。這就是為什麼電傳打字機會有撥號盤的原因。我很快就理解,老師描述的正是所謂的分時系

統,一種將一台電腦同時分配給多名使用者的方法。我一直以為電腦是專家在大學實驗室、銀行的地下室,或是大部分的人不會去的地方操控的大型機盒。我在世界博覽會看過名為通用自動計算機(UNIVAC)的電腦,由數個跟冰箱一樣大的機盒組成,高度比人還高,長度則與小型卡車差不多。那台電腦被譽為「未來的圖書館」,負責操作的人收集觀眾的問題,輸入電腦之後,電腦就會輸出答案。

想不到我現在有機會實際操作一台電腦。

那年即將成為湖濱學校校長的丹・艾羅爾特(Dan Ayrault),曾形容湖濱學校「是一所規則非常少的學校。」規則很少,意指湖濱學校的老師可以自由進行實驗。如果學生對某個主題特別有興趣,老師可以偏離原本預計教授的內容,轉向新的教學方向。學校聘請老師時,會特別選擇對自己的領域有濃厚興趣、真正具備專業知識的專家。有些老師曾在企業界工作過,例如波音,有一位老師是天文物理學家,有幾位老師是律師。我的高年級化學老師是耶魯大學的有機化學博士,他發明了分離氨基酸色胺酸的方法並取得專利。

學校認為這樣的老師有足夠的信心,能給學生探索的自由,甚至是打破框架。教藝術課的老師羅伯特・傅剛(Robert Fulghum)是正式被授予聖職的牧師,後來因為出版《生命中不可錯過的智慧》(*All I Really Need to Know I Learned in Kindergarten*)這本暢銷書,變得非常知名。在他出書前幾年,

就曾挑戰湖濱學校的自由精神，在藝術課堂上聘請裸體模特兒。而這台電腦終端機，就相當於數學科的裸體模特兒。

我們有機會接觸到電腦，很大一部分要感謝湖濱學校的數學科主任比爾‧杜格爾（Bill Dougall）。杜格爾和湖濱學校的許多教職員一樣，對教育的定義比較廣，認為教學不只是坐在教室裡聽講。二戰期間，他曾是海軍飛行員，後來加入波音擔任航空工程師。除了工程與教育研究所學位，他還在巴黎索邦大學（Sorbonne）拿到法國文學學位。他熱愛登山與探險，曾利用學術休假到加德滿都建造風車。肯特和我的帳篷被海水入侵的那次旅行，帶隊老師就是杜格爾，我和肯特就是因為那次旅行變成死黨。杜格爾帶領的露營旅行是湖濱學校的神聖傳統，無論太平洋西北部的天氣如何，四十多位男孩與幾位勇敢的老師都會一起完成惡魔般的徒步旅行。

杜格爾和其他幾位教職員利用暑假去上了電腦課程之後，他們就開始努力爭取在湖濱學校建立電腦連線。在 1968 年要使用電腦，就必須支付電傳打字機的月租費以及連線分時電腦的費率。終端機的成本每年可能超過 1,000 美元，電腦使用時間的費用如果以每小時 8 美元來計算，還可能再增加數千美元的費用。杜格爾得到校長的支持，但是費用仍是問題。當時根本沒有任何高中或一般家庭有電腦。於是，杜格爾老師聯繫了一群湖濱學校的家長，這些家長每年都會舉辦義賣活動，為學校活動籌募資金，他們的正式組織名稱叫「湖濱媽咪俱樂部」

（Lakeside Mothers' Club）。1967年3月，湖濱媽咪俱樂部租用了市中心一棟辦公大樓的空間，舉辦募款活動，三天就募到了大約3,000美元，足以讓學校租用先進的ASR-33電傳打字機，並支付初期的電腦使用時間費用。

雖然有了經費，但好笑的是沒有人真的知道怎麼用那台機器。杜格爾老師的程式知識在一星期內就用光了。另一名數學老師弗瑞德・萊特（Fred Wright）學過一些程式語言，但並沒有實際操作電腦的經驗。儘管如此，校方直覺認為終端機對學校是好的，而且有信心一定有人能搞懂如何使用它。

愛上寫程式

這麼多年過去，直到現在我仍覺得不可思議。要在1968年使用電腦，需要那麼多條件同時到位。多虧了那些老師和家長們，為了讓我們能用終端機，決定放手一搏。而且幸運的是，當時的人們已經可以透過電話線共用電腦。但這項奇蹟之所以發生，還要歸功於兩位達特茅斯學院的教授開發了BASIC程式語言。BASIC全名為「初學者通用符號指令代碼」（Beginners' All-purpose Symbolic Instruction Code），在四年前問世，主要目的是幫助非技術領域的學生學習電腦程式設計。這個程式語言的一大特點，就是使用了對人類有意義的指令，例如GOTO、IF、THEN與RUN。我深受BASIC吸引，它讓我想要反覆使用電腦。

有老師在終端機旁的牆上貼了半張紙，上面寫著最基本的操作說明，包括如何登入，以及出現問題時要按哪個按鍵。此外，它還鄭重警告：「在沒有陳述式的情況下輸入 PRINT 指令，可能會導致失控。」

那張紙上也有一個簡單的 BASIC 程式範例，告訴電腦如何將兩個數字相加。

```
Ready...
10 INPUT X,Y
20 LET A=X+Y
30 PRINT A
40 END
```

那應該是我第一次輸入的電腦程式語言。我從此就愛上寫程式。簡潔優雅的四行程式，正好符合我追求的秩序感。電腦即時給出的回應就像是一股電流。那之後不久，我就寫了自己的第一個電腦程式，是一個井字遊戲。為了讓遊戲能運作，我第一次必須仔細思考這個遊戲最基本的規則要素。很快我就發現，電腦是相當笨拙的機器，我必須告訴它在每一種可能發生的情況下，它應該採取的每一個步驟。如果我寫的程式不夠精確，電腦無法推斷或是猜測我的意思。我在過程中犯了許多錯誤。當我終於做對時，那種成就感遠遠超越了結果本身。井字

遊戲非常簡單，小孩都能很快學會。但是讓機器學會這個遊戲，對我來說是一次重大勝利。

我很喜歡電腦強迫我動腦的過程。它不允許我的思考有任何疏漏，要求我必須從頭到尾邏輯一致、注意細節。只要有一個逗號或是分號被放錯位置，整個程式就無法運作。

寫程式讓我想起數學證明題的過程。它不需要數學能力（除了基礎知識之外），但是需要靠同樣嚴謹的邏輯思維來解決問題，將問題拆解成更小、更好解決的幾個部分。就像解代數問題一樣，寫出可以有效運作的程式有很多種方法（有些方法更優雅、更有效率），但是導致程式失敗的方法卻有無限多種。我寫的程式幾乎總是失敗。只有一直嘗試、一直強迫自己動腦，才有機會讓程式順利運作。

我最初寫的另一個程式是一個登月遊戲。任務是：讓月球著陸器安全降落在月球表面上，避免墜毀或耗盡燃料。我必須把問題拆解成好幾個步驟。要解決的問題包括遊戲玩家如何左右、上下移動著陸器、著陸器需要多少燃料、以及燃料消耗得多快。我還必須描述著陸器的外觀，以及如何在螢幕上用破折號和星號，顯示太空船。

湖濱學校安裝電腦終端機後不久，我們的數學老師史托克林先生寫的一個程式裡包含了無限迴圈，表示程式會一直運作，直到有人關閉為止。短短幾分鐘內，我們從二手物資義賣得到的寶貴預算，就燒掉了超過100美元。他後來好像就沒有

出現在那個房間過了。那次經驗給我們所有人都上了一課。

為了避免增加費用，我會先用筆和紙寫出大部分的程式，然後擠到機器前卡位。我會在機器離線、還沒開始計費的狀態下輸入程式，程式會列印在一寸寬的打孔紙帶上。這是第一步。接下來，我會用終端機旁的旋轉式撥號盤開始撥接，等待數據機發出嗡嗡聲，確認連線成功。然後我會把我的打孔帶放進去，程式會以每秒十個字元的速度開始輸入，發出咔嗒、咔嗒的聲音。最後，我會輸入 RUN。通常會有一群學生排隊等著用電腦，如果我的程式跑不出來，我就必須先登出，另外找地方檢查問題出在哪裡，等到再次輪到我用電傳打字機。

這種反饋迴路很令人上癮，愈來愈進步的感覺讓人很亢奮。寫程式需要幾種技能的組合，包括邏輯思考以及長時間維持高度專注，這些都是我擅長的。寫程式也激發了我想證明自己的渴望。

高年級的保羅與瑞克，四人小團體成形

電腦室的氛圍（多數時候）是健康的競爭與合作，一群十幾歲的男孩拚命想要超越彼此。如果拉長時間來看，兩、三歲的年齡差距不算什麼，但是當你只有 13 歲、身材又比較矮小，還不知道要等多久才會進入快速抽高生長期，年紀的差距就顯得很大。肯特和我是這群孩子當中年紀最小的，某些學生因為比我們年長就帶著一股優越感，讓我們覺得很煩。

那時候我八年級，對自己的智力充滿信心，我相信憑自己的專注力，我能做到那些學長能做到的任何事，如果無法做得更好，至少能更快。我決定不被其他人比下去。肯特也討厭被人看扁，或許比我還要更討厭那種感覺。

名叫保羅‧艾倫的十年級生，很快就察覺到、並且巧妙地利用了這一點。「比爾，你覺得自己很聰明，那就自己想辦法解決這個問題吧。」這就是我與多年後一起創辦微軟的那個人最初的對話。當時，湖濱學校才開放電腦室沒幾週，學生們都在爭搶使用機器的時間。但除了老師傳下來的幾本書之外，沒有任何指引，大家只能自行摸索如何寫出自己的第一個程式。

保羅當時 15 歲，比我們大兩歲，他自認比我們酷多了。他在學校精心塑造的形象是博學多才的人，既說得出洲際彈道飛彈的重量，也能聽出吉米‧罕醉克斯（Jimi Hendrix）歌曲中的和弦變化。他是認真玩吉他的人，他的外表也很符合這個形象，他是唯一留羊排落腮鬍的學生。保羅和我們多數人不同，他對電腦的熱情已經持續一段時間，受到他在世界博覽會的所見所聞，以及大量閱讀科幻小說得到的啟發。他在兩年前的湖濱學校八年級生畢業致詞中，描繪了一個光明的未來，電腦將會深度融入我們的社會，他甚至預測在數十年內，電腦將會有思考的能力。

那年秋天，保羅也真正第一次在電腦室裡使用電腦。在保羅的慫恿之下，我開始全力研究，下定決心要第一個寫出比學

長們更複雜的程式。

　　類似的情景開始反覆出現，即使不在電腦終端機附近也是如此。總是這個模式：保羅會挑戰我，「比爾，我打賭你解不出這個數學題。」然後我就會想盡辦法解出那一題，證明我能做到。其他時候可能是：「嘿，比爾，我敢打賭你西洋棋一定贏不了誰誰誰（隨便一個同學的名字）。」每次我都會上鉤。不論保羅提出什麼挑戰，我都會全力以赴，直到我解決／贏得／完成那一項挑戰。這種互動模式，逐漸變成了兩對朋友之間的關係：一邊是我和肯特，另一邊是保羅和他的朋友，另一位十年級生瑞克・韋蘭德（Ric Weiland）。保羅和瑞克都對電子產品很感興趣，瑞克對電子產品的愛好或許是受到他父親的影響，他父親是波音的工程師，曾經發明很關鍵的機翼零組件。瑞克在幾年前就做出一台簡單的繼電器電腦，可以玩井字遊戲。瑞克比保羅更安靜、更理智，不像保羅那麼好強。以年齡分組，我們是兩組勁敵；但是後來保羅、瑞克、肯特和我四個人，都成為了好朋友。

　　幾週之後，許多學生開始對電腦失去興趣，人數逐漸減少，剩下一群堅定的信徒。寫程式可以弭平社會差異，只要能寫出好程式、解決很酷的問題，年齡就不成問題。十二年級的鮑伯・麥考（Bob McCaw）從零開始設計出一個賭博程式，他的同學哈維・莫圖斯基（Harvey Motulsky）試圖教電腦玩大富翁遊戲。我則是努力擴展這個大富翁程式，想辦法讓電腦能與

自己對戰。肯特修改了他從蘭德公司（RAND Corporation）的一本書中抄下來的數學式。他和我一起思考如何結合名詞、動詞、形容詞與句法，開發隨機句子生成器，相較於數十年後才會出現的人工智慧聊天機器人，我們的版本很原始。我們讓句子生成器把句子串在一起，看著它講出古怪的故事情節，大笑不止。

事後回顧，我才發現這股創造力大爆發，是刻意引導的結果，或者應該說是刻意「不指導」的結果。數學科的萊特老師是電腦室實際上的管理者，他很年輕，不到30歲，兩年前才開始在湖濱學校教書。他很適合這所學校，他是那種當孩子自己找到方法解題時，會非常開心的老師。萊特後來成為我的老師，他總是以有趣的目光看著我用代數費力解幾何問題，他讓我用比較沒效率的解題方法，不告訴我捷徑，讓我自由探索，他知道我最終會自己找到更簡單、更好的方法。

萊特老師也用相同的理念管理電腦室。沒有登記表、從不鎖門、沒有正式的指導（湖濱學校還沒開電腦課程）。他讓電腦室的門永遠開著，我們想來的時候就來，他相信沒有限制反而會讓我們發揮創意，找到自學的方法。留著平頭的萊特老師有時候會探頭進來排解孩子們的紛爭，或是專心聆聽學生興奮地解釋他正在寫的有趣程式。有一次，有學生在門上貼了一句標語：「當心弗瑞德·萊特的怒火」，用調侃的語氣，向萊特採取的放任式管理致敬。有教職員要求更嚴格地管理電腦室

（那些男孩到底在那裡做什麼？），萊特老師每次都擋掉了，留下的權力真空，就由我們這些孩子立即補上。從一開始，這裡就是我們的領地、我們的俱樂部。那年秋天，我們基本上就住在電腦室，不停地寫程式，失敗了就再試一次，反覆嘗試。我們的成績一落千丈，父母都很擔憂。但是我們一直在學習，而且學得很快。那是我在學校裡度過的最快樂的時光。

少年軟體測試工程師

每天早上，我會搭社區幾位媽媽輪流開的共乘車去湖濱學校。在 20 分鐘的車程中，車內經常一片沉默，我們多半還沒睡醒，或是在車上最後一刻趕作業。我媽和其他媽媽輪流開車送我們，她們一週各自負責一、兩天。每個星期一和星期二，我會爬進一輛藍色雪佛蘭敞篷車，湯姆・羅納（Tom Rona）的母親總是一大早就精力充沛，除了我媽之外沒有人比得上她。莫妮克・羅納（Monique Rona）是法國人，總是用帶著濃重口音的英文，設法引導昏昏欲睡的乘客與她對話。在 1968 年的秋天，我們聊了與電腦有關的話題。湖濱學校的電腦使用預算快要見底了。沒有人想得到，羅納女士竟然會成為我們的救星。不久之後，我們這個小團體將獲得最稀有的禮物：免費使用當時最強大的電腦。

在二次大戰期間的巴黎，還是小孩的莫妮克・羅納被當作誘餌，反抗組織借重她健談的性格引開德國士兵，遠離猶太人

的藏身處。後來,她在就讀索邦大學期間,與一名主修工程學的學生結婚,兩人在戰後一起移民到美國,她先生在麻省理工學院取得學位,她主修數學。莫妮克的先生獲得波音的工作機會,於是兩人搬到了西雅圖。羅納先生成為這家飛機製造商的資深科學家,莫妮克則擔任華盛頓大學電腦實驗室的副主任(在當時,這類職務很少由女性擔任。)

羅納女士發現我對於電腦這個新嗜好充滿了熱情,常常問我正在做什麼,把我從思考程式問題的思緒中拉出來。我接觸電腦才兩、三個月,但我當時一定表現得太過自信。儘管如此,她還是充滿好奇,對我說的話非常感興趣,而且從來不會以上對下的姿態跟我說話。

那年秋季,羅納女士正在西雅圖創辦全美最早的電腦分時系統公司之一。她透過華盛頓大學電腦實驗室,認識了一位迪吉多的業務,位於波士頓的迪吉多在當時是小型電腦(minicomputers)的領導廠商。

迪吉多在 1960 年代初期以銷售性能強大的小型電腦出名,專門賣小型電腦給研究機構與大學實驗室,這些地方不需要用到 IBM 或其他大型電腦廠商販售的昂貴大型主機。後來,迪吉多漸漸往高端市場發展,在 1966 年推出名為 PDP-10 的電腦,功能比其他小型電腦強大很多,售價仍比大型主機便宜,而且是專為分時系統設計的。

羅納女士、迪吉多的業務與其他共同創辦人(同樣來自華

盛頓大學電腦實驗室）看到了西雅圖地區的商機：波音等大型企業有可能會擴大使用電腦，而小型企業可能也會想開始用電腦。團隊租用了最新的 PDP-10 電腦。他們將新公司取名為電腦中心公司（Computer Center Corp.），簡稱 CCC。身為一位數學迷，我忍不住叫它「C 立方」。

與此同時，在湖濱學校，我們的新嗜好愈來愈昂貴，使用時間不斷增加。羅納女士發現之後，寫了一封信給學校，提出了意想不到的提案：如果學校的年輕程式設計師願意協助她的新公司，公司將（最瘋狂的部分來了）讓我們免費使用他們的新迪吉多電腦。

1968 年 11 月的一個星期六，爸爸載我到 C 立方的新總部，和萊特老師、保羅、肯特、瑞克和幾位湖濱學校的高年級生會合。辦公室靠近華盛頓大學，緊鄰五號洲際公路，原本是一家別克汽車經銷商門市。一位自稱無政府主義人士很快就會在街道對面開一家摩寧頓餐館（Morningtown Café），那裡成為嬉皮聚集地，而我在接下來的十二個月會吃掉那家餐廳數百片的義大利辣腸披薩。

從外觀來看，C 立方保留了原本的汽車經銷商的裝潢設計，唯一不同的是：透過那些曾經展示 Electra 與 Skylark 車款的大型櫥窗，現在變成一整排電傳打字終端機，與我們在湖濱學校用的終端機完全相同。C 立方的工程師帶我們參觀辦公室內部。他解釋，他們預計在年底開始營業。所以他們還有兩個

月時間，確保新電腦能夠達到嚴格的要求：同時管理數百個不同使用者。

這裡我想補充一下背景資訊：現在任何企業採購電腦，都希望電腦是安全、能容錯，不論是可靠性、安全性與穩定性都達到最高標準。但是在 1968 年，情況完全不是如此。迪吉多與競爭對手 IBM、奇異（GE）等，都是靠銷售硬體賺錢，包括構成電腦的晶片、磁帶儲存裝置與處理器，這些硬體全部安裝在冰箱大小的機盒裡以及與機盒連結的裝置中。相較之下，軟體只是附帶產品，價值低到多半是免費贈送。即使顧客租用或採購電腦，電腦的作業系統（控制電腦主要功能的軟體）也是未經優化、最陽春的軟體。還需要額外進行大量測試與微調之後，才能夠應付日常的頻繁使用。

這就是我們的用處。迪吉多為了協助提升他們的電腦軟體，與 C 立方達成協議，只要這家新創公司發現並回報程式漏洞，迪吉多就會免除月租費。以產業術語來說，這就是所謂的保證測試（assurance testing），等於是向顧客保證在一定期限內，新電腦系統的運作會符合原先承諾。C 立方發現可以趁此機會，盡可能延遲支付使用費。

羅納女士安排的這筆交易，讓我們這些孩子可以使用他們的系統，唯一的條件就是當機器故障或是出現奇怪狀況時，要記錄下來。有趣的是，出現故障反而是好事。他們寧可在付費客戶發現之前，讓幾個青少年先發現問題。此外，我們提報出

去的錯誤愈多,就代表可以有更長的時間不用付月租費。C立方需要猴子,一群拿著鐵鎚大肆搗亂的猴子。

第六章

自由時間

超高專注工作模式成形,把興趣打磨成有用技能

深夜偷溜出門用電腦

自從莫妮克・羅納找我們幫忙之後,那間由汽車經銷商改裝的辦公室就成為我們的第二個家。1968年12月,肯特、保羅、瑞克與我在C立方花了無數個小時,不停地寫程式、除蟲、寫除蟲報告。新年來了又走了,我們從每週六工作,變成週間每天下午,到後來甚至到晚上。湖濱學校的其他學生都在讀書、參加體育活動、上教堂,或是睡覺時,我們待在C立方免費使用昂貴、擁有強大運算力的電腦。那年碰巧是西雅圖史上少數多雪的冬天,積雪深度超過1.5公尺,我們因此賺到不少停課日,那些放假的時間,我都待在C立方。

我們知道總有一天會被趕出去。就像孩子們趴在地上撿皮納塔(Piñata)[8]掉出來的糖果,我們必須在一切消失之前盡可能抓住愈多機會愈好。那年冬天的某個晚上,我坐在床上,腦中冒出的正是這種想法:如果可以坐在電腦前面,我為什麼要浪費時間待在這裡?

當時大約是晚上10點。我父母都在樓上。克莉絲蒂在她的房間裡讀書。我悄悄地推開臥室窗戶,爬了出去,躡手躡腳地穿過陽台下方,繞到我們家的另一邊。幾分鐘後,我就到了兒童醫院,搭上從勞雷爾赫斯特到巴拉德(Ballard)的30號

---

8 譯註:一種紙糊容器,裡面裝滿玩具與糖果,在節慶或生日宴會時懸掛起來,讓人用棍棒打破,裡面的玩具與糖果就會掉下來。

公車,在羅斯福大道下車。我沿著羅斯福大道走了四個街區,抵達 C 立方。這趟路途總共花了 20 分鐘。

那年冬天以及往後的好幾年,我都會在晚上偷偷溜出門。我會和下班的醫院員工一起搭晚班 30 號公車回家。如果我錯過凌晨 2 點左右的末班公車,就要走 45 分鐘回家,我在腦中不斷重寫程式,完全沒注意到從酒吧或咖啡店湧出的學生們。一個小孩在那個時間點還單獨在外面,但似乎沒有人感到奇怪。我直盯著前方的路面,在 45 街右轉後,一路走回我住的社區。如果我想走風景優美的路線,我會穿越華盛頓大學校區,經過布默家附近的大型垃圾掩埋場,然後爬上通往我家的那座山丘。回到我家後院,再爬窗回到我的房間睡覺。幾小時之後,就會聽到媽媽的起床號:「早安、早安、早安、早安、早安。」

自從我與父母的關係變得比較緩和之後,他們對我寬容許多,但他們絕不可能允許 13 歲的兒子深夜獨自出門。克莉絲蒂知道我偷溜出去,我很感謝她從來沒有跟父母告狀。我從來就不是早起的人,但我也很意外媽媽都沒有注意到我比平常賴床更久。

最初的關鍵 500 小時

對於我們四人來說,能免費使用電腦的這段期間,真是難以形容地珍貴。我們都只是孩子:肯特和我才八年級,保羅和

瑞克15歲、還在讀十年級。我們之中沒有人有真正接觸電腦的經驗。羅納女士的兒子認為，他的母親因為小時候當過戰時誘餌的奇特經歷，因此對小孩非常有信心，她知道孩子能承擔責任。我能想像，在1960年代的科技業，身為一位女性，她一定有很多被忽視、被否定、被低估的經驗。我相信她如此支持我們，也是想確保那樣的遭遇不會發生在我們身上。

我遇過的許多成功人士都曾描述過相同的經歷：在找到自己熱愛的領域之後，必定會經歷一段辛苦投入的時期。在這段時期，單純的興趣會轉變為真正的技能。麥爾坎・葛拉威爾（Malcolm Gladwell）在《異數》（*Outliers*）這本書中指出，無論是創作音樂或是打網球，任何技術都必須經過10,000小時的刻意練習，才能達到高水平。他在書中把我當作軟體領域的一個案例。關於他提出的理論，我想補充一個想法：如果沒有幸運地得到免費使用電腦的機會（可以稱作我的前500小時），接下來的9,500小時很可能根本不會發生。

我很肯定，起初C立方從這筆交易中獲得的好處應該非常少。一開始我們只是胡亂操作那台功能強大的電腦，想試看看做一些傻事會得到什麼結果。我們最初提交的除蟲報告是這樣寫的：如果同時開啟五台磁帶機，就會發生奇怪的情況。如果你讓電腦執行十個任務，每個任務都以最快速度分配記憶體，電腦就會當機。」我們就像揮舞著鐵鎚的猴子。

而過程中，我們也不斷在學習。

通常，肯特與瑞克已經回家很久，保羅和我仍繼續待在終端機前，只有在找東西吃、或是到街上的海王星劇院（Neptune Theatre）看電影時，我們才會短暫離開電腦。那樣的模式雖然只持續短短四個月，卻奠定了我未來數十年的工作方式。我會不顧成本與時間，進入完全專注的狀態。每當我完成一部分的程式，就會立即讓電腦執行指令，馬上知道程式是否有錯。先測試，看能否成功。如果不行，就換另一種方式再試一次。電腦就像是吃角子老虎機，隨機給予獎勵，吸引你繼續玩下去。電腦不會吐出硬幣，但它會確認我寫的程式哪部分可行，激勵我繼續玩下去。我很喜歡這種腦力遊戲，不斷地挑戰提高獎勵出現的頻率。

　　反饋迴路一旦啟動，就會激發我們想學更多的渴望。我們無法在網路上看 YouTube 教學影片，當時網路還沒出現。相關的指導手冊也很少見。肯特借到了一本蘭德公司的電腦手冊，他把手冊中的數學程式以及計算各州人口的方法，都抄了下來。後來，我想辦法拿到一本很薄的平裝版《程式設計入門》（*Introduction to Programming*），我很怕弄丟，所以把書封放進我媽的打字機裡，打上這段文字：「這本書的所有者是比爾・蓋茲，他很需要這本書，請馬上還給他！」

　　教學手冊如此稀少，反映了一個事實：當時這個領域的專家寥寥無幾。最優秀的程式設計師大多在政府工作，經常是參與機密專案，或是在少數頂尖大學任教，例如達特茅斯學院、

麻省理工學院與史丹佛大學。真正響亮的名字屈指可數，他們大多是頂尖大學的實驗室負責人，其中，史丹佛大學教授約翰・麥卡錫（John McCarthy）就是我們現在使用的分時系統發明者，也是人工智慧領域的先驅。他的學生相繼開發了早期的程式設計方法、語言與工具。幸運的是，其中幾位明星學生後來到了西雅圖、加入 C 立方，組成公司的技術團隊。

當時的我並不知道自己與發明分時系統及 AI 的人之間，只隔了一、兩層人際關係。但是我確實從中獲益良多。C 立方的程式設計師有時會給我們看他們寫的程式片段，暗示了他們可以教我們很多東西。我們想看更多，卻又不好意思開口問。

我們偶然發現了一個變通方法。每天下班時，都會有人負責倒垃圾。垃圾堆裡總是有用過的電腦紙，近 40 公分寬、兩側有打孔的紙張，上面印著 C 立方工程師當天寫的程式。那些程式都不完整，是印在紙上的想法片段，有時候紙被揉得皺巴巴的，更常是已經破損。某天晚上，所有員工都回家後，保羅和我走到大樓後方，想從垃圾筒裡找看看可以發現什麼。保羅把我托起來，抓著我的腿，讓我在垃圾堆裡翻找，泡沫塑膠杯、剩餘的食物殘渣、像雙螺旋結構般捲曲的長條紙帶，全部混雜在一起。第一次搜尋沒什麼收穫，但我們一次又一次地回去翻垃圾。保羅比較高大，由他負責托舉，我比較輕、也比較靈活，由我負責翻垃圾。

某天晚上，我們在翻垃圾時，發現了一小疊紙張，上面印

著幾列數字與簡短的指令,像是 ADD、SUB、PUSH、POP。我們把那些紙帶回室內,鋪在桌上。找到了!這是 PDP-10 電腦作業系統的部分指令。這些指令(原始碼)是我們不該看的東西。我們發現的是像密碼一樣的程式碼,需要透過逆向工程才能破解它們的用途。這幾張皺巴巴、沾滿咖啡漬的紙,是我們見過最令人興奮的東西。

那些紙是用機器語言(machine language)寫成的,這是程式設計師所能寫的最基礎的程式碼。機器碼(machine code)可以讓你寫出比任何高階語言(例如 BASIC)跑得更快的程式,但是寫機器碼很費工夫,需要清楚定義電腦要執行的每一步。舉例來說,如果要用 BASIC 語言指示電腦呈現出「Hello」,你只需要輸入單一指令(PRINT "Hello"),但同樣的任務用機器碼寫的話,很可能需要寫長達 25 行的指令。那些程式對新手來說就像天書,是只有專家才看得懂的祕密語言。正因為如此,我想要學會它。

大約同時間,保羅與 C 立方的程式設計師史蒂夫・羅素(Steve Russell)變熟了,羅素畢業於麻省理工學院,因開發出電玩遊戲《太空戰爭!》(*Spacewar!*)而成名。這款早期電玩遊戲很容易讓人入迷,兩位玩家互相發射光子魚雷,試圖擊落對方的太空船。保羅告訴羅素,我們想學更進階的程式語言,羅素於是借我們 PDP-10 的使用手冊,其中包含了機器碼與 TOPS-10 作業系統架構的說明,就是我們翻垃圾想拼湊出

的程式。手冊非常珍貴，羅素只能借給我們一個晚上。保羅和我趴在 C 立方的地板上一起閱讀、背誦手冊裡的程式，直到深夜。

想打造戰略模擬軟體，好運卻用完了

隨著我寫程式的技術愈來愈熟練，我更想要做一些實際的東西，例如開發出真的對別人有用的程式。這股衝動跟我幾年前的經驗很類似：我理解到，不論我畫的橋梁或火箭多麼酷，我都無法在現實世界中建造出那些橋梁或是火箭。但這次不一樣了。有了電腦，我覺得我可以創造出任何我想像得到的東西。我媽在家裡有一個小木盒，裡面依照類別存放著她的食譜卡片，我借了其中的四、五張卡片，帶到 C 立方，用 BASIC 語言設計了一個簡單程式，當你輸入「肉卷」（meatloaf）提示詞，它就會跑出我媽的食譜。用程式設計師的語言來說，這是一個微不足道的程式，但是它讓我學會了 DATA 敘述句與 READ 指令。

當時，戰爭是日常生活的一部分。電視新聞與《生活》雜誌的封面故事，讓我們看見越戰對雙方造成的傷害。大概也是因為這個原因，我想要寫一個戰爭模擬程式。我想的並不是像《太空戰爭！》那種已經預設好、玩家追求高分的遊戲，我想要開發一種工具，能夠模擬真實世界的戰爭，讓你可以像領導某一方的將軍，測試不同戰略與戰術。我設想我的程式要包含

我能想到的、在重大戰役中可能發生的所有因素。我先在紙上構思，我在海岸線上建立一個虛擬世界，對戰雙方都擁有陸軍、海軍與空軍。每一方都有指揮部與機場，還有保護他們的部隊、火砲、坦克與高射砲，以及發動攻擊所需要的戰鬥機、轟炸機、驅逐艦與航空母艦。

為了蒐集資料，我去看以前的戰爭電影，估算高射砲的射速，查閱圖書館的書籍，了解戰場上的戰術應用，也重新複習肯特和我讀過的戰爭史。我希望讓一切盡可能真實、不像是遊戲，而更接近人們用來預測天氣、預估經濟趨勢的電腦模型。

我在思考所有元素該如何互動的過程中發現，我不能只是簡單地告訴電腦：「如果發生這種情況，就執行那個動作。」為了讓模擬更逼真，我必須為每一種結果設定發生的機率，例如，如果其中一方派出戰鬥機攻擊對方的指揮部，每架飛機都有可能被高射砲擊落。但機率有多大？我在圖書館看的書上沒有寫，所以我依據在電影裡看到的場景，以及我找到在二戰期間被擊中或擊落的飛機數量的粗略統計數字，來進行推測。

一週又一週過去，我的計畫也不斷擴大。我根據不同情境進行調整，例如：每場戰鬥之間的時間長短會如何影響部隊戰力，護航轟炸機需要的戰鬥機編隊規模，轟炸機因為體積龐大、速度緩慢，被地面火力擊中的機率更高，天氣對空中、海上與地面部隊的影響……等等。

完成設計框架之後，我開始在 C 立方的 PDP-10 電腦上

一行一行地把這些場景轉化成 BASIC 語言。通常瑞克會先回家，然後是肯特，他們的父母對門禁時間的規定比較嚴格，最後剩下保羅和我各自埋頭於自己的任務：他專心學習機器碼、寫自己的程式，我則是在軟體世界裡開戰。

我能明確想像我想創造的東西。即使我知道那超出了我的能力範圍，我還是相信自己能做到。那時我 13 歲，以價值 50 萬美元的機器為師，按自己的方式學習。

然而，我們的好運結束了。那年春末，迪吉多開始向 C 立方收取電腦租賃費，C 立方決定他們不再需要我們了。同時，湖濱學校也開始付費使用 C 立方的電腦。從那時候起，我們四人就從測試員降級為付費使用者。在學校，萊特老師會監控我們的帳號，每個月的月底他都會貼出一張紙，上面用他極為工整的筆跡列出了我們每個人的欠款金額。在那張單子上名列榜首有利也有弊，你得以炫耀自己是最認真的程式設計師，但也必須為這個地位付出金錢上的代價。

如果你有一天被逐出城堡了，之前你在城堡裡四處探索、尋找暗門的經驗就會變得很有用。在使用 PDP-10 電腦期間，我發現了一個漏洞。登入系統時，會有一小段等待時間，這時候如果連按兩次 Ctrl C，就能以管理員身分登入。擁有電腦管理員權限，就像是取得一把萬能鑰匙：你可以進入系統的各個角落。有了它，你就能查看每位使用者的帳號、讀他們的檔案、看到他們的密碼，還能刪除他們的帳號。你可以重啟或關

閉整個系統。但是我們從沒有做過那些事。保羅利用這個漏洞找到了一些密碼，我們打算用這些密碼獲得免費的電腦使用時間。不幸的是，我們在付諸行動之前就被抓到了。萊特老師發現我們的意圖之後就聯繫了C立方，C立方又聯繫了迪吉多。迪吉多很快就推出了新的登入軟體。

但不久之後，我們又找到了突破方法。

萊特老師雖然對我們很寬容、很信任，但唯獨對不誠實這件事，他絕不容忍。萊特老師把我們叫到他位在麥克阿利斯特館的辦公室，有一位留著范戴克式鬍鬚、很高大的男子正等著我們。我好像聽到有人介紹他是聯邦調查局的某某先生。多年後，保羅說那位男士是C立方的代表，但是他穿著深色西裝，看起來就很像聯邦調查局的探員，他說話的語氣也很像聯邦調查局探員，所以我當時深信他就是聯邦調查局的人。不論他是誰，他都嚇到我了。他嚴厲警告我們，我們駭進C立方的系統是違法行為。

我從來不是壞小孩。我沒有偷過東西，也不會搞破壞。我沒有真正惹過什麼麻煩，也不習慣被大人訓斥。那是我第一次感到有些羞愧，更不用說還有點害怕。後來我想起那時的情景時，想法有些轉變。我們的工作就是找出他們系統的漏洞，而我們的確找到了一個大漏洞。但是在那個當下，我很擔心我們會被學校停學。雖然那種情況沒有發生，但實際的懲罰讓我覺得更難受：我們都被禁止使用C立方的電腦。

在我第一次接觸電腦的八個月後，我們就被禁用電腦了。

徹底迷上野外健行

那年夏天，我很少見到保羅或瑞克，與肯特相處的時間也大幅減少。他們一家人駕駛帆船沿著加拿大西海岸旅遊了一段時間，剩下來的暑假肯特跟湖濱學校的另一個朋友一起去了華盛頓特區。沒有了電腦，肯特就改投入他熱衷的政治領域。

過去一年，我母親已不再像以前那樣要求我參加課外活動，但每個月兩次，我還是會和其他孩子一起搭車去主顯堂學跳社交舞。（跳舞課讓人覺得很彆扭，但也有好處：在我開始對女孩子感興趣的時候，有機會可以和她們面對面接觸。）我也不需要被逼著繼續參加童子軍，我真的喜歡童子軍。我12歲時加入了186團，是當地規模最大、組織最完善的童子軍團。那時候，徒步健行、露營與登山運動在美國開始流行，西雅圖也逐漸成為戶外活動的聖地。西雅圖本地的戶外用品零售商REI（Recreational Equipment Inc.）迅速擴大產品線，公司負責人吉姆‧惠特克（Jim Whittaker）幾年前成為首位登上聖母峰頂的美國人。我加入的童子軍團完全順應了這股戶外運動風潮，核心使命就是帶領童子軍探索山野。我們和其他童子軍團一樣會取得徽章、可以逐步升等，但選擇加入186團的人，主要目的都是為了參加徒步旅行與與露營活動。

我八年級時參加過那次海水淹進帳篷的露營，童軍時期也

參加過幾次徒步旅行。但我在第一次參加 50 英里（約 80.5 公里）健行之前，其實沒什麼真正的野外經驗。出發前，我爸帶我去 REI 買了一個紅色的漫遊者背包以及一雙義大利製的頂級皮革登山靴。我跟隨童子軍團一起進入冰川峰荒野，馬上就感覺到新買的硬靴子一直在摩擦我的腳跟。第一天才走了一半、大約 6.4 公里的路程，我就感覺雙腳如灼傷般疼痛。我咬牙苦撐。那天晚上我脫下靴子、拔下襪子時，腳跟已經血肉模糊，一位童子軍夥伴後來說，我的腳跟看起來像果醬甜甜圈的內餡。一位同行的父親是耳外科醫生，他給我吃可待因錠（1960 年代對藥品的規定比較寬鬆）。麻醉藥物的效果，加上其他童子軍夥伴幫我分擔背包的重量，我就這樣跛著腳繼續走了兩天，抵達中途點，父親在那裡把我接走。

我覺得很丟臉，大家一定覺得我是廢物，唯一沒有完成健行的孩子，也是唯一沒有事先磨合靴子、直接穿新鞋的傻瓜。對我來說，那次健行是徹頭徹尾的災難。

那次徒步健行的其中一位領隊叫麥可・克里爾（Mike Collier），他是高級童子軍，比我年長五歲左右，大家都知道他的戶外經驗甚至比我們隊上的成年人還要豐富。他的父母都非常熱衷健行，麥可自己也是「登山者隊」的成員。登山者隊是歷史悠久的俱樂部，經常舉辦徒步健行，也開設技術性攀岩與其他戶外技能的課程。在我加入童子軍那段期間，麥可和他父母開始邀請其他童子軍一起參加他們的家庭旅行。那些家庭

旅行比我們童軍團的活動更有挑戰性。

雖然我沒有完成 50 英里健行（或許正因為如此，我不知道），麥可和他父母居然邀請我參加他們家下一次的旅行，時間就在學期結束後的 6 月。其他受邀的童子軍包括洛基、萊利與丹尼，他們都和我一樣 13 歲，也都熱愛健行。我很高興獲得邀請，也很興奮能挑戰自己。此外，時機也正好，C 立方才剛禁止我們使用他們的電腦，所以我有很多空閒時間。

麥可告訴我們，他看過一個電視節目在介紹「救生步道」（Lifesaving Trail），這條步道沿著溫哥華島（Vancouver Island）面太平洋的海岸延伸，地處偏遠，以暴風雨、暗礁與詭譎多變的洋流著稱，曾有數千艘船隻在此沉沒。加拿大政府在 1900 年代初期開闢了一條步道，讓遭遇海難、被沖上岸的水手們能夠走到有人煙的地方。多年過去，步道早已年久失修。在節目中，當地一位自然學家與她的丈夫徒步走完了這條長達 50 英里的步道。麥可也想要走他們走過的路線。這會是一次探險，他說：我們會坐水上飛機，徒步過河、攀登懸崖。還可以探索洞穴，在海灣裡游泳。

第一天，我們從水上飛機卸下背包時，我的背包掉進了海裡。這可不是好兆頭。我們開始走不久，就能理解為什麼前人要為遇難的水手興建這條步道。就算能夠回到岸上，沿岸的地形仍異常地崎嶇難行、又是人煙稀少的地方，所以上了岸也不代表麻煩結束了。第一天我們向北前進，小心翼翼地穿過雜草

叢生的步道與泥濘的沼澤地。步道會突然中斷，前方就是懸崖。我們必須沿著長長的垂直梯子往下爬，或是手握繩索緩緩往下降。接著，我們在布滿碎石的海灘上緩慢步行一段時間，再度利用另一組梯子或繩索往上爬，回到雜草叢生的步道，又在覆滿苔蘚的巨大倒樹下匍匐前進。

麥可在這次旅程中唯一擔心的是如何穿越克拉納瓦河（Klanawa River）。這條河流速不快，但是水位高低會隨天氣變化：大雨和山區徑流可能會導致水位過高而無法徒步穿越。麥可指派我們去有很多鵝卵石的河岸邊收集漂流木，然後他剪下幾段紅色的雪崩牽繩，示範如何利用牽繩把漂流木綁成小木筏，這樣就能把我們運送到河的對岸。

隔天我們抵達旅程的終點站：班菲爾德（Bamfield）小漁村。我們走進漁村時，一位老婦人問：「孩子們，你們從哪裡來的？」我們驕傲地回答：西雅圖，我們剛剛徒步走完救生步道。「我的老天爺！」她說，並邀請我們到她家享用她丈夫當天早上捕獲的新鮮海蝦。

後來，就在我們等著搭車去附近的渡船時，鎮上另一位居民走向我們。

「你們之中有人叫比爾‧蓋茲嗎？」他問。

原來我父親要告訴我們當天稍晚的計畫有變動，所以他打電話給鎮上的某位陌生人，留言給我們。我們都覺得很不可思議，簡直就像是史坦利（Stanley）在坦干依喀湖（Lake

Tanganyika）邊找到李文斯頓博士（Dr. Livingstone）那樣地神奇[9]。

我徹底迷上了健行。那次旅行後，麥可說服父母讓他獨自帶隊出行。有時候也有其他人加入，不過大多數時候都是我們五人：麥可、洛基、萊利、丹尼和我。我很欣賞麥可不做作、從容的態度。在山裡，他似乎無所不知，但是他從不說教、也不會獨斷發號施令。他默默地以身作則，如果我們要做重大決策，他會以投票表決。我很喜歡這種方式，雖然這種民主通常代表我想走捷徑的願望會落空，就如同兩年後在媒體探險路徑發生的情形一樣。

八年級的轉變

1969 年夏季，救生步道旅行結束後，我和家人就前往胡德運河，回歸小時候每個夏日的奇里歐傳統：同樣的幾個家庭、同樣的奧林匹克運動競賽、我父親依舊擔任市長。奇里歐傳統定義了我的每一個夏天。但是那年格外特別。外祖母告訴我們，她買下了運河邊的一棟度假小屋。在運河地區當了數十年的訪客之後，我們終於有了屬於自己的地方，母親和外

---

9 譯註：英國探險家大衛・李文斯頓（David Livingstone）在非洲探險時失聯，當時擔任報社記者的莫頓・史坦利（Morton Stanley）被派到非洲尋找李文斯頓，他從沒見過李文斯頓，因此每次遇到人，就問對方：「你是李文斯頓嗎？」後來終於在坦噶尼喀湖附近找到李文斯頓。

祖母希望這裡能成為一個基地,等到我們都長大、生活不可避免地變得更加忙碌時,全家人都能在此相聚。那年夏天,我們搬了一台電視機到運河區、放在主屋裡,我們全家和其他 1.25 億美國人一起觀看阿波羅 11 號登月。通常,我們不會讓任何人打擾我們在運河邊的生活。但尼爾·阿姆斯壯(Neil Armstrong)為人類邁出的那一大步,可以成為例外。

在我的記憶中,那年夏天除了月球漫步,我個人也正在經歷轉變期。和許多同齡孩子一樣,那時候的我正在探索自我認同。我清楚記得,當時的我意識到,別人對我的看法會隨著環境而改變。在團體運動中,我只是無足輕重的配角。但是在那年夏天的健行之旅,我意志堅強、願意冒險,勇於突破自己的身體極限,如果美式足球隊的隊友看到那樣的我,一定認不出來。而在我們的小團隊裡,我是能有所貢獻的成員,我們能獲得的唯一回報,就是成員之間的友誼。

在奇里歐,大人們把我視為領袖。我把不同年紀的孩子們組成一個團隊,製作旗幟,將團隊取名為「奇里歐俱樂部」,雖然我做的事情只不過是帶大家到附近的樹林探險,但是這個俱樂部激發了孩子們的熱情與團隊精神。我特別能從莉比身上感受到這一點。那年夏天她剛過五歲生日,我很享受擔任她的保護者與玩伴。在她眼中,我永遠是最可靠的哥哥。我很愛這種感覺。

但是在學校,情況就不同了。在課堂上,我依舊把精力放

在找機會開玩笑或是唱反調,即使是很無禮的話,只要能引起笑聲,我就會說。在剛結束的那個學年,我們讀了希臘戲劇《利西翠妲》(Lysistrata)、寫了心得報告,學校甚至還邀請演員來為我們表演這齣劇。但我是如何表達感謝的?我竟然大膽地對飾演主角的女士說,真是一齣愚蠢的戲,這只是我說過一系列最無謂又無禮評論之中的一則,顯然這些話透露的更多是關於我自己的問題,而非其他問題。這種糟糕的行為事後總是讓我感到懊悔不已。

在湖濱學校,每天午餐後、下午的課開始之前,低年級學生有一小時的學習時間。多數學生會到摩爾樓二樓的禮堂,在老師的監督下安靜地自習。自習禮堂是專門給普通學生的,包括成績平平、中等程度的學生,或是在課堂上不夠投入的學生。同時,另外一小群成績最好的學生、也就是資優生,則可以不用參加自習課,他們擁有自由學習的特權。

他們在一樓有自己的專屬教室,沒有老師監督,可以寫作業、討論專題,甚至是隨意閒聊。如果他們想要,還可以到廣場上看書或是在校園裡散步。自由學習的特權必須靠實力取得,一旦成績下滑就會失去這項特權。所有人都知道,可以自由學習的學生都是班上最優秀的人。

不出所料,我只能待在自習禮堂。我的成績時好時壞,再加上態度不佳,這是我應得的。有段時間,我根本不在意這些。

肯特當然很快就躋身自由學習的菁英行列。他和其他「聰明人」一起自由學習，而我只能垂頭喪氣地坐在禮堂裡。我認為我應該和肯特待在一起。如果那份分數很低的黑海報告是我得到的第一個重大啟示，那麼這就是第二個啟示：在湖濱學校，搞笑咖沒有立足之地。我逐漸明白，湖濱學校會給予有資格的學生自由，如果你成績優異或是對某個領域有濃厚的興趣，學校會為你創造空間，讓你學習與成長，或許還有充滿熱情的老師可以協助你。肯特直覺就明白這個道理，我很慢才領悟到這件事。

那年夏天，還有另一段校園經歷留在我的記憶裡。湖濱學校的高中部有一支數學隊，每年都會參加四洲區域考試，而且連續很多年贏得最佳成績。雖然這比不上我們昔日作為美式足球強校的輝煌，但是這支數學隊伍在湖濱學校的特定群體中還是打響了名號。1969 年，初中部幾位數學成績優異的學生也被允許參加考試，我是其中之一。我的考試成績非常好，幾乎打敗所有數學隊成員。這代表一個八年級生變成了該地區數學成績最好的中學生，這當然滿足了我的虛榮心。不過，我覺得最有意義的，是我得到分數最高的高年級生的認可。除了在電腦室裡，年長的孩子會包容年紀較小的孩子之外，高中部與初中部的學生基本上很少有互動；跑去跟比自己小四歲的人互動，一點都不酷。然而，那位高年級數學天才專程跑到初中部找我，或許只是那個數學怪咖想看看另一個數學怪咖吧。不管

理由是什麼，我非常開心。他很友善地對我說，恭喜你，年紀這麼小就考得這麼好，真的很難得。

消息也傳到數學圈之外。八年級生的成績居然超越了幾乎所有在校學生，不僅如此，那個人竟然是蓋茲，整天胡鬧、從來沒有人認為是資優生的蓋茲。我開始認真思考大家對我的觀感，而且開始不喜歡這樣的感覺。

在我逐漸成形的世界觀裡，數學要求的邏輯與理性，可以用在任何學科上。智慧是有分等級的：數學成績有多好，就能在生物、化學、歷史、甚至語言等其他學科取得好成績。我的想法儘管有些過度簡化，但已經在學校得到印證。我覺得我能根據別人的數學能力，推測出他們的整體學業成就。

那年夏天，在胡德運河，我決定用自己來測試這個理論。這是我人生第一次，下定決心專心投入學校的課業。

第七章

還只是孩子？

在邏輯與秩序中找到安全感，創業之心開始萌芽

開始認真面對學業

在湖濱學校,學生必須自費購買所有書籍。學校的布里斯樓(Bliss Hall)的樓下有銀行分行,家長可以把錢存在這裡。學年期間,學生可以用支票支付書籍費或其他開支(例如我們的電腦使用費)。在學校的書店(在地下室教室前的一張桌子),你只需要告訴喬・尼克斯(Joe Nix)你上的課,他會短暫消失到書架之間,幾分鐘後再抱著一疊書回來,你再以支票付款。尼克斯是學校的夜間保全人員,很受大家喜愛,他的德國牧羊犬總是陪在他身邊,他同時兼任學校的圖書管理員。開學第一週,我給他看我的課表,他以大大的笑容向我打招呼。我懷著嶄新的決心,心中想好了我認為一定會成功的計畫。

他看著我的課表,上面有古代與中世紀歷史、英語、拉丁語、生物學、高等代數,我告訴他每堂課的課本,我都需要兩本。他停頓了一下,顯然對這個要求有些疑惑,但隨後就轉身去拿書。直到今天,我都不確定我父母是否知道他們付了雙倍的書籍費。

我的計畫是留一本在家裡,另一本放在學校。不是因為背著課本上學很不方便,我想要讓大家以為我都不需要在家複習。我要成為學霸,但也還不想放棄愛耍小聰明、漫不經心的形象。當其他人抱怨課本太重時,我卻刻意讓別人看到我每天都空手回家。到了晚上,我會在房間裡拿出備份的課本,一遍又一遍地解二次方程式,背拉丁語變格,複習所有希臘戰爭與

戰役的時間,以及眾神的名字。隔天,我帶著前一天讀到的知識抵達學校,絕不會表現出曾經在家認真複習的跡象。我懷疑是否真的有人會注意或在乎,但在我的想象裡,他們都在心裡驚呼:一本書都沒帶回家!他是怎麼做到的?他一定超級聰明。這就是我揮之不去的自卑感。

我一直擁有很高度的專注力。但現在我領悟到可以把這項優勢用在學校裡。當我真正專注學習某個科目,吸收相關的事實、定理、日期與名字、想法與其他內容,我的大腦會自動將這些資訊整理成結構化、合邏輯的知識框架。這個框架帶給我掌控感:我知道去哪裡找我需要的事實,也知道如何融會貫通已經掌握的知識。我能立即辨識出既定的模式,提出更好的問題;新的資訊出現時,我能輕鬆地將新資訊融入既有的架構之中。聽起來有點蠢,但我感覺就像發現了某種超能力。同時,我的能力也還沒發展成熟,14 歲的我尚沒有足夠的自制力,經常忍不住去看下一本《泰山》(Tarzan)小說,而不是讀指定的歷史課文。

我還是很難專心學習那些與我的世界觀不搭的科目。那年的生物課,我們要解剖渦蟲(一種扁形蟲),但是老師完全沒有告訴我們為什麼這很重要。渦蟲在生物界處於哪個層級?我們該從這個切片或那個切片學到什麼?感覺太沒道理了。老師正在教授我們或許是最重要的學科:生命的科學,研究主宰我們的健康與疾病、物種多樣性、數十億年的生物演化,乃至於

意識起源的諸多系統。我在往後的人生才明白自己錯過了什麼，後來才一頭栽進生物學的美妙與神奇之中。但是九年級的我盯著渦蟲的碎片，以為那就是生物學的全貌。我不理解生物學。（巧合的是，同一位老師也負責性教育課程，按照他的教法，性教育和渦蟲解剖一樣無趣。）

我一直記得九年級那年我全科都拿 A。但最近我偶然間看到當時的成績單，才發現有些學科是 A、有些拿到 B（包括生物課）。突破瓶頸的感覺印象太深刻，顯然掩蓋了一個重要的事實：我的自制力仍有待進步。但無論如何，多年來我媽一直擔心我花太多時間躲在房間裡，現在終於看見了成果。那是我有史以來最好的成績，他們鼓勵我繼續努力。我也終於不用待在自習禮堂，可以自由學習了。

決定放下心防、向老師展現我對學習的好奇與熱忱之後，我就開竅了。「教育」（education）一字源於拉丁文的 *educere*，意思是「帶領、引導」。湖濱學校的多數老師都直覺地認為，可以用挑戰的方式引導我學習。他們看得出來，我想證明我夠聰明，有能力在班上提出好的想法，也能理解他們要我閱讀的課外讀物。

領略科學之美

物理老師蓋瑞・馬斯崔帝（Gary Maestretti）推薦的每一本書，我都會讀完。在我們許多次的課後討論中，馬斯崔帝老

師都很懂得如何將我旺盛的精力導向能拓展我視野的問題。他推翻了「科學就是一堆需要死背的事實」；科學是一種思考世界的方式，是一個不斷挑戰長期認可的事實與理論的過程。綜觀歷史，許多學者能名留青史，都是因為推翻了被世人認可好幾個世代、甚至好幾個世紀的事實，並提出更好的見解。

馬斯崔帝老師舉過一個例子最讓我印象深刻。十九世紀末、二十世紀初時，許多物理學家都相信在各自領域的多數重大問題，都已經得到解答。多虧了牛頓、馬克士威（Maxwell）與許多科學界的先驅，我們已經知道如何計算引力、電力與磁力。關於原子結構，科學也提出了完整的解釋。然而當時的物理學家也記錄了無法清楚解釋的現象，例如X光射線，以及瑪麗・居禮（Marie Curie）發現的放射性。不到10年之後，愛因斯坦就證明了牛頓定律在多數情況下能得出正確結果，卻是依據錯誤的理由。宇宙遠比早期的科學家所理解的更為奇特，物質可以扭曲光線與空間。運動與引力都可以讓時間變慢。光同時具備了粒子與波的特性。新興的相對論與量子力學理論甚至顛覆了科學家對於宇宙的歷史、運作與未來的理解。

在湖濱學校修完物理課程之後，就會開始修化學課，也就是加入丹尼爾・莫里斯（Daniel Morris）的實驗室。在學校大家都稱他為莫里斯博士，他曾是工業化學家，在耶魯大學取得有機化學博士學位，擁有改進胺基酸色胺酸分離技術的專利。

莫里斯博士身穿招牌的白色實驗袍、用玻璃燒杯喝咖啡的樣子，完全符合我心目中的科學家形象。他在自己編寫的教科書引言中寫了一句話，總結了他在班上傳授給每位學生的觀念：「我們似乎忘記了科學最根本的基石：相信世界是有道理可循的。」

我記得當時看到宣稱超強膠水可以黏合任何東西的廣告，覺得很神奇。「它的黏性為什麼這麼強？」我問莫里斯博士。他很鼓勵這種源自於好奇心的提問，也把這些問題當作是教學的契機。他解釋，這種膠水的成分中，有一些很想要與彼此連結的小分子，也加入了使這些小分子保持液態、無法結合的微量成分。當膠水在兩個表面之間被擠壓時（一不小心的話，也可能是你的手指），微量的水分會讓這些抑制物質失效，膠水就會瞬間凝固。

莫里斯博士和馬斯崔帝老師一樣，很強調知識是層層累積的，這種累積讓我們對於科學的理解能隨著時間不斷拓寬與深化。他最推崇的歷史人物是十九世紀的法國化學家亨利・路易・勒沙特列（Henry Louis Le Chatelier），他提出了關於系統平衡變化的原理。莫里斯博士經常用日常生活的例子解釋這個原理，例如為什麼留下半瓶汽水再蓋上瓶蓋，就能一直維持汽水中的氣泡。（我永遠記得答案：氣體確實會從液體中跑到瓶中的空間，但瓶子內部的壓力會逐漸累積，直到使氣體再度溶解回汽水的速度，與氣泡跑掉的速度一樣快。）

對莫里斯博士來說,「動態平衡」原理能優雅地組織廣泛的化學知識,也是理解各種化學反應的好方法。化學課很常因為教學方式而變成可怕的苦差事,只剩下一連串乏味的死背硬記。莫里斯博士的過人之處就在於他能化繁為簡,用年輕學生也能理解的簡單模型來解釋化學。

莫里斯博士讓我對以科學為志業的人生,有了新的看法。那時候人們對於科學家的印象,通常是鑽研某個極度狹隘、艱澀的問題,而這些問題幾乎沒人理解,也沒人想要理解。然而,莫里斯博士的興趣相當深廣。他會吹單簧管、還指揮合唱團、研究四維空間幾何,不僅如此,他還是有執照的煙火技師,這也是他的青少年男學生們最喜歡的興趣。他指導我們調製一種一碰就會爆炸的液體,有些搗蛋鬼把那種液體塗在釘書機或馬桶座上。(我當時就表明我沒有參與,我現在還是堅持這個說法。)

科學讓我著迷,一部分原因是它符合我對於秩序與組織的需求,就和數學一樣,提供了令人安心、滿意的思考框架。科學也契合我極度理性的世界觀。從本質上來說,科學需要充滿好奇的頭腦,加上自律與懷疑的精神。我喜歡科學家的思維方式,他們總是不斷追問:「我是怎麼知道的?」以及「我可能錯在哪裡?」

湖濱學校的老師給了我一份禮物,改變了我的觀點:質疑你所知道的、質疑你相信的真理,這就是推動世界進步的動

力。在那個充滿可塑性的年紀，那對我來說是一種很樂觀正面的思想。

「最後離開西雅圖的人，記得關燈」

我們被逐出 C 立方的城堡之後，保羅成功說服華盛頓大學允許他進入大學裡的電腦室，他整個夏天都待在那裡磨練自己的程式設計功力。他沒告訴肯特和我這個好機會，他說，我們看起來年紀太小了，不像大學生，他擔心我們一起出現會害他失去這個特權。但保羅在學期中彌補我們了，他幫我們重新取得 C 立方電腦的使用權。那時我們與 C 立方的關係已經解凍，他們請保羅幫忙做一些寫程式的工作。

於是，半年沒能碰電腦的我，又開始跟保羅一起去 C 立方，重啟我的戰爭模擬遊戲。一次一小部分，我逐一讓程式開始成功運作。我把程式列印出來，標記哪裡出了問題，再輸入新的程式，重新列印。到後來，打孔電腦紙已經綿延超過 15 公尺。某部分的程式已經運作順暢之際，壞消息突然傳來：C 立方要收掉了。這家剛營運滿一年的公司，沒能拉到幾家大客戶。電腦使用時間的需求遠低於他們的預期，再加上西雅圖最大的雇主波音公司也陷入嚴重困境，航空公司的訂單減少，加上為了開發第一架巨型客機（後來的 747）而負債累累，波音不得不裁減數萬名員工。連鎖效應導致西雅圖經濟陷入衰退，許多企業也受到波及。（一年之內，有人在九九號公路上豎起

了後來成為經典的告示牌,上面寫著「最後離開西雅圖的人,記得關燈。」)

3月的一個週六,保羅和我在C立方瘋狂地忙著我們的專案,同時間搬家工人正在撤走所有可移動的物品。後來甚至連我們屁股底下的椅子都被拿走了。保羅和我改坐在地板上,把終端機放在膝蓋上繼續敲打鍵盤。幾分鐘後,我們看到一張椅子沿著羅斯福大道朝聯合湖(Lake Union)的方向滾去,就像在躲避討債人的追趕一樣,我們忍不住大笑。

失去免費使用電腦的機會,對我來說是大問題。我原本已經把戰爭模擬遊戲當作是歷史課的期末作業。現在我沒辦法完成設計,只好改變計畫。那年春天,我決定開始讀《新約聖經》。我從一年級開始參加主日學,前一年剛完成堅信禮,這是年輕人宣誓追隨基督的必經儀式。但我還不是很確定自己的信仰,所以我像往常一樣,想理解一件事時,我開始閱讀。我計算過,如果每天晚上讀五個章節,我就能在50.4天內讀完剩餘的252章《新約》。我提前完成目標,所以又讀了幾本與基督教有關的書,包括《親愛的布朗先生》(*Dear Mr. Brown*),內容是寫給一位年輕人的虛構書信集,作者哈里.愛默生.佛斯迪克(Harry Emerson Fosdick)寫道,這位年輕人「正在努力建構理性的人生哲學。」這句話準確描述了我的處境。雖然我不完全認同佛斯迪克的結論,但這些都成為探索的一部分。

最後我交出的報告有一半是描述我設計的戰爭模擬遊戲，另一半是關於聖經的分析。在某些段落看得出來，我無法確切表達我對上帝與信仰的感受。（老師給我的評語：「非常有企圖心的專案，做得很不錯，但偶爾有點難理解你的寫作風格。」）

與伊凡斯一家出海航行

「親愛的保羅，我們都不在身邊，我想你可能會覺得孤單，所以決定寫信給你。」學期結束幾週後，我寫了一封信給保羅，但沒有寄出去。我與麥可・克里爾以及三位年紀比我小的童軍又完成了另一次探險。我們再次去救生步道健行，但走的方向與一年前剛好相反。寫信時又讓我想起了旅行途中天真、自由的歡樂時光。我們五人擠在麥可的福斯金龜車裡，背包都綁在車頂上。在四小時的車程中，我和名叫菲爾（Phil）的小孩比賽憋氣。結果我輸了。我在信中告訴保羅，菲爾憋氣長達 2 分 10 秒，輕鬆打敗我的 1 分 40 秒。我也在信中提到了另一件重要的事：菲爾的弟弟在我們啟程 5 分鐘後，就把我的一包動物餅乾全吃光了。

那天晚上在渡輪上，年紀較小的孩子嘻笑著偷瞄一位男士手中的《花花公子》雜誌（*Playboy*），麥可在研究地圖，我在看書，可能正在讀羅伯特・海萊茵（Robert Heinlein）的作品或是其他科幻小說。從艾伯尼港（Port Alberni）出發後，我們

搭上一艘載滿冰塊的平底載貨船,驚奇地看見一群男士與女士喝光好幾瓶葡萄酒,我們熬夜,還曾經迷路,吃熱狗當早餐,還意外救到一隻摔落峭壁的狗。

幾天後,我就在伊凡斯一家的船上寫給保羅的那封信,船停泊在一個叫海盜灣(Pirates Cove)的地方。健行結束後,麥可開車載我到溫哥華島南部,與肯特和他父母會合。他們上週從西雅圖航行到維多利亞,於是邀請我和他們家一起再玩10天。我們往北航行至路易莎公主灣(Princess Louisa Inlet),那裡是風景絕美的狹長水域,緊鄰著將近2,500公尺高的山峰。我們游泳、看書,晚上玩桌遊。肯特特別愛《股票與債券》(*Stocks and Bonds*)遊戲,這款遊戲會模擬市場波動與新聞事件(例如公司「總裁入住療養院,出院時間未定」)影響下的投資組合管理。誰最終的投資組合價值最高,就是贏家。那些公司都是虛構的,但是遊戲讓我們學到了真實世界的許多事物,像是股票分割、牛市、本益比、債券殖利率。肯特和我那一群健行的朋友一樣,都具有健康的競爭意識,但他更喜歡能在真實世界派上用場的遊戲。

我在這次旅行認識了肯特的父母。我看到他們與肯特的關係非常緊密。搬去西雅圖之前,肯特的爸爸馬文(Marvin)從他母親的家族那裡繼承了一小筆遺產,從一神論派牧師的全職工作退休。肯特的雙親把所有時間都給了兩個兒子。因為白天不用上班,馬文總是開著他的1967年道奇Polara車,載著肯

特和我穿梭西雅圖的街頭。我們坐在後座，在前座的馬文總會不時地把頭轉向我們，用他柔和的南方口音問我們在討論什麼，或提出他自己的問題。

　　回想起來，我理解到肯特幼年經歷的磨難也形塑了他們的家庭。嬰兒時期的肯特由於嘴部嚴重畸形而無法進食，他的父母瑪莉（Mary）和馬文深怕他長大後可能無法說話，被社會排擠，終其一生都會過得很辛苦。1950年代的社會對於身障人士的接受度不比今日，甚至有親戚建議他們把肯特送給別人領養。肯特經歷了許多手術、治療，口腔裡裝滿了金屬矯正器，終於治好了最嚴重的問題，至於他父母擔心的事，結果比想像中好太多了。隨著肯特漸漸長大，瑪莉和馬文發現兒子幼年時的艱難歲月並沒有成為阻礙：事實上，他表現出遠超過他的年紀該有的自信與成熟。他從不畏懼新的挑戰，他對自己要求很高，也相信自己能成功克服挑戰。因為他的自信，肯特的父母也把他當作大人一樣對待。我想正因如此，肯特也自然而然把自己當成大人。

　　我與肯特認識時，他的一項特長就是精湛的帆船技藝。他最珍視的收藏品之一是溫斯洛・霍默（Winslow Homer）的畫作〈微風吹拂〉（Breezing Up），描繪一名男子和三名男孩在強風中駕駛一艘傾斜的小帆船。他把這幅畫掛在他房間裡的大型軟木板上。他非常喜歡這幅畫，甚至專程去華盛頓特區的國家美術館觀摩原作。

第七章　還只是孩子？

那年夏天，我們乘坐新買的35英尺皮爾遜帆船（Pearson），這艘單桅帆船夠大，能往返普吉特灣長途航行。他們以家鄉維吉尼亞州的雪納朵河（Shenandoah）為那艘船命名。學校放假後，肯特會和家人一起乘船出遊，直到秋季開學時才會返航。他們去過的地方，例如海盜灣，聽起來都像少年懸疑小說《哈迪男孩》（Hardy Boys）裡會出現的場景：荒涼之聲（Desolation Sound）、祕密灣（Secret Cove）、陽光海岸（Sunshine Coast）。肯特的母親把旅程每一天的細節都記錄在一本厚重的航行日誌上，封面的燙金字樣寫著：雪納朵遊艇航行日誌。

我的帆船資歷僅限於當地生產的廉價夾板船，大家稱之為平底船（Flattie）。我姊姊克莉絲蒂迷上帆船後，我因為不想落後，也去學了帆船。身為勞雷爾赫斯特的居民，我們可以使用社區的海灘俱樂部，名字聽起來很高級，但實際上只是一片小沙灘，有幾張餐桌和幾個碼頭。俱樂部會在夏季舉辦平底船比賽。克莉絲蒂和我搭檔出海，我們最喜歡沒什麼風的日子，這時候我們的輕體重就成了優勢。所以在我登上雪納朵號之前，我的帆船資歷頂多只是幾次在腎上腺素飆升下，嘗試比其他同樣駕駛18英尺帆船的成年人更快速繞過航標。

我們北上航行時，肯特幾乎就是船長。他會查看潮汐與測深儀，確保我們進入馬里布急流（Malibu Rapids）時不會擱淺，那裡是通往路易莎公主灣必經的狹窄水道。他會監測風向

指示計,即時調整船帆與船隻的位置。他知道如何推算航位,也就是依據海圖確定船的位置,同時通曉各種旗幟代表的意義以及升掛的時機與地點。在船上度過的9天,我親眼見證了肯特精進技藝的強烈動力,而這股動力後來也促使他在接下來的一年投入登山訓練。

創業之心萌芽

那年夏天,我們多數的談話內容都圍繞著電腦。自我們寫出第一個程式後的一年半時間,我們學到了很多。但我們可以利用學到的東西做什麼?能賺錢嗎?肯特相信可以。

現在我們討論生涯的重點變成了經商。肯特的曾祖父創辦了一座育苗場,靠銷售果樹與其他植物累積了一筆財富。那就是他們繼承的財產來源。肯特對家業感到自豪,也深信他一定能找到自己的致富之道。我也與他分享我從父母的朋友了解到的企業情報,例如之前提過的那家心臟去顫器製造商菲康。肯特鼓勵我開始讀《財富》(*Fortune*)雜誌與《華爾街日報》(*Wall Street Journal*)。同時,他開始模仿商人的形象,買了一個特大公事包,看上去更適合中年業務,不像少年會用的包包。他叫那個公事包「怪物」,裡面總是塞滿了各類雜誌與文件。他去哪裡都隨身攜帶公事包,一打開就是行動圖書館。

就像我們以前在探索職涯時,讀了很多將軍與政治人物的傳記,現在我們去圖書館查企業股東會委託書,了解當地企業

高層的薪資待遇。肯特和我驚訝地發現，我父母的一位朋友是地區最大銀行的行長，他的年薪有 100 萬美元，我們本來已經覺得薪資很高，但看到他的股票選擇權後才明白根本是小巫見大巫。

「他身價有 1,500 萬美元！」肯特大喊道，「你能想像如果他把那些錢全部換成現金會怎樣嗎？」我們猜想那些錢會把他的車塞到多滿。

我們試著想像要如何賺到那麼多錢。銀行業是一條路，或是發明可以拯救人命的醫療器材，或是在 IBM 擔任高階主管。我們看到《財富》雜誌的一篇文章，談到電腦周邊設備的市場正蓬勃發展，包括印表機、磁帶機、終端機以及其他安裝在電腦上的設備，當時的電腦絕大多數都是 IBM 生產的。（當時還沒有人覺得為電腦寫程式可以致富。）我們周圍的大型產業是銀行業、航運業與木材業。軟體業還不存在，在西雅圖沒有，在其他地方也沒有。我們沒有前例可循。儘管如此，我們還是希望靠寫程式賺點小錢。就像有些小孩靠著修剪草坪賺錢，只不過我們覺得寫程式這個工作更有趣。

肯特想出了一個點子，假裝成一家公司，就能讓別人免費把產品手冊寄到他家。在那個年代，《Datamation》與《電腦世界》（Computerworld）等雜誌都有附回郵卡，可用來索取史派里蘭德（Sperry Rand）、控制資料（Control Data）以及其他數十家如今已不存在的公司資訊。肯特已經養成習慣，看

到回郵卡就會寄回去。1960年代後期,一定有很多電腦硬體製造商都以為伍德拜恩路(Woodbine Way)1515號是一家叫「湖濱程式設計工作室」(Lakeside Programming Group)的公司總部。這個名稱刻意模糊,如果用「俱樂部」,很可能暴露我們只是小孩子、而非正式的企業。「工作室」是很剛好的選擇。這個名稱代表了一家企業的雛形,同時反映了我們的想法:總有一天,會有人為我們的技術付費。

跟著時代進步的湖濱學校

我剛升上高中部時,湖濱學校正好換了新校長。丹・艾羅爾特曾是湖濱的老師,利用學術休假的時間攻讀教育碩士學位。他在動盪的1960年代後期重返學校擔任校長,當時所有的機構、學校與企業都在努力適應變革。湖濱學校大可繼續強化行之多年的傳統,例如嚴格的服裝規定、要稱呼老師為「大師」。但相反地,學校的規定放鬆了。校方廢除了歷史悠久的服裝規定,從此我們可以摘下領帶、不用穿制服外套,換上今日會被稱為「商務休閒風」的服裝。根據當時的標準,那是非常激進的變革,有些父母甚至抗議,認為學校的聲譽會受損。艾羅爾特校長也試圖讓以白人學生為主的學校更多元化,他推動了招收更多黑人學生的計畫。雖然只是小幅度的嘗試,至少讓湖濱學校跟上了時代的潮流。

艾羅爾特校長在學術休假期間尋訪美國各地的私立學校,

最後他得到的結論是，學生在沒有約束的情況下，表現得最好。那年秋天，他在接受學生報採訪時表示，他期望看到一個「無強制教育」的世界。他認為孩子應該自己探索學習動機，一旦找到動機，就能成功。他主張增加自由時間，擴充選修課，引進更多非傳統學習模式。如此一來就能激發學生的學習動機。

我很認同那些理念，也很認同校長採取的其中一個新做法：招收女學生。艾羅爾特校長認為，男生們要能善用自由，就需要具備一定的成熟度。他在學生報上表示：「有女生在時，男生會更有規矩、更成熟、更自律，」他承認這樣的說法或許有些以偏概全，但「我覺得這個說法很有道理。」

我也這麼覺得，我心想。

艾羅爾特校長與附近的聖尼古拉斯女子學校（St. Nicholas School）簽署合併協議時，我和湖濱學校幾乎所有人都感到十分新奇。聖尼古拉斯的校風十分保守，它的服裝規定是：厚重的羊毛裙、禁止化妝、禁止戴首飾。這些規定在1940年代看起來很正常，但是在1960年代末就顯得很過時。聖尼古拉斯的學生人數逐年下滑，因此找上湖濱學校洽談合併。

當時由低年級的數學老師鮑伯・海格（Bob Haig）負責整合兩所學校的課表。湖濱學校決定利用兩校合併的機會，將一直以來都靠手動調整、經常出錯的排課工作電腦化。海格老師找肯特和我幫忙。這是相當複雜的工程。我仔細思考過後，一

直想不到寫出好程式的方法。所以我們婉拒了。

海格老師為了抽出時間自己處理排課,於是問肯特能否接手他在低年級開的電腦入門課程。肯特召集了湖濱程式設計工作室的其他成員協助他。我們的第一份工作,如果可以這麼形容的話,就是當老師。但我們其實比較像免費家教,只是孩子在教其他孩子。

這是一門學校從來沒有開過的課,沒有教學計畫、也沒有教科書。我們自己設計課程內容,每個人負責其中一部分:瑞克教電腦的運作原理;我講解組合語言(Assembler Language);保羅負責記憶理論;肯特在一堂課上播放機器人 Shakey 的影片。(Shakey 在當時是 AI 領域最熱門的發明,基本上就是一個配備電視攝影機的盒子,下面有裝輪子,使其可以在房間裡移動。)教學比想像中困難。雖然我們可以說明編譯器的作用,或是講解 GOTO 指令是什麼,但學生遲到、不專心或是翹課時,我們該怎麼辦?學生考試成績不好時,是他們的問題,還是我們的錯?我們不希望壞成績讓學生覺得受傷,所以很大方地給出 A 和 B 的成績。

為新雇主設計發薪程式

C 立方倒閉後,湖濱學校就沒了電腦服務供應商。1970 年秋天,學校找了另一家剛成立不久的分時系統公司。ISI 公司(Information Sciences Inc.)位於奧勒岡州的波特蘭,收費相對

昂貴很多。所以我們又開始摸索尋找，終於找到可以免費使用電腦的方法。當然，我們來不及利用這個漏洞就被抓到了。肯特非常不服氣。我們為什麼要付這麼高的費用給 ISI 公司。他想到了一個主意。ISI 公司不久後就收到名字聽起來很正式的湖濱程式設計工作室寄來的信，主動表示願意提供服務。我們還用我媽的草書打字球印出那封信，讓它看起來更專業。我們深信這個計謀絕對不會被看穿。但我很確定，後來發生的事要感謝 ISI 公司友善的業務，他清楚知道湖濱程式設計工作室的真實身分，而且很欣賞我們的能力。他們決定雇用我們。

就像 C 立方之前在西雅圖做的事情一樣，ISI 公司希望說服波特蘭地區的企業將公司業務電腦化。他們的一個客戶是管風琴製造商，想要自動化公司的薪資系統。ISI 公司要我們無償寫出這個程式，他們說這是很好的學習經驗。ISI 公司草擬了一份合約，載明專案包含的範疇，並鼓勵我們「設計程式時充分發揮創造力」，他們將截止日期訂在 1971 年 3 月。我們的簽約日是 1970 年 11 月 18 日。表示我們大約有四個月時間，但我們很快就發現，時間超級緊迫。

我們遭遇的第一個阻礙是，ISI 公司要我們用 COBOL 語言寫程式，但除了瑞克，我們其他人都不會這個程式語言。我們也缺少必要的工具。就像蓋房子需要鐵鎚和水平儀，寫程式就需要編輯器與除錯器。所以我們三人開始學 COBOL 語言，瑞克則是為大家開發編輯器。

保羅、瑞克、肯特和我雖然都視彼此為朋友，但我們之間也有競爭關係、也會有小心眼的較量。長幼的支配關係依然存在。在此之前，我們之間的較量只限於比較無關緊要的小事。但在 ISI 公司，我們是為了得到有價值的報酬：免費的電腦使用時間。

　　這或許可以解釋為什麼我們在 ISI 公司的專案開始幾週後，保羅就決定由他和瑞克負責繼續執行。「工作沒有多到能分配給所有人。」他告訴我和肯特。湖濱程式設計工作室的資深成員開除了我們。肯特氣炸了，每當他覺得被冒犯時，總是會很憤怒。我比較平靜。當時我在上萊特老師的幾何學課，我很喜歡和他討論數學，我覺得有更多時間討論數學也不錯。但我們離開電腦室前，我對保羅說：「你會知道這個專案有多困難的。你到時候會需要我們。」

　　我是認真的。肯特和我比保羅和瑞克更清楚，我們很早就發現這個專案比我們當初想像得複雜許多。任何薪資系統都必須符合財務、商業與政府規範。發薪資必須遵循聯邦政府與州政府的稅法與社會安全稅等規定。此外，薪資還牽涉到病假、有薪假、失業保險、支票對賬、儲蓄債券計畫等。我們對這些都很陌生。

　　幾週過去，保羅和瑞克開始了解到專案的複雜性。他們先重新邀請肯特加入。開除我們六週之後，保羅跑來找我，對我說：你說得沒錯，薪資系統比我想像得複雜。

到了 1 月，我們四人再度一起工作，但是專案進展很不順利。瑞克掉進了兔子洞，只顧埋頭開發他的編輯器。他覺得自己開發的編輯器太酷了，可以單獨對外銷售。同時，保羅也開始對專案失去興趣，花更多時間去開發其他程式。他不知道合約具有約束力嗎？他們的行為在我眼中既懶散又不專業，讓我非常火大。我們難得的機會可以開發出真正有用的軟體，但保羅和瑞克就這樣讓機會白白溜走。月底時，我召集所有人並告訴他們，如果保羅真的想讓我參與這個專案，就必須由我來主導。如果由我主導，我決定每個人可以分配到的電腦使用時間。我用工作量來判斷如何分配，將使用時間等分成十一個時段，保羅只得到很羞辱人的一個時段，瑞克則得到兩個時段。肯特堅持要和我均分，所以我們兩人各得到四個時段。保羅和瑞克只是聳聳肩，同意我的分配。他們大概覺得我們不可能完成這個程式。

同一時間，肯特聯繫了華盛頓大學電腦科學實驗室的負責人，向他解釋我們的專案，詢問我們能否使用大學的實驗室。這個例子完美地顯現了肯特總是表現得像個大人，也因此被當成大人對待。實驗室有很多台終端機，所以我們可以同時工作。而且實驗室距離華盛頓大學圖書館以及非常重要的學校餐廳很近，那裡有披薩店，還有一家橙色朱利葉斯（Orange Julius）果汁店。跟在 C 立方的時候一樣，我們又找到了一座通常不允許這個年紀的孩子踏足的城堡。但也跟在 C 立方的

時候一樣，美好時光注定不長久。

接下來的一個半月，我們放學後的晚上與週末的時間都待在實驗室，埋頭開發我們取名為 PAYROL 的程式。跟 C 立方相比，華盛頓大學實驗室離我家更近。那時候我已經很習慣假裝上床睡覺，再偷偷從窗戶溜出去通宵寫程式。我覺得我父母知道這件事，但當時我們之間有個默契：只要我維持好成績、不惹麻煩，他們就不會管我管太緊。

不是所有人都樂見幾個高中生霸占實驗室、占用終端機連續好幾個小時，垃圾筒裡還堆滿了橙色朱利葉斯的飲料杯。實驗室的行政人員大多睜一隻眼閉一隻眼，直到專案截止日期前一晚，才出了問題。當時我們拚命趕工完成最後的工作，保羅弄到了一台鍵盤，可以加快他的工作速度，但是他還需要一台叫做聲耦合器（acoustic coupler）的昂貴設備，可以透過電話線將終端機連接到電腦。他決定從另一間辦公室「借用」一個。

晚上約 9 點半時，設備的主人怒氣沖沖地跑進來，那位教授非常生氣保羅未經允許就拿走耦合器，也沒有留下任何字條。他一開始就不喜歡我們使用學校的實驗室。保羅告訴教授，他不認為自己做錯了什麼，而且他以前也做過這種事，當時也沒有什麼問題。但他的回答只是火上加油，教授更憤怒了。他叫來實驗室主任，主任訓斥了保羅一頓。這場風波過後，我們又回去工作了。

我們四人幾乎一夜未眠,第二天早上約在西雅圖市中心一個老舊街區的公車站碰面,準備搭乘早上 7 點開往波特蘭的灰狗巴士,到 ISI 公司的辦公室展示我們的成果。整趟車程將近四小時。我們再從車站走到 ISI 辦公室。我們盡可能讓自己看起來很專業,不像是需要請假才能離校外出的小孩。我們穿西裝外套、打領帶,還提公事包。在肯特的帶領下,我試圖表現得自信、淡定:對啊,這種場面我們見慣了!但我心裡其實很緊張,深怕 ISI 高層會質疑地看著我們,對我們說:「你們只是一群小屁孩嘛,給我滾出去。」

結果恰恰相反。他們很認真對待我們。他們仔細研究我們帶去的一大疊電腦紙,上面寫著 PAYROL 程式,程式還需要增加更多功能,但是我們完成的核心程式似乎已讓他們刮目相看。

我們在 ISI 公司待了一整個下午,與公司的所有高層見面,包括才三十幾歲的總裁。他們帶我們去了一家叫亨利客(Henry's)的高檔餐廳吃午餐,席間 ISI 的人告訴我們,分時運算業務愈來愈競爭,儘管市場對他們的服務需求還沒有開始起飛,畢竟將發薪、追蹤銷售等紙本流程電腦化的想法仍處於萌芽階段,很少有公司了解這種可能性。我們也分享了 C 立方最終關門的故事。

回到辦公室後,ISI 的總裁表示可以給我們更多工作,要我們提供簡歷。我當場用鉛筆在橫格紙上草草寫了一份,列出

我在 C 立方的工作經歷、我會的機器語言，以及我用電腦嘗試做過的所有事情。後來，肯特提出了薪酬的問題。肯特說，我們不想以時薪計算或是以實物交換的方式支薪。我們希望依專案收費，或是從我們開發的產品中抽取權利金。肯特顯然仔細思考過這個問題。我們只是小孩，還不需要賺錢謀生，但如果我們開發的某項產品大賣，就能靠權利金賺很多錢。總裁同意了。但首要任務是先完成 PAYROL 程式。

在我心裡，我們是炙手可熱的人才。我們優秀到值得被認真對待，也真的有能力寫程式。現在回想，我發現有一些好心的大人在背後幫助我們。ISI 內部最支持我們的人名叫巴德‧潘布魯克（Bud Pembroke），他長年在奧勒岡州的學校推廣程式設計，自己編課程大綱、設計教案。他真正的熱情似乎是教育。我相信他願意給四個青少年工作機會，也是基於相同的出發點。在湖濱學校，萊特老師是負責監督我們工作的成年保證人。萊特沒有直接參與，但他在我們與 ISI 簽訂的合約上簽字，並在底下加上免責聲明，表示湖濱學校對於最後交付的程式不負有責任，但是他會「竭盡所能鼓勵參與專案的學生完成任務」。大人用各種方式為我們爭取到舞台，隨後就退居幕後，讓我們證明自己的能力。

在那之前，我們用電腦做的所有嘗試都只能算是練習，就像跟肯特在桌遊世界管理股票與債券，都是假的。但現在我們已向自己證明（在我們心目中也向世界證明了）我們能創造出

真正有用的東西。

我們離開 ISI 辦公室後,肯特想去希爾頓飯店吃晚餐,他說真正的商務人士會去那裡慶祝成交。但最後我把大家帶去漢堡列車餐廳,我們一邊從環繞餐廳行駛的火車模型上拿薯條與漢堡,一邊興奮地回顧當天發生的所有細節。

三天後,我們回到西雅圖,肯特和我去華盛頓大學電腦實驗室,準備開始進行專案的下一個階段,卻發現門上貼了告示,上面說之前使用實驗室的湖濱學校學生,不得進入。前台的女士解釋,之前那位教授還是很火大,所以我們都被逐出實驗室了。

在一名研究生監督下,我們收拾了自己的物品,大多數是列印出來的資料與黃色筆記本。之後,肯特和我搭公車去湖濱學校,希望能去電腦室,但週末不開放。我們四處尋找,終於借到一台可攜式終端機。我們在我的房間裡架好終端機,嘗試撥接電腦,但每次我家有人拿起電話,連線就會中斷。後來我父親讓我們使用他在市中心的辦公室。正好是週末,辦公室裡只有我們。

團隊產生矛盾,保羅與瑞克畢業

我永遠記得 1971 年的春天,我們之間的矛盾愈來愈深。保羅和瑞克在一邊,肯特和我則在另一邊。當時感覺問題很嚴重,現在回想起來,那不過是年輕人友誼的正常波動。肯特和

我不高興保羅的行為導致我們被趕出華盛頓大學實驗室，保羅和瑞克也愈來愈不在意 ISI 專案的期限，兩個高年級生忙著自己的程式設計專案。一方面，我覺得他們也想好好享受畢業前最後幾個月的高中時光。

然後，發生了迪吉多磁帶醜聞事件。

雖然那時候已經有硬碟機與軟碟機，但還不普及。我們當時使用的 PDP-10 電腦，標準的儲存設備是長約 80 公尺、寬約 2 公分的磁帶，纏繞在直徑約 10 公分的捲軸上。磁帶被裝在可放進口袋的塑膠盒中。（要儲存與讀取資料時，必須把磁帶安裝在連接電腦的雙捲軸磁帶機上。）

C 立方倒閉後不久，肯特調查了它的破產程序，發現公司的資產將在市區的聯邦法院進行拍賣，其中包括一百多卷迪吉多磁帶。肯特覺得我們如果能低價取得那些磁帶，就能高價轉賣給企業與電腦中心，賺取差價。磁帶上面可能已經有程式碼，但是買家可以覆蓋重寫自己的程式。更重要的是，我們轉賣磁帶之前可以搜尋上面有用的程式碼。就像之前翻垃圾筒一樣，只是少了汗垢和咖啡漬。

拍賣當天，肯特和我被困在學校考閱讀測驗。測驗結束後，我們立刻衝到法院。結果磁帶已經賣出了，書記官告訴我們買家的名字。我打電話過去，對方是華盛頓大學物理系的學生。他聽起來沒有特別想要如何處理那些磁帶。那年春天我每隔幾週就打電話給他，希望他能把磁帶賣給我們。5 月時他

終於同意賣給我們123卷磁帶，我們沒有告訴保羅和瑞克這件事。那時他們已經幾乎沒有參與PAYROL專案。再過幾週他們就要畢業了，他們都專注在做自己的專案。整間學校只有兩台終端機，我們經常為了輪流使用而爭吵。有一次鬧得特別嚴重。瑞克把我按在牆上；保羅搶走我手中的鋼筆，往我臉上潑墨水。保羅在電腦室裡拉著我時，萊特老師剛好出現，馬上把我們拉開。

那一週後來，我們之間的矛盾達到最高點。我們拿到了磁帶，肯特把80卷磁帶塞進紙袋裡。那天外面下著傾盆大雨，為了不讓寶貴的磁帶在肯特搭公車回家時被淋濕，我們把磁帶藏在電傳終端機的空心底座裡。我們對自己的機智沾沾自喜。第二天，磁帶不見了。肯特堅信絕對是保羅偷走的，氣得指控保羅偷竊，還威脅要報警、提訴訟、上法庭，甚至列出一大串法律措施。後來他還寫了長達三頁的申訴書，標題為：「肯特‧伊凡斯與比爾‧蓋茲針對與保羅‧艾倫、瑞克‧韋蘭德的關係所作之聲明」。第一段闡述了申訴的理由：「我們認為，過去幾天，某些人接觸到關於我們的虛假資訊與片面說法，已經對我們造成重大損害。這份聲明試圖陳述我們的觀點，以免人們僅憑片面訊息或單方面說法就做出判斷。」在最後一頁，肯特以鄭重的語氣寫道：「我們是重大竊案的受害者⋯⋯如果磁帶能在明早之前歸還，我們就不會採取任何法律措施。」我們簽署了文件，交給萊特老師。保羅最終歸還了磁帶。

我們依然是朋友，但不確定學年結束後是否還能經常見面。保羅畢業後將到華盛頓州另一端的普爾曼市（Pullman）就讀華盛頓州立大學，瑞克則會去奧勒岡州立大學，第二年再轉去史丹佛大學。湖濱學校的畢業生有一項寫模擬遺囑的傳統，會開玩笑地在遺囑中贈送禮物給學生與老師。瑞克在他的遺囑中寫道：「我把我一部分至高無上的公平正義感留給肯特·伊凡斯與比爾·蓋茲，他們在討論電腦使用權時非常需要。」保羅在畢業那年寫的一篇文章中形容我「很容易被影響、而且隨時準備抓住任何機會以奇怪的方式尋找樂趣。我們很合得來。」我也對他有同感。

肯特和我身為湖濱程式設計工作室僅剩的兩名成員，必須繼續完成 PAYROL 程式。整個夏天，我們都在研究各州的所得稅規定，還聯繫美國財政部，了解儲蓄債券扣除額的規定。原本預計三個月能完成的專案，我們整整花了九個月，最終在 8 月才完工。最令人開心的是：程式成功運作。

第八章

真實世界

有人陪你一起冒險,你會更勇敢踏出下一步

父親協助化解與 ISI 公司的糾紛

「我們要告他們！」肯特在我家客廳來回踱步。我們在幾週前升上十一年級，我快滿 16 歲，肯特比我大一點。

肯特向我父親抱怨我們遭受 ISI 公司多麼不公平的對待，我在旁邊沉默不語。在我們付出了那麼多努力、投入數百小時工作之後，ISI 卻拒絕履行承諾，沒有打算給我們免費電腦使用時間。我的律師父親雙手交疊在身前，耐心地聽著。

肯特相信我父親會動用夏德勒、麥布魯姆、蓋茲與鮑德溫律師事務所（Shidler, McBroom, Gates & Baldwin）的所有資源來對付這家波特蘭公司。我覺得他有點反應過度，但那又怎樣，看肯特發飆也挺有趣的。那時候我已經很了解肯特，每當他覺得受到壓迫，或是發現不公平的事情，他就會非常火大。

有時候他會找到合理的方式發洩怒火。舉例來說，那個月他寫了一封措辭強硬的信給當地的 CBS 哥倫比亞廣播公司電視台，抗議他們換掉羅傑‧馬德（Roger Mudd）在《週日晚間新聞》的主播位置。但有時候，肯特的脾氣會徹底失控。就像不久前的 5 月，他指控保羅和瑞克犯了竊盜罪，偷了我們的磁帶。對肯特來說，ISI 公司違背承諾、不給我們電腦使用時間，這種行為就等同竊盜。

等到肯特說到筋疲力盡時，我父親開始問問題，他詢問我們的專案、最後一次與 ISI 談話的情形，以及簽訂的合約條款。我們的會議結束時，我爸說他會打電話給 ISI 公司。他馬

上就付諸行動了。

他告訴 ISI 公司總裁,他是比爾的父親,代表兩位男孩詢問,是否能針對先前允諾的電腦使用時間達成協議。

ISI 總裁講了很久,我父親只是靜靜地聽。等對方說完,我父親只簡單地說了一句:「我明白了。」

我永遠記得那短短幾個字,以及父親說那句話的語調。我明白了。對我來說,那句話顯現了我父親獨有的安靜力量。他沒有被對方說服,只是告訴對方他聽到了。除了那句話,父親沒有再說其他話,那清楚表明了他不接受對方的說法。孩子們已經做到他們該做的,現在你們也應該兌現先前的承諾,這是我理解到的言外之意。ISI 的總裁似乎也聽懂了。短暫討論後,對方同意給我們電腦使用時間。

我父親協助我們寫了一封信,提出付款與其他相關細節的要求。不到兩週,我們就簽署一份協議,獲得價值 5,000 美元的電腦使用時間,ISI 公司規定這些時數必須在隔年 6 月之前用完,也就是七個月之內。我父親以家長／顧問的身分在協議上簽字。和所有律師一樣,父親也向我們收取服務費用:55 分鐘的長途電話費共 11.20 美元。

這就是我記憶中與 ISI 公司發生的糾紛。這家公司沒有公平對待我們,而我父親全力支持我們的立場。如今重新翻閱那些文件,我才明白事情沒那麼簡單。一開始,ISI 的高層認為他們是在幫助一群孩子,提供難得的機會讓孩子學習商業運作

與程式設計。我想他們沒有料到我們會那麼認真看待這份工作。當我們真的做出成果，他們也覺得應該給予報酬，可是後來他們才發現在寫程式的過程中，我們已經用掉了價值超過25,000 美元的電腦使用時間與資料儲存費用。我現在明白，我父親是為了幫我們才採取那些行動，他希望他兒子與兒子的朋友能學到經驗。

我很高興能獲得免費電腦時數，同時也因為我們開發了第一個軟體產品而開心不已。我們起初完全不懂稅務、社會安全制度與其他薪資核算的細節。一年後，只要是有終端機的中型企業的主管，都能用我們的程式準確無誤地發放兩百或是兩千名員工的薪資。程式雖然不夠完美、也不夠精密，但是它能正常運作，這個事實讓我覺得很不可思議。我們也得到了酬勞。雖然不是現金，但也算是某種形式的報酬。

找更多賺錢機會，湖濱進入新時代

這是好的開始。那年秋天，我們竭盡全力尋找其他工作機會。

肯特在書信中自稱為湖濱程式設計工作室的「行銷經理」，向潛在客戶推銷我們的迪吉多磁帶。我們會根據顧客購買的數量，提供免運費與折扣。很快地我們便從波特蘭當地一家科學博物館與高科技工業電子公司那裡賺到幾百美元。

瑞克還在湖濱學校時，就在一家專門研究西雅圖街道交通

流量的公司打工，幫忙寫程式。那是在低技術產業中的高科技工作。邏輯模擬公司（Logic Simulation Co.）利用安裝在路邊的盒子蒐集交通流量數據，汽車或卡車輾過一根橡膠軟管時，盒子就會在紙帶上打孔記錄時間。美國各城市和各州會用這些資料協助決定調整紅綠燈時間與安排道路維修等交通事務。這些機器會產生一卷又一卷的紙帶，全部需要由人工進行統計。有一小段時間，肯特和我就是負責統計的人，那真是超級乏味的工作。肯特想要擴大規模，雇用湖濱學校的低年級生作為外包人力。肯特向校務單位提出建議，不久之後我們就找到幾位七年級與八年級的學生為我們工作。

我們手上還有價值 5,000 美元的 ISI 電腦時數。肯特想要找一家需要用電腦的公司，再以低於 ISI 的價格賣時數給他們。我反對這個想法。利用 ISI 的電腦與 ISI 競爭，似乎不太道德。負責管理電腦室的萊特老師也認同我的想法。他聽說了肯特的計畫之後，在肯特的成績卡上寫了一段話，確保肯特的父母知道學校的立場：「湖濱程式設計工作室的活動不一定完全符合規範，」他寫道，「他們想要把 ISI 公司最終提供給他們的電腦使用時間，拿去賣給 ISI 公司的潛在客戶。這讓我覺得不妥。我想確認你們明白這件事完全是男孩們自己的主意。」後來肯特放棄了這項計畫。

同年秋天，湖濱學校因為與聖尼古拉斯學校的合併，陷入一片混亂。數學科的海格老師負責將排課作業電腦化，後來證

明這項工作比他預期得困難很多。那年 9 月，有學生到學校才發現，他們的課表上排了根本不存在的課。有學生到教室準備上法語一級，結果那裡正在上拉丁語二級。學生們的問題讓指導老師應接不暇，教務處門外經常排著長長的隊伍。「可以幫我調整一下嗎？我的有些課全部衝堂，然後接著四節空堂、完全沒排課。」

學校還瀰漫著更深層的焦慮。過去 50 年，湖濱學校一直都是男校，學生們在這個與世隔絕的世界裡非常有安全感。有些人認為改成男女合校會破壞這種熟悉的文化。我的一位同班同學在學生報上發表文章，對美式足球的式微感到不滿，把這一切歸因於學校愈來愈自由開放的氛圍，例如校園裡出現女生，讓人「分心」。（更別提足球反而愈來愈熱門！）另一位同學則認為改變遠遠不夠，他指出：只有三十名女學生並不算是改革，湖濱學校仍舊以白人男生為主，無法代表更廣泛的社會。與此同時，肯特則是非常擔憂我們的學業標準。他確信（事後證明他是錯的）聖尼古拉斯女校在學業上的要求不如湖濱學校嚴格。肯特一如既往，設法溜進教師會議，為自己的觀點辯護，甚至參與制定新的教師績效評估方案。

聖尼古拉斯的學生加入，對我而言唯一的問題是，我不知道如何與她們交談。我連與同年齡的非宅男交流都有困難，更何況是女生？除了我的姊妹與家裡的朋友之外，女生對我來說就像是外國人。她們會怎麼看我？當時的我還是很瘦小，說話

聲音很尖,更像小孩、而不像青少年。我已經開始學開車,但還沒有自己的車。我消除不安的一個方法,就是想像自己是非傳統英雄,想成為《龍鳳鬥智》(*The Thomas Crown Affair*)裡的史提夫・麥昆(Steve McQueen),只不過我沒有那麼帥。我最近看了這部電影,很愛這位演員表現出的冷靜自信,他是令人無法抗拒的策略大師。我只有待在電腦室的時候,才能展現出類似的自信。我們的物理學老師指派的一項作業,需要設計一小段電腦程式。我故意一直待在電腦室,我知道多數學生都沒接觸過電腦,一定會有人需要幫忙。我猜想,這些需要幫忙的學生當中,肯定也會有女生。

湖濱學校的排課程式挑戰

第二學期開始,我採取了更大膽的行動,想確實取得成果:我參加了戲劇課。我承認主要動機就是戲劇課的女生比例較高。而且課堂活動主要是互相唸台詞,所以有很大的機會可以和女生說到話。

我開始探索戲劇潛力的同時,肯特也投入新的興趣:登山。那年冬天,他一心想參加湖濱學校舉辦的登山活動,穿上雪鞋,利用冰爪與繩索攀登休眠中的聖海倫火山(St. Helens)。行程因為天候惡劣取消了一次,接著又取消了第二次。那是高度專業的登山活動,和我們之前參加的只需簡單裝備、不用考慮氣候條件的徒步健行完全不同等級。我很意外肯

特會那麼熱衷技術攀登。那對他來說完全在舒適圈之外，就如同戲劇之於我一樣。肯特不是運動健將，任何需要力量或協調性的活動，對他來說都很困難。但他並沒有因此退縮，他充分意識到自己的不足，很認真地克服這些缺點。他以這樣的態度學會了滑雪。上完一季的課程之後，他很驕傲地宣布自己贏得了一座獎盃，在級別最低的小組中表現最好。一點微小的進步，對他來說已經足夠。

儘管有一群老師在秋季時花了很大力氣協助海格老師，排課問題依然沒有解決。1月中旬，海格老師不得不向董事會說明原因。同時，我們繼續代替海格老師教電腦課，現在不只是中學部的學生，高年級生也會來聽課。

和湖濱的某些教職員一樣，海格老師曾是海軍飛行員與波音工程師，他是優秀的數學老師與盡責的划船教練，但對電腦的了解有限。看到大家對眼前的混亂局面如此不滿，肯特和我決定一起幫忙。我們和海格老師見了幾次面，討論如何解決春季學期的排課問題。肯特去華盛頓大學圖書館翻閱歷年的文獻，尋找有關大學排課程式的資料，那些文獻的標題都像「運用流程法建立學校課程表」，但是他找到的那些論文對我們都沒有幫助。

需要協調的因素太多了。首先是學生的需求與意願，一整天共有十一堂課，每個學生都要排九堂課。除此之外，總共有七十門課程，每一門課又分成一百七十個段落。還要考慮許多

特殊狀況：打鼓課不能安排在合唱練習室的樓上；雖然多數課程都只占一節課的時間，但是像舞蹈課或生物實驗課一次就需要用到兩節課的時間。這是非常難的數學題。

然而，我幾乎沒有察覺到，其實過去六個月我一直在研究這個問題。不管是走去教室的路上或是晚上躺在床上，我的大腦都在思考不同的課表排列：有 X 節課、Y 名學生等等，同時還要考慮各種衝突與限制因素。

1972 年 1 月是西雅圖有紀錄以來降雪量數一數二多的月份，學校停課了好幾天。1 月 25 日星期二那天降下超過 20 公分的雪，整座城市幾乎陷入癱瘓。我沒去滑雪或玩雪橇，而是窩在房間，手拿著筆和黃色筆記本，想辦法解決目前為止我遇過最棘手的問題：如何滿足幾百人看似互相矛盾的需求，還要用電腦能理解的方式來處理。在數學領域，這就是所謂的優化問題。航空公司為乘客安排座位或是體育聯盟制定賽程表時，也是在解決同樣的難題。我畫了一個矩陣表，包含學生、課程、老師、時間與其他所有變因。隨著我逐步微調表格，思路也變得愈來愈清晰。星期六，我終於走出房間時，我已經想出怎麼用系統化方式解決所有衝突的因素，而且電腦也能處理。這是一整個星期以來第一次，天空如此晴朗無雲。

隔天，1 月 30 日星期日，海格老師駕駛一架西斯納 150 飛機（Cessna 150）從西雅圖北部機場起飛，那一週的氣溫一直維持在冰點以下，當天早晨的天氣預報是晴天。隨行的還有湖

濱學校的英語老師布魯斯・伯吉斯（Bruce Burgess），他也是湖濱學校的攝影大師。他們當天早上的目標是捕捉到完美的畫面：白雪皚皚的湖濱校園，遠處還看得見雷尼爾山。飛機起飛幾分鐘後就發生引擎故障，最後撞上輸電線，墜毀在西雅圖北部的一個社區。兩人都罹難了。

湖濱是規模很小的學校。學生和他們的家人都與老師建立了深厚的感情。海格老師與伯吉斯老師都教中學部，在學生年紀還小的時候就認識他們，陪伴他們度過很長的求學生涯。海格老師的兒子和我是同班同學。伯吉斯老師是我在湖濱學校的第一位英語老師。他經常帶著相機溜進電腦室拍照。（我和保羅在湖濱學校或許最知名的一張照片，就是他拍攝的：照片捕捉到我們正從兩台電傳打字機前抬起頭的瞬間。）

那段期間，新聞中充滿了死亡，不論是來自越戰戰場上的消息，或是美國本土發生的暴力事件。羅伯特・甘迺迪與馬丁・路德・金恩遇刺案震驚全國；在距離我們更近的西雅圖，民權運動領袖艾德溫・普拉特（Edwin T. Pratt）在自家門前被槍殺。但我一直在勞雷爾赫斯特及湖濱學校的保護之下，死亡似乎只會發生在遙遠的他方。除了祖父與曾祖母，我未曾經歷過周遭親近的人逝世。

墜機事件發生兩天後，艾羅爾特校長打電話給肯特和我，要我們與一些老師一起開會。校長鼓勵我們一起合作完成課表。當時已經沒有時間根據我想出的解決方案重寫程式。為了

趕上春季學期,我們必須先想出臨時解決方案。校長告訴我們,學校可以支付我們 2.75 美元的時薪。

我們在設計薪資系統程式時備感壓力,不過多數都是我們自己給自己的壓力,專案並沒有嚴格的截止日期。但是排課程式不一樣。整間學校、我的學校,所有人都指望我們能解決問題。如果我們失敗了,所有人都會知道。這是我第一次覺得承擔超越個人的責任,肯特和我經常提醒自己:這不是作業,這是真實世界。

肯特、我與四位老師花了大約三個星期,每天工作 20 小時,希望能在學期開學前趕出課表。我們翹課工作,晚上則在對抗疲勞的同時盡可能避免犯錯。我記得某一天深夜和團隊裡的英語老師玩起了橡皮筋射擊比賽。我記得我打字到一半就在打孔卡機器前睡著了,醒來發現已經凌晨 3 點,卻想不起來今天是星期幾。我記得有一位老師提議我們回家幾小時,跟父母打招呼,因為我們已經好幾天沒回家了。

我們大部分的工作都是在華盛頓大學完成的,因為學校可以使用那裡的電腦。但是那裡的電腦即便在當時也算是過時,它是利用打孔卡進行所謂的批次處理任務,一次只能處理一個程式。要操作這個如今已被淘汰的打孔卡片系統,你必須在機器上輸入程式,機器會在卡片上打出相對應的孔洞。打完孔之後,你手中就會有一疊卡片。華盛頓大學的電腦位於地下室,我會抱著一疊卡片,穿過走廊去搭電梯到地下室,把卡片交給

電腦操作員。然後就只能等待。操作員會把卡片裝進電腦，列印出結果。任何微小錯誤，例如第十行程式的語法出錯，都會導致整個程式失敗，我們又必須搭電梯回樓上，重新打孔。程式測試從開始到結束，可能需要五個小時。每次有研究生問我們是不是在做作業時，我和肯特就會重複我們的口頭禪：「這不是作業，這是真實世界。」

我們終於在最後時限的前一晚讓程式正常運作。那年春季開學時，註冊辦公室沒有再出現排隊人潮了。

我們的程式是用手邊現有資源拼湊、只能算是勉強可用的原型，結合了海格老師用的 FORTRAN 語言（科學家與技術人員常用的程式語言）寫成的一部分程式，以及我們那段時間通宵寫出來的核心程式。但課表的某一個步驟還是必須靠手動完成，因為我們時間不夠，還沒有寫那部分的程式。

艾羅爾特校長對結果非常滿意，他表示可以籌到資金，雇用我們重寫一個符合學校需要的所有功能的新版本，這個版本可以使用我們慣用的 BASIC 語言。肯特一如既往地看到了更大的商機，他覺得我們可以用在湖濱的成功經驗，說服全國其他學校付費使用我們開發的排課軟體。他寫了一份宣傳資料，推銷我們的服務項目，包括發展順利的交通流量統計事業。那時已經有三名學生在為我們打工，我們還指派了八年級的克里斯・拉森（Chris Larson）負責管理這項工作。我們列印傳單、在學校各處張貼，對外宣布湖濱程式設計工作室以及我們

為邏輯模擬公司做的交通流量統計工作，正在招募人手：

> 湖濱程式設計工作室與邏輯模擬公司都是以電腦為主的公司，營收來源多元，包括課程安排、交通流量統計分析、製作食譜與「故障樹模擬」[10]（fault-tree simulation）。今年春季與夏季，我們想擴大人力，目前我們有五名湖濱學生員工！我們需要的不限於「電腦迷」，我們需要會打字以及／或是會繪圖或是建築繪圖的人。如果你有興趣，請聯繫肯特‧伊凡斯或比爾‧蓋茲（高中部）或克里斯‧拉森（中學部）。

我們在申請表上特別註明，我們提供平等就業機會。

那年春季異常忙碌，我要補上之前因為設計排課程式而翹掉的課，同時也開始進行排課程式的下一階段工作。我的課排得很滿，也繼續教海格老師的電腦課。肯特的行程更緊湊。除了自己的課業，他還為湖濱學校的教師做出不少貢獻，包括寫報告給校方描述他觀察到學生紀律日益鬆懈的問題，也在籌備教中學部學生微積分的試行計畫。除此之外，他還參加了華盛頓大學的登山入門課程，每星期一晚上去聽技術講座，週末就

---

10 譯註：品質改善的工具之一，用來了解系統失效的原因，並且找到最好的方式降低風險。

在華盛頓州西部的山區與岩壁練習。

我們和往常一樣，每天晚上通電話，他參加完登山講座或是攀岩回到家後，就會打給我。就像之前他經常把航海術語掛在嘴邊，現在則是三不五時會說各種登山術語，例如峭壁、關鍵點、保護繩、登山扣等等。他和我分享他第一次大型攀登時如何克服恐懼，用他的話說，是他第一次的「五級攀登」（根據某個評級系統，這種級別代表：難度高、需要持續攀爬、要求高度專注，而且幾乎沒有露營點）。我和他父母都真心替他高興。肯特的爸媽認為他能拓展生活圈，能獨立參與新的活動，參加登山課認識很多大學生與大學情侶，交到新朋友，這是一件好事。

陣亡將士紀念日前的那個星期五，歷經數週的討論，我們與湖濱學校簽約，有償進行下一階段的排課程式設計。學校同意提供一筆津貼，並支付電腦使用時數的費用。

那天晚上，肯特如往常一樣打電話給我。他告訴我那個週末他沒辦法工作。他要去爬山頂被冰川覆蓋的舒克桑山（Mount Shuksan），位於西雅圖以北幾小時車程，海拔超過2,700公尺，那是他登山課的最後一次攀登。他父母一直在討論是否該讓他去。就在前一個週末，他們的登山小組在名為「牙齒」（The Tooth）的山峰攀岩時，一塊岩石突然鬆動，他的兩個同學沿著結冰的滑坡跌落，撞到岩石上。肯特親眼看著直升機把他們送回西雅圖。最終他父母決定，他會沒事的，

肯特一直都能照顧好自己。「等我回來就打給你。」他說。

我不記得那個週末我做了什麼。我可能待在湖濱學校的電腦室，忙著處理課表的事情。

5月29日星期一，我在房間裡聽到電話鈴聲，還有天花板傳來我父母模糊的說話聲。我父親站在樓梯口叫我，告訴我艾羅爾特校長打電話找我。我一步兩台階地跑上樓，心裡覺得校長打電話到家裡找我，是很奇怪的事。父親帶我到我父母的房間，母親把話筒遞給我。

校長開門見山地說，登山發生了事故，肯特意外墜落。直升機搜救隊救到他之後，把他送到了醫院。

我等著校長告訴我，什麼時候可以去探望他。

「很不幸地，比爾，他沒能撐住。肯特昨晚走了。」

肯特離開了

我不記得怎麼掛上電話的，也不記得父母說了什麼安慰我的話。我躲進自己的思緒，腦中像幻燈片一樣不斷回放最近幾天的畫面，試圖找到證據，證明我剛剛聽到的消息不是真的。肯特在學校的樣子。肯特坐在終端機前打字，抬頭看我的樣子。我們講電話的時候。等我回來就打給你。我想像那座山和他墜落的畫面。校長提到了直升機。他現在在哪裡？

我有模糊的記憶，第二天我和另一位湖濱學校的朋友提姆‧湯普森（Tim Thompson）去探望肯特的父母。隔天我們

又去了一次,得知告別式定在下週舉行。他父母請我們轉告保羅和瑞克這個悲傷的消息,看他們能否回來參加。

我記得最清楚的是,我坐在學校禮拜堂的台階上哭,看著數百人陸續走進禮拜堂參加肯特的告別式。肯特的父母和他的兄弟大衛坐在第一排。我們的藝術課老師羅伯特‧傅剛在門口迎接每一位來賓。我和家人坐在一起,我的視線一直盯著地板。傅剛老師負責主持,當肯特的朋友和老師們起身分享關於他的回憶時,那些話語從我耳邊輕輕飄過。

肯特懂得欣賞生活中滑稽的一面⋯
肯特總是堅持他認為對的事情⋯
一個年輕人將自己擁有的資源與能力發揮到極致⋯
情況變得慌亂或複雜時,他最開心⋯
聰明、獨立,在榮譽班課程、徒步旅行與教學之間游刃有餘⋯
偉大的策劃者與企業家,優秀的划船手,卻是湖濱最糟糕的藝術家⋯

我手中握著一張紙,上面也寫著我想說的話。或許我原本打算在大家面前念出來,我不確定。但我完全動不了,整個人僵坐在原地。告別式結束後,在禮拜堂外,人們陸續向我走來,告訴我他們很難過我失去了好友。所有人都知道我們非常

要好。一個人高大、笨拙，總是提著公事包；另一個削瘦、愛炫耀的大嘴巴。我們都對未來懷抱遠大的理想。我看得出來他們的同情是真心的。但他們永遠無法想像我與肯特一起度過的時光，與我們一起經歷的一切。只有我們兩人才懂的傻笑話。我們一起瘋狂投入工作的時光。被人特別關注，我感到不自在。然後，我看見了肯特的父母。我突然意識到，自己憑什麼有資格為自己的失去感到難過？這是他們人生中的重大悲劇。

這種心情在告別式之後、肯特家人舉辦的追思餐會上，又變得更加深刻。保羅從大學開了四個半小時的車來參加告別式，他載我和其他朋友一起去追思餐會。我們一起走進門，肯特的父親上前和我們握手，邀我們進屋。肯特的母親蜷縮在沙發上，不停地哭著。那一刻我理解到，我很傷心，但我的悲傷永遠不會像她一樣深切。他是我最好的朋友，但他是她的孩子。某種程度上，我知道她和伊凡斯先生將永遠活在失去孩子的痛苦中。那天，善良又溫柔的肯特父母臉上流露出的悲痛神情，我永遠忘不了。

肯特的朋友可以隨意帶走任何對我們有意義的遺物，肯特的爸爸告訴我們。我走進他那間小房間，看著那些極為眼熟、堆在地上的電腦紙與書籍、用一扇門板搭在兩個文件櫃上做成的大書桌、軟木板上的〈微風吹拂〉複製畫，每樣東西都讓我很難過。即使是拿走最無關緊要的小東西，都讓人覺得太痛苦了。我向伊凡斯先生道謝，說我不需要任何東西。

過一段時間後，我才知道肯特離開那天，山上究竟發生了什麼事。

登山課的隊員和兩名指導員在下午稍晚登上舒克桑山頂。下山時，他們在基地營上方的一個滑坡頂端停下，由一名指導員和一名學生先往下爬，確保那個區域是安全的、其他人可以跟上。過程中，站在頂部的一個學生在轉移重心時引發了一場小雪崩，導致那名學生失控沿著滑坡摔落，幸好後來他止住下滑，並向團隊示意他沒事。

但是安心的感覺沒能維持多久。肯特突然向前摔，他瞬間轉身面向上坡方向（學生們被教導，如果開始摔倒，應該要面朝下趴在雪地，朝向上坡方向，並利用冰斧阻止下滑），但隨即向後翻滾，沿著滑坡往下摔，撞上底部的岩石。其他人趕到他身邊時，他還有生命跡象。隊員們在他周圍搭了一座雪屋幫他保暖，有兩名隊員出發求救。隊伍中有兩名醫生，他們盡全力救肯特。

那天晚上，一架陸軍直升機將肯特送往貝林漢（Bellingham）的醫院。抵達醫院時，他已經離開了。

我得知，肯特是登山課最熱心、卻也最吃力的學生。幾乎每次攀登，他都是最後一個登頂的人。我還聽到，為期一個月的課程中途陸續有學生退出，他們覺得課程難度太高、太危險，但肯特下定決心要參加最後一次攀登。這就是他的個性，總是要挑戰極限。

第八章 ── 真實世界

1973 年,當地的登山雜誌刊登了一篇短文,指出前一年是「華盛頓州登山史上事故最多的一年」。文章列舉了一連串在山區發生的死傷事故,也包括肯特的意外,並認為這一系列事故,有部分是因為登山課的普及,讓缺乏經驗的登山者暴露在危險之中。文章也質疑新手登山者缺乏判斷力與體力。坦白說,我也有過同樣的疑問。我內心有一部分對肯特感到生氣。我不明白他為什麼一定要透過登山這種極限運動挑戰自己。某種程度上,我到現在仍有那種情緒。

在我認識的人當中,肯特是對人生懷抱最多美好願景的人,包括在事業上成功;開著他不知何時、從哪裡弄到的荒原路華(Land Rover)橫越秘魯;那年夏天,他一直在計畫成為助理森林護管員,儘管他知道他們很少錄用高中生。我們總是樂觀地認為自己必定能有所成就,這也是我們友誼的主軸。我們也一直認定我們會一起達成那些成就。

有人說,當與你非常親近的人過世時,你從那一刻起,也會帶著他們的人生一起活下去。你會從他們身上找到某些特質,引領你繼續前行。但事實是,那時 16 歲的我,早已深深受到肯特的影響。我們認識之初,我 13 歲,只有天生的聰明和競爭意識,除了每場遊戲都想贏,我沒有其他目標。肯特幫助我找到了方向,引導我開始思考自己想成為什麼樣的人。雖然那時我還沒有答案,但這影響了我往後許多的決定。

最近我翻閱了伊凡斯家的帆船雪納朵號的航行日誌,目光

停留在他母親記錄 1970 年夏季,我們一起旅行的筆記。她在 1972 年春季的紀錄,寫到肯特每次都選擇去爬山,而不是和家人一起乘帆船出遊。在日誌大約三分之一處,她留下了兩頁空白,只在其中一頁的正中央寫道:

肯特‧胡德‧伊凡斯
生於 1955 年 3 月 18 日
卒於 1972 年 5 月 28 日
肯特在攀登舒克桑山時,死於登山事故

我一直以來都傾向以逃避的方式來面對失去。在悲傷的初期階段就壓抑自己的情緒,迅速將注意力轉移到能占據思緒的其他事情。我們家的人都不太會沉浸於過去,我們總是向前看、預期未來會更好。在 1972 年,人們對於積極面對悲傷的重視程度,遠遠不如往後數十年。心理諮商在當時並不普及,你只能繼續往前、繼續生活。肯特的父母用他們的方式哀悼難以想像的喪子之痛:告別式結束三週後,他們駕駛雪納朵號向北航行,到肯特生前最愛的地方:荒涼之聲海灣。啟航前,他們在船上念誦了簡短的禱告。

至於我自己,肯特去世後,我打電話給保羅,當時他剛從大學回來過暑假。我告訴他,我想在月底之前、也就是免費電腦時數的期限以前完成排課程式。還有很多工作要做。我沒有

說出來，但我想完成我和肯特一起開始的專案，學校也指望我們完成任務。我告訴保羅：「我需要幫忙。你能和我一起做這個專案嗎？」

能讓你變得更好的夥伴

從那一天起，我們就在湖濱學校的電腦室裡寫程式，經常連續工作 12 小時，睡在老舊行軍床上。學校給了我們可通往各大樓的萬能鑰匙，我們整個夏天都能在校園裡自由行動。我覺得這樣很酷。保羅肯定有其他更有趣的事可做，但他還是回到這個老地方和我一起工作，我們指示電腦如何安排某位學生能在午餐前上生物實驗課，或是在週四足球課之前安排自習課，或如何滿足湖濱學校 580 名學生的需求、把所有人的課表塞進同一份課表。

整整一個月，保羅和我住在那個房間。我好幾次在終端機前睡著，鼻子慢慢往鍵盤靠，就這樣昏昏沉沉過了一、兩個小時。然後我會突然醒來，立刻繼續寫程式。有時候我們累到精神恍惚，大笑到眼淚直流。最微不足道的事都能讓我們瞬間爆笑。我已經記不太清楚那些睡眠不足的夜晚的具體細節。但保羅記得。他在回憶錄《我與微軟，以及我的夢想》（*Idea Man*）書中寫道，有一次我們發現一個 X 字母莫名其妙出現在我們的程式中，是個漏洞，我們放聲大笑，不停地大喊：「X！」，彷彿終於找到了我們的死對頭。

我後來回想，這個瘋狂的專案其實是我們的哀悼過程，因為這個任務是建立在我們與肯特、以及彼此的共同回憶之上。保羅比任何人都明白我正在經歷什麼。他知道對我來說，最好的應對方式就是沉浸在這個複雜的程式難題中，而他想陪在我身邊。當然，我們從未討論過那些感受，但它們確實存在。

和一個人共處這麼長的時間，很自然就會變得更親近。以前我很少去保羅家，但那年夏天我去了幾次。他的父親很安靜，很符合華盛頓大學圖書館副館長的形象。相比之下，他的母親非常友善，看得出來她渴望與人交流，而她是透過閱讀來滿足這個需求。我後來會慢慢發現，保羅的母親是我見過最熱愛閱讀的人之一。我知道的每一本書她都讀過，還讀過數百本我從未聽過的書，從經典作品到最新出版的小說，例如奈及利亞小說家奇努阿·阿切貝（Chinua Achebe）的作品。

在那個年紀，認識一個人的家庭能讓你看見許多隱藏的面向，那些因為學校的社交氛圍，以及孩子在公眾場合的刻意表現所掩蓋住的事實。我看到了保羅毫不掩飾的科技宅男特質，也看到他的父母就和我的父母一樣，即使知道自己的兒子與主流有些格格不入，仍全力支持孩子。

保羅在地下室擁有一個只能稱為實驗室的空間，裡面有大型化學實驗設備，還有一個能在鋁球之間產生電流的奇妙裝置，是他父親送的聖誕禮物，保羅曾差點把自己電死。他還收藏了好幾箱備用電子零件、烙鐵、以及各種神祕的工具，至少

對我來說很神祕。那些都是他在二手店裡搜集來的。他在樓上的房間從地板到天花板堆滿了書,收集了幾乎所有的科幻小說。我喜歡科幻小說,但保羅是完全沉浸在科幻小說的世界,讀遍海萊茵、艾西莫夫、赫伯特、布萊伯利、狄克[11]以及很多較不知名的科幻作家的作品。

偶爾在工作中間休息時,我們會在空無一人的湖濱校園裡散步,保羅會和我分享他對性、毒品和搖滾樂的見解。他在這三件事上都比我有經驗。前兩件事我根本還沒嘗試過,對第三件事更是所知甚少。保羅有約會經驗,甚至交過女朋友了。他極度熱愛音樂,尤其是具開創性、改變潮流的吉他手,像是英國前衛搖滾樂團普洛柯哈倫(Procol Harum)的羅賓・特勞爾(Robin Trower)和他的偶像吉米・罕醉克斯。

啊,罕醉克斯。對保羅來說,罕醉克斯是創造型天才的第一人、與無人能超越的巔峰。那年夏天,他興奮地讚嘆著罕醉克斯如何用六根吉他弦與強烈的失真效果,在一段獨奏中帶你遨遊宇宙、再帶你安全地回家。週末時,保羅會穿紫色喇叭褲,戴著寬邊帽。那時他已經把「你體驗過嗎?」變成口頭禪,也是一種測試。罕醉克斯首張專輯的主打歌名,對保羅來說是在問一個人是否有自我覺察,以及是否嘗試過毒品。這個

---

11 編註:這裡提到的科幻小說家分別為羅伯特・海萊茵(Robert Heinlein)、以撒・艾西莫夫(Isaac Asimov)、法蘭克・赫伯特(Frank Herbert)、雷・布萊伯利(Ray Bradbury),以及菲利普・狄克(Philip K. Dick)。

問題指向我時,那首歌的副歌就變成保羅對我的挑釁:「你體驗過嗎?你曾有過經驗嗎?嗯,我有過。」

先從蘇格蘭威士忌開始。有一天,保羅帶了一瓶便宜的蘇格蘭威士忌到電腦室。那是我第一次喝醉,那天晚上我在湖濱學校的教師休息室醉到嘔吐、不醒人事。幾天後,他向我示範如何抽大麻。然後,理所當然地,保羅說如果沒試過迷幻藥,就不算真的有體驗過。我拒絕了。

那年夏天,我感到巨大的壓力。學校信任我能準時開發出排課程式。而且再過不到一個月,我就要去華盛頓特區當國會實習生一段時間。(十年級時,我曾在奧林匹亞當過眾議院實習生,很期待能去觀摩國會。)我無法忍受萬一失敗,責任完全在我的感覺。

幸好,我們日以繼夜的努力取得了成果。保羅和我按時完成了程式。那年秋天,程式運作順暢。我們在那年夏天寫的程式,一直沿用多年。學生再也不用跑去找指導老師求救。我們也拿到了酬勞。

肯特與我的友誼留給我的一項珍貴遺產,就是我開始明白,另一個人能幫助你變得更好。那年夏天,保羅和我培養出一種夥伴關係,將會影響我們往後的一生,但那時候我們還不知道。夥伴能帶來你缺少的東西,他們能激勵你提升自己。有了保羅這個搭擋,我更篤定自己能挑戰能力的極限。有人陪你一起冒險時,你會更有勇氣踏出下一步。

保羅和我後來發現,我們的工作模式正好互補。我總是快速、直接,從不拐彎抹角。我最引以為傲的就是自己處理問題的速度,我能當場想出正確答案,而且是最好的答案。我缺乏耐心,喜歡即時思考。我可以連續工作好幾天,很少停下來。保羅的作風比較沉穩、平靜,但他內心總是在思考。他會反覆思量,靜靜地聆聽,獨自吸收消化。他的智慧就體現在他的耐心。他會耐心地等待正確答案浮現,而答案總是很快就會出現。

沒有微處理器,就沒有微軟

保羅一直對電腦的硬體特別感興趣。他會閱讀所有能找到的雜誌,了解實驗室與電腦公司在技術上取得的新進展。1972年的夏天,他經常談到一家叫英特爾(Intel)的加州小公司做到的創新。我在前一年秋天第一次聽保羅提起這家公司。他給我看《電子新聞》(*Electronic News*)雜誌上的一則廣告,英特爾宣布他們發明了「可微程式化的單晶片電腦」。換句話說,他們把電腦的主要功能都整合在單一的矽晶片上。他們稱之為 4004 微處理器。

這是一項技術突破。電腦的運作是透過電脈衝、依循邏輯化的指令來完成。1955 年我出生時,這項工作要透過大型電腦內部的真空管(看起來像小燈泡)來完成。那些易碎的玻璃管占用大量空間,耗電量大,還會產生大量熱能。大約同時期,

工程師發明了矽電晶體，功能與真空管相同，但運作方式是透過蝕刻在指甲大小的微晶片上的微型電路。現在英特爾更進一步利用這些電路，將電腦的大部分核心功能壓縮到單一矽晶片上。

像保羅那樣的電子愛好者，房間裡有堆滿收音機與烙鐵的紙箱，看到 4004 一定非常興奮。但是它的功能還很有限。英特爾當時是為一家日本公司開發，用於手持計算機。它並沒有足夠的運算力執行太多其他任務。

那時候保羅告訴我，工程師暨英特爾共同創辦人高登・摩爾（Gordon Moore）在 1960 年代中期提出的預測。摩爾研究半導體製造商為了在晶片上蝕刻更小的電路而做到的工程與製造技術進步，他預測依這樣的創新速度，晶片上的電晶體數量每年都會翻倍（摩爾後來將預測修正為每兩年）。

每兩年就會翻倍？那可是指數級的成長。保羅說到這件事時，我開始想像一個圖表，圖中有一條線緩緩上升，然後突然像迴力鏢一樣陡然飆升。我們往往是以線性、漸進方式體驗世界：一點一滴，逐步累積。電腦產業也不例外。很長一段時間，電腦的進步是漸進式的，受限於組成電腦核心的眾多獨立元件的尺寸、發熱量與耗電量。摩爾的預測暗示了微處理器的速度會呈指數型成長。如果真是如此，那麼現在占據整個房間的電腦，未來有一天就可以放在桌子上。摩爾自己也寫道，這種發展趨勢可能會催生「像家用電腦這樣的神奇發明。」

所以，即使 4004 能做到的事情不多，但未來的微處理器有可能可以做到很多、非常多事情。就看摩爾的預測是否準確。目前為止，摩爾的預測都是準確的，英特爾最新的 8008 晶片的資訊處理速度確實是前代產品的兩倍。

就是它了嗎？家用電腦的大腦？我看了規格說明後，告訴保羅，我覺得不可能。這個晶片不可能執行像玩遊戲或發薪這種有趣的任務。我告訴保羅，我們應該等到英特爾推出更好的產品。

保羅說，還有另一種可能：我和肯特在他去世前開始設計的交通流量統計程式。這個晶片或許很適合執行這種程式：想像一下，如果我們能用搭載 8008 晶片的電腦，取代手工計算與手動輸入的繁瑣工作。這個問題夠簡單，8008 晶片能夠處理，我告訴保羅：只要透過磁帶讀取器與軟體，機器就可以把打孔紀錄轉換成可用的數位資料。也許我們可以打造一台電腦，能夠快速把紙上的打孔紀錄轉換成全國數百、甚至上千座城市可用的交通資料？

首先，要找到能開發硬體的人。我們去找華盛頓大學的保羅‧吉伯特（Paul Gilbert）。我們在 C 立方工作時，吉伯特屬於西雅圖另一個規模更大（但人數還是不多）的青少年電腦愛好者團體。他比我們大幾歲，現在主修電機工程。他在學校的物理實驗室打工，因此可以接觸到各式各樣的電子工具與設備。他只聽了我們口頭描述目前的構想，就答應幫忙。現在，

我們要從哪裡弄到英特爾的晶片？

7月時，保羅寫了一封信給英特爾，詢問他們的計畫。有一位經理回信了，可見得當時整個產業的規模有多小。那位經理在信中說明英特爾預計在兩年內（預計是 1974 年）推出新一代晶片。保羅也問了我們可以在哪裡買到 8008 晶片。那位經理寫道，一家叫漢彌爾頓安富利（Hamilton/Avnet）的大型電子零件供應商已經簽約成為英特爾的第一家經銷商。很巧的是，這家公司是波音的主要供應商，他們在西雅圖有銷售辦公室。

於是在 1972 年，保羅和我跑到西雅圖南部的工業區，告訴銷售員我們想買一顆英特爾 8008 晶片。我現在回想，還是會忍不住笑，當時那位業務應該很驚訝，在心裡納悶我們到底要做什麼。

我付了 360 美元現金，相當於今日的 2,400 美元，那是我從排課程式專案賺到的錢。業務員遞給我一個盒子，如果是在別的商店，盒子裡可能裝的是精美的珠寶。當下我第一個想法是：*這麼小的東西，怎麼那麼貴？*

回想那一刻，實在很不可思議，現在我們已經知道英特爾的發明帶來了多大的影響。電路數量翻倍的說法，後來成為大家熟知的摩爾定律，微處理器推動了數位革命，讓我們有了個人電腦與智慧型手機。微處理器的發明是我職業生涯中最關鍵的一件事。沒有它，就沒有微軟。

第八章 真實世界

當然,對於那時 16 歲的科技宅與他 19 歲的嬉皮技術狂朋友來說,那些都是很久以後的事了。我們迫不及待想看看微處理器長什麼樣子,直接在店裡撕開鋁箔包裝,裡面是一塊像口香糖一樣、有十八支金色針腳的東西。我們擔心手上的靜電會弄壞它,連忙把包裝重新包好,離開了那裡。

我的母親瑪麗・麥斯威爾・蓋茲（坐在沙發上的女孩，旁邊是她的祖父母）出生於銀行世家，喜歡各種遊戲、體育活動，以及為社區服務。

母親是天生的領袖，在這張小時候拍的照片中，她騎著最大的三輪車。

我的父親威廉・亨利・蓋茲二世在華盛頓州的布雷默頓長大,我的祖父(上圖左一)在當地經營家具店。

我父親開著福特Ａ型雙門小轎車,第一次嚐到獨立的滋味。後來他成為家族裡第一個大學畢業的人,之後又進入法學院深造。

我父母是在華盛頓大學讀書時認識的，兩年後於 1951 年 5 月結婚。

兩人的性格與背景迥異卻互補，成為我們家庭生活的基石。

223

我出生於 1955 年 10 月 28 日，比我姊姊小快兩歲。在我大部分的童年記憶裡，姊姊都陪在我身邊。

嬰兒時期，我總是露出燦爛的笑容、時常大笑，被暱稱為「快樂男孩」。

我父母很早就知道我的思維方式和其他孩子不一樣。我姊姊克莉絲蒂是很聽話的孩子，很容易和其他人打成一片，從小成績就很優異。這些事我一樣都做不到。我母親很擔心我，還事先提醒我的幼稚園老師要有心理準備。

書籍是我們家庭生活中極為重要的一部分。小學低年級,我自己在家讀了很多書;我喜歡迅速吸收新知的感覺,能連續好幾個小時沉浸在書中的世界。

我很小的時候就展現出這種能力:對某件事感興趣時,能屏蔽任何外界干擾、長時間高度專注。

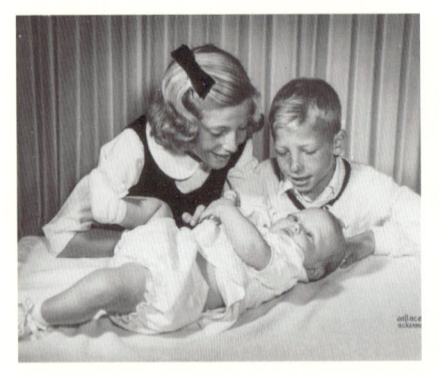

我妹妹莉比出生於 1964 年，後來成為我們家最善於社交、最有運動天賦的人。身為家中的老么（比我小九歲），莉比記得小時候家裡總是很熱鬧，兄姊和父母都非常忙碌。

我三歲時，母親主持少年聯盟的一項計畫，向小學生展示博物館文物，展品是一個古老的醫藥箱，母親和我因此登上地方報紙。

我母親對我們一家有很高的期望，而且早在「回饋社區」這個名詞開始流行之前，她和我父親就一直信奉這個理念。

WHEN I GROW UP I WANT TO BE—

BOYS
- ☐ Fireman
- ☐ Policeman
- ☐ Cowboy
- ☒ Scientist

- ☒ Astronaut
- ☐ Soldier
- ☐ Baseball Player

GIRLS
- ☐ Mother
- ☐ Nurse
- ☐ School Teacher
- ☐

- ☐ Airline Hostess
- ☐ Model
- ☐ Secretary

SIGNATURE ___Bill Gates___

1960 年代的太空競賽，以及人們對於科學未來的憧憬，是我成長的環境。我五年級時寫「長大後志願」表格時選了「太空人」。

但我真正的夢想是成為「科學家」：可以整天研究世界的各種奧祕，對我來說再完美不過了。

我的外祖母從我們小時候就一直在我們身邊，我們都叫她加米。

外祖父去世後，她把所有的愛與關注都給了我和我的姊妹。加米有時會和我們全家一起度假，例如這次是一起去迪士尼樂園。

1960 年代初開始，我父母和他們的一群朋友每年 7 月都會租下胡德運河旁的奇里歐度假小屋，在那裡度過兩週時光。對小孩來說，那裡就是天堂。

我父親是奇里歐的市長，負責策劃各種娛樂活動、照顧所有孩子，還要主持奇里歐奧運會開幕典禮。

奇里歐奧運的比賽項目主要測試我們的敏捷度與意志力。不論是什麼比賽項目，我都會拚盡全力，希望當天結束時能站上頒獎台。我動作不敏捷，但是有很強的意志力。

THIS WAY!

Ridge Rink — angel — 4:30–7 p.m.

Christmas tree

25¢ for roller skates

WITH THE GATES FAMILY

我們全家人的生活都遵循母親制定的常規、傳統與規則。父親形容母親管理著「一個井然有序的家庭」。

例如，聖誕節的籌備工作從初秋就開始了，母親會查看前一年的聖誕節筆記，了解有哪些需要改進之處。從自製聖誕卡，到每年主辦滑冰派對，再到聖誕節早晨我們全家穿的同款睡衣，有非常多的活動。即使有時候我和姐妹們對於這些傳統感到不以為然，但要是缺了哪一項傳統，還是會覺得少了些什麼。

直到今天，聖誕節仍是我們最津津樂道的節日之一。

我八歲時加入童子軍，四年後轉入 186 童子軍團，當時徒步健行、露營與登山運動正在美國掀起風潮，西雅圖也成為知名的戶外運動勝地。

我們童子軍團的主要任務就是帶領童子軍在山區徒步健行與露營。

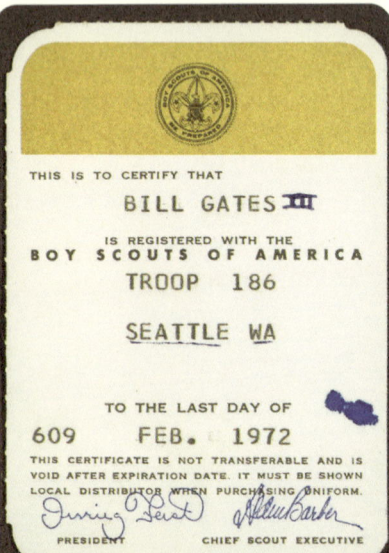

九年級後的暑假，高年級童軍邀我參加「救生步道」（現為西海岸步道）徒步旅行。這條步道沿著溫哥華島海岸延伸，地形崎嶇，以暴風雨、暗礁與詭譎多變的洋流著稱。

這趟旅程需要乘坐水上飛機、徒步過河、攀登懸崖，是我經歷過最挑戰的旅程，也是收穫最多的一次，我從那時開始愛上了這項活動。

我在湖濱學校讀國中與高中,八年級時與肯特・伊凡斯(下圖左)很快就成為好朋友。

1968年秋季,湖濱學校獲得一台電傳機。我和肯特經常使用這台機器,保羅・艾倫(上圖中)與瑞克・韋蘭德也是。保羅和瑞克比我們大兩歲,我們都在努力學習如何寫出第一個程式,彼此很快就成為好友。我們為自己的團體取名為湖濱程式設計工作室。

右頁與下頁左共四張照片,是湖濱學校的攝影大師、英語科的伯吉斯老師所拍攝,捕捉到湖濱程式設計工作室的男孩們在電腦室寫程式的珍貴瞬間。

235

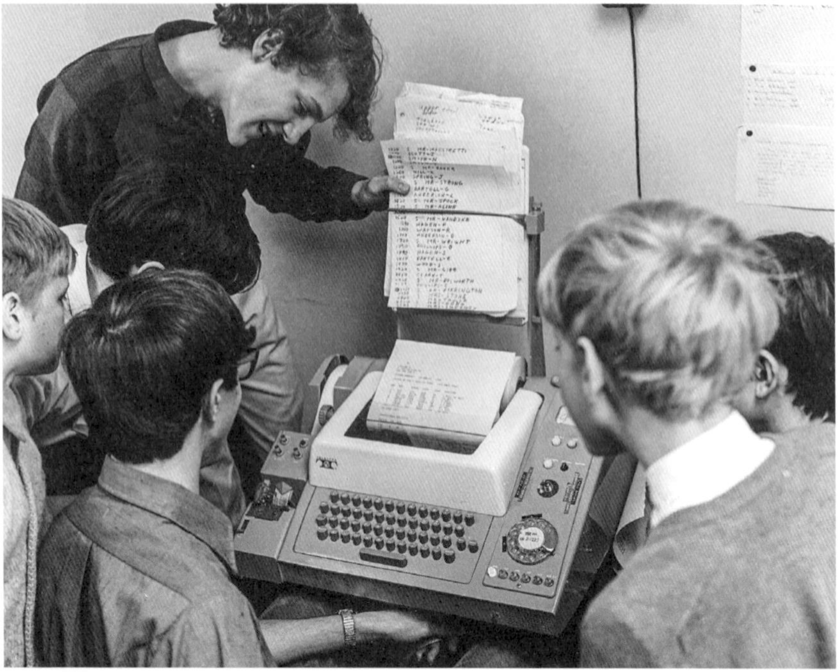

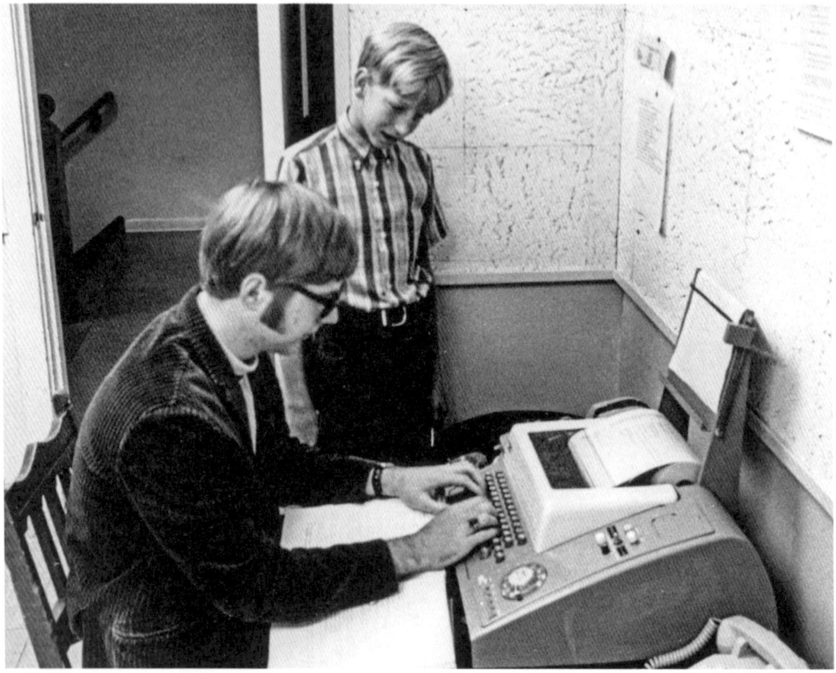

從我的班級照片可以看得出來，高中時期（包括之後很長一段時間）的我看起來比實際年齡更小。

在湖濱程式設計工作室的工作、健行、童子軍活動與學校課業之間，我都在探索自我、思考未來想成為什麼樣的人。

十年級時，我在華盛頓州府奧林匹亞擔任議會助理。

十二年級前的夏天，我在華盛頓特區擔任一段時間的國會助理實習生，很難不被那裡的魅力所吸引。那段經歷激發了我在後來的人生對政治與政府的興趣。

237

在我逐漸成形的世界觀中，我認為智力有不同的等級：一個人如果數學很強，在生物、化學、歷史、甚至是語言等其他科目的表現也會很出色。

從湖濱學校畢業後，我堅信數學是我未來的路。哈佛就是通往那個未來的下一步。

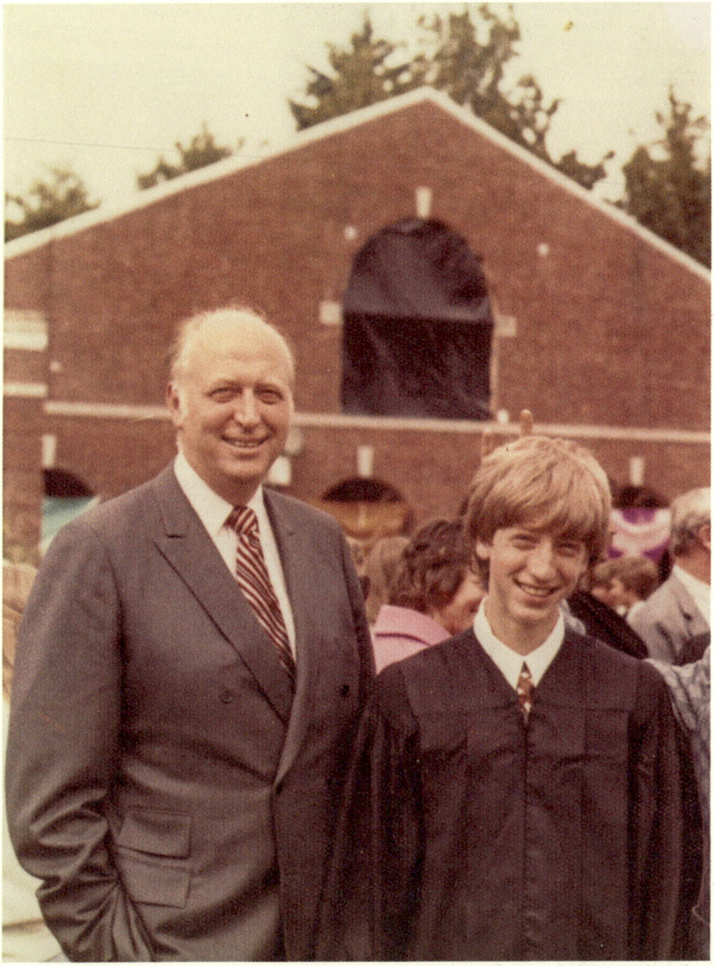

1975 年 4 月，保羅和我想出了公司名稱：Micro-Soft（後來我們刪除了連字號）。當時我們只有一個產品，是我大二時與保羅一起寫的 8080 BASIC。

我們在湖濱的朋友瑞克（右頁上圖左）不久之後也來到阿布奎基，加入我們的公司。

我們起初是在老舊商店街的辦公室，隨著微軟逐漸起步，我花在公司的時間也愈來愈多。直到我們雇用朋友圈以外的第一批員工之後，微軟才真正感覺像一家公司。

241

January 15, 1977

Mr. George Smith
Senior Tutor
Currier House
Harvard College

Dear Mr. Smith,

This letter is to inform you I plan to take the spring semester of this academic year off. A friend and I have a partnership, Microsoft, which does consulting relating to microprocessor software. The new obligations we have just taken on require that I devote my full time efforts to working at Microsoft. Since I have taken a semester off previously I have a full year of school to complete and currently I plan to return in the fall and graduate in June '78. My address and phone number will be those given for Microsoft on this stationary.

Sincerely yours,

William H. Gates

MICROSOFT/P.O. BOX 754
ALBUQUERQUE, NEW MEXICO 87103
(505) 256-3800

1977 年冬天，我第二次從哈佛休學，再也沒有回去過。我們開始受到媒體關注，上圖是我第一次接受電視訪談。

不論是在哈佛還是微軟創業之初的辛苦時期，加米始終在我身邊給予我支持和鼓勵。

父親一直是我強而有力的後盾。他很早就看出微軟會發展成舉足輕重的事業。母親則花了比較長的時間才漸漸理解。有很長一段時間，她一直相信等這些事情穩定之後，我就會回學校取得哈佛學位。

我母親總是期望我能達到她設定的超高標準，她也盡其所能地支持與鼓勵我，她更是以身作則，例如她在美國聯合勸募的工作，並在 1980 年加入美國聯合勸募董事會。

她總是告訴我，擁有財富，就有責任回饋。我很遺憾她沒能親眼看到我如何努力地達成她對我的期望。

第九章

一場戲與五個九

寫程式震撼教育，開始思考如何成為領域頂尖

華府實習

我在哈佛的申請論文中,將我所有的電腦經歷濃縮成 600 字的篇幅。論文是用我媽媽的 Selectric 打字機、以工整的手寫字體打出來的。我從與當地企業(C 立方)「富有成效的合作」開始,再到發薪、課表安排、與自動化交通流量統計程式,簡述了湖濱程式設計工作室的故事。至於我短暫的教學經歷,我承認:「在我做過的所有事情中,這是最困難的。通常會有一些學生開始對電腦產生興趣,也會繼續研究電腦……但另一方面,也有一些學生在我教完後,反而覺得電腦比上課之前更神祕。」

如果招生官有把我的申請論文讀到最後,可能會對結論感到意外:「與電腦相關的工作是很好的機會,能獲得許多樂趣、能賺到錢,而且會學到很多。但我不打算持續專注於這個領域,現在我最感興趣的領域是商業或法律。」

事實上,我知道電腦領域(特別是軟體)是可能的生涯選擇之一。如果微處理器的進展能像保羅和我期待的那樣,使平價的通用電腦成為現實,那電腦會是我最有可能踏上的職涯方向。但是在 1972 年的秋天,一切都還是未知數。現在,為了滿足自己的好奇心,並思考其他生涯選項,我只想去探索新的世界。

那年夏天,我在華盛頓特區待了一個月,擔任眾議院助理實習生。那是很難得的體驗,我和其他實習生(都是高中生)

一起住在宿舍裡,每天到國會山莊工作。我在華府的那段期間,正巧碰上民主黨副總統候選人湯瑪斯・伊格頓(Thomas Eagleton)揭露自己曾罹患憂鬱症與其他心理問題,因此決定退出1972年的大選。他的競選搭檔、總統候選人喬治・麥高文(George McGovern)在接下來的幾週仍堅定支持伊格頓,但最終還是必須尋找替代人選。我被這場戲劇性事件吸引,是我見過最接近政治驚悚片的一次經歷。我也試圖從中尋找機會。在伊格頓宣布退出之前,我和一位朋友盡可能搶購「麥高文搭檔伊格頓」的競選徽章,賭他會退出。伊格頓真的宣布退出之後,我們就把那些記錄了那短短18天歷史的徽章,賣給了國會工作人員以及國會山莊周圍想收藏紀念品的人。我們用一部分賺到的錢拿去和其他實習生享用美食、晚上外出玩樂。

準備申請大學,在戲劇課找到自由與自信

在國會,即使最基層的工作,也很難不被那裡的魅力所吸引。那個月的實習經歷,讓我開始認真思考未來從事政府與政治工作的可能性。那麼首先我得學習法律。

儘管要申請哪些大學是我自己決定的,我知道母親對結果非常在意。她對我們的期望是,蓋茲家的每個孩子都要進入頂尖大學。我看到父母對當時就讀華盛頓大學二年級的克莉絲蒂,感到非常滿意。她主修會計,在我母親眼中是很實用的專業,能找到待遇好、受人尊敬的工作。此外,克莉絲蒂也積極

參與學生會事務,就如當年我們的母親成為華盛頓大學「哈士奇」[12] 一樣。現在輪到我了。我母親從未明說目標是哈佛,但顯然那是她的心願。

那年秋天,我的注意力都集中在新的角色:緊張的藝術家。很意外的是,我非常喜歡十一年級的戲劇課。所以我又報名了。我發現表演不僅不會讓我感到壓力,反而讓我感覺很自由;每次排練都會讓我更有自信。不過我很清楚,湖濱學校的任何一位客觀的旁觀者,對我作為演員的表現都不會抱太大的期望。我就是電腦怪咖。我對這種狹隘的分類非常不以為然。我試著透過戲劇拓寬自己的視野,學習新事物,測試自己的能耐。

我們即將演出英國劇作家彼得・謝弗(Peter Shaffer)的《黑色喜劇》(*Black Comedy*)。這是一齣鬧劇,關於缺乏自信的年輕藝術家布林斯利(Brindsley)與未婚妻卡蘿(Carol)的故事。卡蘿是剛進入社交界的前陸軍上校之女。布林斯利會在同一個晚上,首次見到上校,以及一位被稱為「世上最富有的人」的知名藝術收藏家。如果一切順利,緊張的布林斯利會獲得上校的認可,並且成功賣給收藏家一件雕塑。然而事與願違。保險絲突然燒斷、燈光熄滅,劇中人物多數時候都在他們以為是一片漆黑的環境中摸索,但觀眾能在明亮的燈光下看到

---

12 譯註:華盛頓大學的吉祥物是哈士奇,因此學生與校友也被稱為哈士奇。

演員的一舉一動，使那些滑稽的摔倒動作及認錯人的場景看起來更加有趣。我進入湖濱學校之前的夏天，和家人一起去紐約時看過這齣劇，當時就覺得很精彩。這是一齣很容易讓人愛上的戲劇，我們看著布林斯利為了讓收藏家留下深刻印象，「借了」珍貴的古董家具，結果卻被家具絆倒，還要想辦法趕走在最不恰當的時機出現的前女友。

令所有人意外的是，我得到了布林斯利這個角色，與我搭擋的是高年級最受歡迎的女生維琪·威克斯（Vicki Weeks）。每週有三天的下午，我們的演員陣容會在禮拜堂集合，試圖掌握這齣戲分秒之間的喜劇節奏。

這齣劇與支撐我度過高中時光的其他熱情相去甚遠，卻成為我在湖濱最美好的回憶之一。每次排練，我都完全沉浸在角色之中。我會在禮拜堂裡四處跑動、搬家具，假裝在黑暗中摸索，那是純粹、滑稽的樂趣，因為演員與工作人員之間的向心力而更加美好。就像在電腦室的時光，只有一個重要的差別：這次有女生。尤其是維琪，她的自信也提升了我的信心，讓我在表演時更勇於冒險。我們互相開玩笑，用劇本裡那些傻氣的暱稱稱呼對方，有時是「親愛的」，有時是「甜心寶貝」。在角色的掩護下，我第一次練習調情。因為害怕搞砸表演，我回到家就把自己關在房間裡，反覆練習台詞。

我沒有想到走出舒適圈會帶來這麼大的成就感，這也是我期待上大學的一個原因：能再次重新定義自己。如果我去讀麻

省理工學院，我覺得我大概會變成數學怪咖，身邊也全是數學怪咖。這樣的未來聽起來……有點太局限了。（所以那年夏天我沒去麻省理工學院的面試，跑去玩彈珠台。）翻看大學的課程索引，我看見非常多讓人心動的可能性：純數學、認知心理學、戰爭政治學、管理理論、高級化學。這些課程能讓我接觸許多新領域，拓展我的視野。填寫申請表時，我也在嘗試展現不同的自己。就如我在戲劇課學到的，每一次申請就是一場表演，由同一個演員分飾三個不同的角色。

申請普林斯頓大學時，我說我想成為會寫軟體程式的工程師，我展示了我的程式作品，並強調我的數學成績。我告訴耶魯大學，我想進政府部門工作，也許是法律專業，我強調我在華盛頓特區的實習經歷，並凸顯我對童子軍的熱愛以及在戲劇上的投入。申請哈佛大學時，就如我在申請論文中所寫的，我提到了我對商業與法律很感興趣。

那年11月、《黑色喜劇》公演的夜晚，我跌跌撞撞、手忙腳亂地在黑暗中摸索，依劇本要求試圖親吻兩個女孩，完全沒有忘詞。觀眾都稱讚全體人員的生動演出。

表演結束後，我站在台上，幾乎看得見我父母臉上的表情。他們看到曾經是班級小丑的兒子，交到了一群新朋友，在新的領域展現他善於社交、充滿自信的一面。雖然他們私底下看過這樣子的我，但看到我在公開場合展現這一面，他們還是和其他觀眾一樣驚訝。至於我個人，我感覺很棒。我為自己設

定很高的標準,最後不僅達標,甚至超乎預期。在我們最後一次謝幕時,我又給自己一個新挑戰:我要找適當的時機,約維琪出去。

要做到 99.999% 的完美

聖誕節過後,我接到 ISI 公司的主管電話,正是兩年前幫助湖濱程式設計工作室爭取到薪資專案的潘布魯克打來的。他說他正在為邦納維爾電力管理局(Bonneville Power Administration)的一個專案提供諮詢服務,這個聯邦政府機構負責華盛頓、奧勒岡與加州的發電與配電。最為人知的任務就是監控位在哥倫比亞河上的大古力水壩(Grand Coulee Dam)。

邦納維爾電力管理局想將發電系統電腦化。這項專案由大型國防科技承包商 TRW 負責管理,他們要把過去主要由人工操作的系統,改為在 PDP-10 電腦上運作,而湖濱程式設計工作室大部分的工作都是用 PDP-10 完成的。但是專案不僅超出預算,還錯過了最後期限,所以 TRW 正在四處招募人手。後來他們找上潘布魯克,潘布魯克介紹了保羅、瑞克和我。

潘布魯克打電話給我時,我剛從華盛頓州立大學回來,我在保羅的學校待了一週,處理我們的交通流量統計新創事業,我們取名為「Traf-O-Data」。吉伯特已經組裝好初步的硬體,是一個接近微波爐大小、塞滿電線與晶片的盒子。但是軟體還

沒完成。我們在用華盛頓州立大學的電腦忙著寫程式時，保羅告訴我，他對學校生活已經感到厭倦。學校的課缺乏挑戰性，無法滿足他敏捷的思維與對各種事物的強烈好奇心。他考慮休學，先開始工作。

所以，我打電話告訴他邦納維爾電力管理局提供的工作機會時，他毫不猶豫就決定加入。瑞克在史丹佛大學主修電機工程，他決定留在學校（他後來也在夏天時加入我們了）。

聖誕節過後，保羅和我開著他父母的 1964 年克萊斯勒紐約客（Chrysler New Yorker），前往電力管理局位於華盛頓州溫哥華市的辦公室，那座城市緊鄰奧勒岡州，當時還比較偏僻。那天，我們在車上開玩笑地想像潘布魯克與 TRW 員工的對話：

「嘿，你知道有誰很會用 PDP-10 嗎？」

「蓋茲跟艾倫吧。」

「他們是誰？」

「就兩個孩子。」

面試時，我們清楚地說明我們對那些機器瞭若指掌，也帶了排課程式與 Traf-O-Data 的程式列印稿。我不確定是因為我們的能力，還是他們急著找人，總之我們得到那份工作了。

這應該是很不錯的工作。我們的報酬以時薪計算，而且和之前在 C 立方與 ISI 公司時一樣，我們也預期可以用空檔時間忙其他的副業。保羅馬上去提出休學申請。

第九章 一場戲與五個九

　　那天晚上回家後，我告訴父母，我們獲得在一家頂尖企業以及美國數一數二重要的公共機構工作的機會。我向他們解釋，對方需要我們的專業完成一項重要專案，這會是很好的經歷，而且還能賺錢。母親問，那學校怎麼辦？這是我高中最後一年，我需要取得優異成績畢業、申請大學。我確信這不是問題，但母親沒有被說服。兒子要放棄優秀的高中成績，獨自到離家數百公里的地方生活，這完全不符合她的劇本設定。

　　所以那一週，我父母和我去找湖濱學校總是充滿智慧的校長艾羅爾特。我說了我的想法，我只會缺席第二學期、共兩個月的時間，就會回到學校完成學業，參加畢業典禮。我相信艾羅爾特校長會支持我，他果然沒有讓我失望。「沒什麼規則的艾羅爾特」不僅認為這不成問題，他甚至建議這段時間可以視為獨立專題，計入畢業學分要求。

　　1960年代中期、我還小的時候，就超級愛《時間隧道》（*The Time Tunnel*）這部科幻電視劇，兩位科學家主角會穿越時空，往返真實與虛構的地點。每週四晚上，我都會熬夜看他們努力拯救鐵達尼號，或是在英國的雪伍德森林（Sherwood Forest）閃避飛箭，或是逃離印尼喀拉喀托火山（Krakatoa）噴發的岩漿。劇中的主要場景設定在位於地底深處的大型控制室，裡面有一群穿著白色實驗服的科學家，他們會轉動儀表盤、在電腦上輸入指令，把同事送入不同的時空、面對全新的險境。

我第一次踏進新的工作場所時，第一個反應就是：這根本是《時間隧道》的控制室！而且比劇中的還要厲害！占據整面牆的大螢幕即時追蹤西北部地區的電網與每座水壩、發電設備的狀態。一排排的終端機都配備最新的陰極射線管顯示器，而且是彩色螢幕！天花板非常高，高到工作人員需要爬梯子調整燈光與微調顯示設備。

控制室是電力系統的中樞，為西部數百萬家庭與企業供電。它會接收來自大古力水壩及西北地區其他水壩的電力，以及來自煤礦場等其他來源的電力，再輸送給數百萬的家庭與企業。邦納維爾主要透過水壩水力發電，關鍵任務就是調配不斷變動的電力供應與需求。邦納維爾電力管理局一直是依靠人工完成這個任務，工作人員會互相打電話，請同事「提高這座大壩的發電量」或是「減少那座大壩的發電量」，然後再人工轉動儀表盤。我們的工作就是把這個流程電腦化。

這件事說起來容易，執行卻很困難。迪吉多已經將 PDP-10 與 TOPS-10 作業系統升級，可以即時執行需要以微秒計算的高階任務，例如控制汽車工廠的生產線。但是與 TRW 面臨的挑戰相比，那都還算簡單。TRW 必須讓這台電腦能夠處理海量的資訊，包括電力使用、水壩容量，以及任何會影響電力供需的資料，而且要能精準並即時做出決策，達到電力供需平衡。

一開始，我還不理解這項任務代表什麼意思。在一次初期

的會議上,有位程式設計師提到了「五個9」。我完全不知道他在說什麼。仔細聽了之後,我才明白他的意思是,我們正在開發的電腦系統必須確保 99.999％ 的時間都能正常供電。「五個9」,這種效率表示每年只能停電 5.26 分鐘,基本上就是要不間斷供電。我過去做的任何專案都不曾有過如此逼近完美的要求。我以為他們在開玩笑。

TRW 的人向我們解釋,即使電力供需會出現波動,仍必須確保不間斷供電。一般來說,早上人們起床後會開始使用電器,這時用電需求就會增加,然後在下午與傍晚時達到高峰,此時人們下班回家,會打開家中的暖氣或空調、開燈或是看電視等。即使是在凌晨 2 點,街燈、醫院、警察局和消防局,以及 24 小時營業的餐廳都需要用電,這就是所謂的基本負載需求,發電廠必須持續穩定地供應電力。

那間像極了《時間隧道》控制室的房間,就體現了這種文化:大片牆面上的燈光與螢幕即時顯示著邦納維爾的電網情況,任何時候你都可以從彩色顯示器上看到電力在電網中的流動情形,以及哪裡出現電力中斷。

我在 1 月來到這裡時,對自己的程式設計能力有著前所未有的信心。我有四年的電腦經驗,而且主要就是用電力管理局使用的電腦。我開發過薪資程式,排課程式也算大成功,而且我還有自己的公司,目標是協助美國各城市的交通流量分析電腦化。

他們給我的第一個任務是：記錄錯誤訊息。就是用簡單的語言寫出系統出問題時會自動彈出的提示訊息。那並不是特別有創意或有趣的工作，但我還是全力以赴地投入。保羅和我每天很早就到，工時很長。漸漸地，他們開始指派愈來愈重要的任務給我們。

我很自豪自己能長時間投入高強度工作，以及快速寫程式的能力。我不知道邦納維爾那些資深專業程式設計師，會如何看待一個每天像瘋子一樣熬夜寫程式，直接從罐子挖唐牌（Tang）速溶果汁粉來吃、直到舌頭變成橘色的小孩。那年春天，我打破了自己連續工作的紀錄。有一次我在地下室的「時間隧道」控制室連續待了近一百個小時。表示我有差不多四天沒洗澡、幾乎沒吃東西。

一天早上，我上班時看到桌上放著我前一晚寫的程式列印稿，上面寫滿了藍色墨水的批註。有人像學校老師一樣修改了我的程式。實際上，那已經不算是修改，那個人徹底拆解了我的程式，不只糾正語法錯誤，還針對整個架構與設計提出了評論。通常碰到這種情況，我的第一個反應是為自己辯護。在湖濱學校，如果有人試圖評論我的程式，我就會立即反駁：「不可能，是你錯了。」但是這一次，我讀著那些批註，研究上面的程式碼，心想，*天啊，這個人說得太對了。*

那個人名叫約翰・諾頓（John Norton），是 TRW 找來解決燙手山芋的程式設計師。諾頓很高大、有一頭短黑髮，年紀

接近 40 歲。我後來知道，他因為優秀的程式設計能力而備受讚譽，卻也曾經歷過一次慘痛的失敗。諾頓在快要 30 歲時，負責 1962 年水手一號（Mariner 1）太空探測器某部分的關鍵軟體。原本要飛往金星的探測器，在發射幾分鐘後就因為控制人員發現雷達系統出現故障，NASA 不得已將其摧毀，成為太空史上知名的失敗案例。問題出在一個非常微小的故障：很可能是諾頓負責的電腦程式少了一個「-」符號。據說，諾頓因為這個錯誤而耿耿於懷，多年來他一直把報導水手一號任務失敗的新聞剪報折疊得整整齊齊，像摺紙作品一樣放在皮夾裡隨身攜帶。

諾頓是我見過對待電腦程式設計最嚴謹、最敏銳的人，他持續修改我的程式，將那些程式提升到我從沒想像過的水平。他沉默寡言、充滿自信，總是專注於眼前的工作。他從不炫耀自己的成就，而是專注於運用自己的知識不斷改進，確保專案能成功。

「失敗能教會你的比成功還多」這句格言雖然老套，但是千真萬確。那時候的我，思考程式和語法的時間大概比同年紀的青少年都更多，但是諾頓讓我看到了完全不一樣的層次。在他嚴格的指導下，我不僅學會寫出更好的程式，也對自己有了新的認知。我記得當時自己心想：*為什麼我對程式設計這件事這麼自負？我憑什麼認為自己很優秀？我開始思考近乎完美的電腦程式應該是什麼樣子。*

3月我打電話回家時，是我爸接的電話，我可以感覺到他特別開心：「兒子，我們收到哈佛的信。」我聽到他拆開信封的聲音，「茲通知威廉・亨利・蓋茲……錄取哈佛大學。」我爸爸在電話上讀著信，我幾乎能感覺到母親的驕傲透過電話線傳來。我已經收到耶魯的錄取通知，一個月後普林斯頓也會通知我被錄取。但是不需要說出來，蓋茲樂園的所有居民都知道我會選哈佛。

　　接下來三個月，我回到西雅圖完成高中最後一年的學業，也和戲劇課的同學（包括維琪）一起排練我們的最後一次公演。我們要演的是偉大的荒誕主義作家詹姆斯・瑟伯（James Thurber）的一系列小品。我負責〈床塌之夜〉（The Night the Bed Fell）中的獨角戲，要一個人站在舞台上將近10分鐘，演譯瑟伯筆下的荒誕故事：敘述者描述床翻倒在自己身上時，其他家人過度誇張的反應。

　　維琪和我們班上幾位同學決定辦一場畢業舞會，這是湖濱與聖尼古拉斯合併後的第一場舞會。他們希望辦一場氣氛輕鬆的舞會，所有人都能參加，不需要太盛大華麗。我覺得在這種輕鬆的氛圍下，可以試著邀維琪當我的舞伴。舞會前幾天的晚上，我終於鼓起勇氣打電話給她。但是每次撥號都是通話中。我不停地重撥，甚至有一度無聊到用腳趾撥電話。終於在晚上10點左右時，維琪的哥哥接了電話，他去幫忙叫醒維琪。

　　「哈囉？」

「維琪，我是比爾⋯⋯比爾・蓋茲，」我記得說出全名，雖然我相信她一定認得出我獨特的嗓音。我告訴她，我整晚都在打電話給她，但是一直打不通，我甚至還用腳趾撥號。這恐怕不是證明自己是帥氣舞伴的好方法。我問了最重要的問題：「你週六晚上有空嗎？」

「我想我可能會去參加畢業舞會，」她說。

「那你願意跟我一起去嗎？」

「你能等我到明天回覆嗎？」她解釋，她一直在等一個男生邀請她，如果他最後沒邀請她的話，她會告訴我。第二天，她在校園中的廣場上告訴我：那個男生約她了。她始終表現得非常友善，但也清楚表明她只把我當成朋友。我花了一點時間消化那次被拒絕的事，那之後有段時間，我都不敢再讓自己處於那種容易受傷的處境。我還是去參加了畢業舞會，和一位很酷的低年級女生玩得很開心，不過我猜想我們都是對方的備胎人選。

湖濱學校和美國許多高中一樣有個傳統，畢業班的學生會在春季時翹一天課，在大家各奔東西之前一起放鬆玩樂。湖濱 1973 年「畢業班偷溜日」當天，我們全班搭短程渡輪到班布里治島（Bainbridge Island），在一位同學寬敞的家裡度過一晚。我一開始和維琪與那群受歡迎的同學一起，後來他們自己去玩了，我就和幾個落單的人一起。我已經抽了一些大麻，所以當朋友給我迷幻藥時，我有點放鬆警惕。我之前都在抗拒保

羅所說的,透過迷幻藥來「增長閱歷」的論點。但這一次我決定試試看到底是什麼感覺。有一段時間感覺真的很刺激,但我沒想到第二天早上藥效還沒退,而我必須去做很早就預約的牙科手術。我眼神呆滯地看著醫生的臉,聽到他手中的鑽針在鑽磨的聲音,不確定自己看到和感受到的是不是真實的。我要不要跳下這張椅子,直接離開?我下定決心,絕對不要再一個人單獨服用迷幻藥,而且一定要確認隔天沒安排事情,特別是要看牙醫的時候。

如何做到比所有人優秀 20%?

畢業後的那個夏天,我回到溫哥華市,在「時間隧道」控制室和保羅一起通宵寫程式,有時我們會到哥倫比亞河上玩滑水,邦納維爾的一位工程師在那裡有一艘船。瑞克也在史丹佛放假後加入我們。我們還是會自稱湖濱程式設計工作室,但是少了肯特,總是感覺怪怪的。

我們三人一起住在溫哥華市一棟破舊公寓裡。深夜時,我們會用邦納維爾的 PDP-10 電腦忙我們的副業,為 Traf-O-Data 開發軟體,也幫湖濱學校更新排課程式。我瘋狂地投入工作,靠唐牌果汁粉與披薩維生,那段時間是我這輩子最自由自在的時光。

TRW 的工程師很常取笑我古怪的工作習慣(那個夏天我常聽到「你真是個怪咖」這個評語),但他們也非常支持我。

他們不在意我的年紀與不成熟，讓我融入他們的圈子。我感覺被接納、有歸屬感，就和我與健行的朋友、或是與湖濱學校電腦室的那群人在一起時的感覺一樣。

工程師們覺得很有趣，丟給我什麼任務，我都會接受。他們會指派任務給我，看我能寫得多快、多好（或是多差），他們知道我會熬夜寫程式。有時他們已經寫完了，所以我寫完之後，就可以拿我的程式和他們的對照比較，學習如何寫出更聰明的子程式、更巧妙的演算法。

那個夏天，我時常在想，一個人要如何成為某個領域的佼佼者。諾頓就是這種令人敬佩的人物。他的才能與專業能力無人能及，我試圖理解他跟其他程式設計師有什麼不一樣。如果要比其他人優秀20％，需要具備什麼條件？有多少是與生俱來的天賦，有多少是後天的努力──持續專注與有意識地表現得比前一天更好？而且能日復一日、年復一年地重複這個精進的過程？

我在程式設計領域已經走在這條路上了，TRW的工程師也試圖說服我不要上大學。他們說，不用浪費時間拿大學學位。他們慫恿我直接去讀研究所，學電腦程式，然後去迪吉多工作。「你屬於那裡，」其中一位程式設計師說，「你應該在那裡和那些人一起工作，決定下一版的作業系統。」

這個想法有點太瘋狂了。那個夏天，每次迪吉多的工程師飛來邦納維爾時，那些本身已經非常優秀的邦納維爾程式設計

師,都還是非常尊崇迪吉多工程師的專業知識與無庸置疑的頂尖技術。他們居然認為我有潛力可以加入迪吉多,讓我信心大增。迪吉多在我心目中有著神話般的地位。我和肯特在研究職涯出路時蒐集了關於這家公司的所有資訊。1957 年,肯·歐森(Ken Olsen)與哈蘭·安德森(Harlan Anderson)兩位工程師辭掉了麻省理工學院的工作,僅憑四頁的商業計畫書以及 7 萬美元的資金創辦了迪吉多。當時的產業龍頭是 IBM,他們開發的百萬美元大型主機電腦,公認是無敵的,一家新創公司想在市場上占有一席之地,看起來就像做白日夢。奧爾森和安德森從小規模做起,先生產電子測試設備,花了幾年時間逐步讓公司開始獲利,才推出第一台電腦。不到 10 年,迪吉多就成為美國企業界羨慕的典範,奧爾森也被譽為有遠見的創辦人。迪吉多的故事讓我們相信,創辦一家成功的企業,似乎是有可能的。

保羅已經躍躍欲試。那年夏初時,他一直勸我不要去哈佛。他說他也會繼續延長休學。我們可以像迪吉多那樣,從小規模做起,發展剛起步的交通統計事業、開發專用電腦,再逐步擴大規模,成為顧問,做類似邦納維爾的有趣專案,還可以為英特爾最新推出的微處理器開發軟體。

我持反方立場,向保羅解釋,為什麼他的許多想法與科技願景在商業上不可行,至少在短期是如此。我也不相信他提出的想法之中,有哪一個的機會大到值得我放棄大學。不過我確

實有一度被跳級讀研究所的想法打動,甚至有向父母提出這個想法。他們並不贊同。事實是,我很想去上大學。我想要到一個比湖濱學校大很多的群體,看看與其他聰明人切磋之下,自己的程度在哪裡。

當時的我認為世界的進步是由個人所推動的。我腦中的形象是典型的孤獨天才,科學家獨自在自己的領域裡鑽研,不斷努力直到取得突破性成果。我們成功開發出排課程式時,我就稍微嘗到了這種滋味。即使交付軟體已經過了幾個月,我都還是非常有成就感。一道數學證明轉換成電腦程式之後,就能改善數百人的生活。這只是一個很小的成就,卻讓我對於未來的可能性有了不一樣的想像。我覺得數學可能是其中一條路徑。我能夠破解某個存在了數世紀的數學定理嗎?或是能想出可以改善人類生活的科學解決方案嗎?聽起來似乎有些異想天開,但我想試試看自己可以走多遠。

我這種獨行科學家的世界觀,成為我與保羅持續辯論的一個話題。保羅認為世界是透過合作取得進步的,集合一群聰明人、為了共同的目標努力。我看到的是愛因斯坦的典範,他眼中看見的則是整個曼哈頓計畫。這兩種看法都太過簡化,但隨著時間過去,保羅的觀點最終決定了我們兩人的未來。

幾週後,我們原本的哲學辯論逐漸演變成針對湖濱學校專案的爭論。我們通常利用在 TRW 工作的空檔,持續更新下一年度的課表。就和前一年的夏天一樣,我很擔心無法準時完成

工作。我們又掉進過往的模式中：保羅針對課表提出一些想法，但都被我否決，通常是因為我作為最初的程式設計者，比他更了解底層的數學原理與結構。我們會爭論，然後我就會按照我認為合理的方式寫程式。在課表程式上的衝突，又因為我們整天都在一起而惡化，我們每天一起吃飯、一起看電影、一起工作，惹惱彼此在所難免。

某天我們離開「時間隧道」控制室，正在走去停車場準備去吃晚餐時，又吵了起來。我們通常會像利曼賽車手（Le Mans）一樣衝向各自的車，我跑向我爸借我的福特野馬、保羅跑向他的克萊斯勒，比賽看誰先到那天決定去的餐廳。所以那天我也馬上往車的方向衝過去。不知道為什麼，我跑得比保羅快。那天有人在停車場入口處拉了一根繩子。我因為跑得太急、加上天色黑了，我沒注意到繩子纏住了我的腰，也沒發現我愈跑繩子就纏愈緊，直到「咻」的一聲，它像彈弓一樣把我甩到地上。保羅悠哉地走過來，低頭看著我。我們當場笑翻了。

然而，一起生活與工作的壓力對保羅來說特別有壓力，某一天他決定退出我們的兩個專案。他在我房裡留下一封信：「最近我愈來愈確定，我們一起工作、討論，甚至一起生活的情況都不盡理想，至少在我看來是如此，」他寫道，他覺得我不尊重他的想法與智慧，「是時候切斷我們所有」與湖濱學校課表與 Traf-O-Data 有關的連結。保羅用一種感覺像在寫離婚

協議書的措辭寫道:「我在此聲明,放棄我在排課程式專案的一切權益……我在此聲明,放棄我在交通統計專案的一切權益。這些全部都歸你(100%)!」這封手寫信還留下我們兩人簽名的位置。最後他寫道:「P.S.,我是認真的。」

我沒有簽名。我認為等到雙方都冷靜下來之後,我們的關係就會重新找到平衡。當時,我選擇離開。我連東西都沒收拾就開車回西雅圖,在湖濱學校繼續徹夜趕工,終於在截止日期之前完成課表。我再也沒有回去邦納維爾,瑞克好心幫我把留在公寓的東西送回西雅圖。

保羅與我的關係一直很複雜,就像兄弟一樣充滿了愛與競爭。我們的性格、做事風格與興趣都不相同,通常是很好的互補。這些差異推動我們進步,也讓彼此變得更好。那年夏天是對我們夥伴關係的一次初期考驗,這段關係未來也將繼續發展演進。那年我 17 歲,保羅 20 歲,我們還有很長的路要走。

幾個月之後,保羅和我又開始講話了。當時他已經回到華盛頓州立大學,我成為哈佛的大一新鮮人。我在寫給瑞克的信中提到,我們已經和解,也重新開始投入 Traf-O-Data 的工作,感謝瑞克幫忙化解我們的矛盾:

> 我想你已經知道,保羅和我又重新一起上路了(事實證明這是一條漫長的路),我們現在的關係是完全平等、充滿熱情的。我很感謝你在我們衝突最嚴重的時候所展

現的友誼。我真心認為我們遲早會意識到各自的立場有多麼荒謬可笑。你還貼心地幫我把留在公寓的東西都帶回來西雅圖，整個夏天也總是對我們那麼好，我希望我自己也能做到這樣的體貼。總之，這個夏天真的很棒……你的朋友，特雷。

第十章

早熟

在哈佛重新認識自己,認真抉擇未來之路

進入哈佛的計算實驗室

1967 年,一個星期天凌晨,天還未亮時,一輛美國陸軍卡車轟隆隆地駛入哈佛校園,身著軍裝的人員從車上卸下幾個大箱子,裡面裝著來自美國國防部的特殊禮物:在越南被拆解的迪吉多大型主機電腦零件,那原本是在戰爭中使用的電腦。這些冰箱大小的零組件被搬進哈佛大學的艾肯計算實驗室(Aiken Computation Laboratory),技術人員再將那些零件組裝成一台 PDP-10 電腦,正是我在 1973 年秋天來到哈佛之前,已經使用長達五年的同款電腦。

夜間運送零件成功避開了反對大學機構參與國防軍事研究的反戰示威群眾。那些抗議的學生說得也沒錯:當時軍方恐怕就是電腦業最大的客戶。冷戰期間對蘇聯的恐懼,使大量的資金流向大學,協助開發能導引飛彈、領航潛艇以及偵測洲際導彈發射的自動化系統。

我抵達劍橋市(Cambridge)參加哈佛新生訓練時,美國政府多年來在國防科技的鉅額投資,已經徹底改變了波士頓地區的樣貌。迪吉多與該地區數十家公司,都衍生自麻省理工學院的研究計畫,目的就是要開發軍用電腦與相關科技。早在矽谷成為美國高科技重鎮的代表之前,這個頭銜一直屬於環繞波士頓地區、長約 96 公里的 128 號公路。

開學幾週後,我第一次走進哈佛的艾肯計算實驗室,看見了政府投資帶來的影響。我去那裡與實驗室主任碰面。大廳

擺放著一台巨型機器，旁邊的說明寫著「馬克一號」（Mark I），是由霍華德・艾肯（Howard Aiken）開發的原型電腦，實驗室就是以他命名。1940年代，當時擔任海軍軍官的艾肯與IBM合力開發馬克一號，用來計算導彈軌跡，後來馬克一號又被用於曼哈頓計畫。這台機器在當時是非常重大的科技突破，基本上就是一台由轉軸與繼電器組成、長約15公尺的大型計算機，能夠比人類更快速地進行加減乘除的計算任務。我看到的馬克一號只是原有機器的一部分，已經是無法運作的博物館展示品。

穿過大廳，就可以看到擺放Harv-10的房間，Harv-10是艾肯實驗室為政府捐贈的PDP-10電腦取的名字。美國國防部高等研究計畫署（DARPA）提供資金給艾肯實驗室，讓工程學系的教授與學生可以使用這套系統，嘗試運用新的程式設計，開發出更快速、更可靠、成本更低廉的軟體。高等研究計畫署也安裝了一條線路，讓Harv-10能連接到該機構的網路，也就是後來大家所熟知的阿帕網（ARPANET，高等研究計畫署網路）。艾肯實驗室與全美數十個計算機中心，當時正開始測試電子郵件與其他新的通訊協定，那些協定後來構成了網際網路的基礎。

那年秋天，我對於艾肯實驗室與政府的合作關係一無所知。我只知道：（1）哇，哈佛有一台PDP-10；（2）我一定要想辦法去用那台電腦。那時我還不知道，實驗室基本上是不

允許大學生進入的。這裡是研究生的地盤，多數研究生都跟隨實驗室主任湯姆・齊特漢（Tom Cheatham）進行研究。齊特漢教授曾在電腦業與政府部門任職，之後到哈佛任教。他是 Harv-10 的管理者，由他決定如何使用、以及誰可以使用這台電腦。對我來說，我只需要取得他的簽名同意。

那時候的學術界普遍不把電腦當作是一門正式的學科。在多數大學，電腦科學都是附屬於歷史更悠久的學系之下，例如在哈佛，電腦科學隸屬於工程與應用物理學系，該學系最引以為傲的專業領域是流體力學，運用發展了數百年的精妙數學理論，解釋鳥類如何飛行，或血液如何流動等物理現象。電腦科學或許是研究這些現象的有用工具，但絕對沒有被視為同等重要。一般來說，喜歡電腦科學的學生都會選擇主修應用數學或是工程。要等到十年之後，哈佛才會正式開設電腦科學大學學位。

基於這些原因，再加上我個人的自尊心，我告訴齊特漢，我不會選修任何電腦課程（可能除了一些高等研究所課程之外），但我還是想要用他的計算實驗室。我們的第一次會面也奠定了日後我在哈佛與他的互動模式：我是說到太激動時會從椅子上跳起來的小屁孩，他是工作忙碌的實驗室主任，永遠有更急迫的事情要處理，卻仍抽著百樂門香菸、等我把話說完。

我分享了湖濱程式設計工作室的故事，以及我從 13 歲學會寫程式之後做的事情。我告訴他，我在高中畢業前去為

TRW 工作，參與了服務數百萬用戶的電網系統專案。我提到 Traf-O-Data 的事業，以及我們確信能透過微處理器的強大運算力，吸引到更多顧客。我說，這將會改變一切！我們過去習慣的巨型機器會變成火柴盒的大小，成本也會隨之降低。

我已經很習慣在談論電腦時讓大人印象深刻，當時電腦對多數人來說仍是相當陌生、神祕的世界。甚至連 C 立方與 TRW 的資深程式設計師，看到我對這個主題的強烈興趣與求知欲，也覺得很有趣。但是齊特漢教授看起來卻興趣缺缺。他的反應讓我有點害怕，畢竟他是實驗室的主任。

後來我才知道，齊特漢非常討厭行政工作，例如簽學生的學習卡或是管理實驗室的日常事務。齊特漢骨子裡是不折不扣的程式設計師。他的旋轉椅後面放著一台連結到 Harv-10 電腦的終端機。當他不需要外出與國防部高層開會、爭取實驗室資金時，他就可以在那裡設計新的程式語言。

在我情緒亢奮、喋喋不休地說了 30 分鐘之後，教授把香菸熄滅，在我的申請表上簽了名。我後來知道，齊特漢是出了名的願意給學生自主權、鼓勵學生實驗。他接受各種新的想法。我以為的興趣缺缺，或許其實是因為這種開放的心態，加上他急著把這個煩人的學生趕出辦公室，好繼續回到他正在寫的軟體程式。不論原因是什麼，那一天我拿到了實驗室的鑰匙與自己的帳號，編號 4114。但我內心那種自以為特別的優越感，稍微受到了打擊。

在馬瑟教授的數學課活了下來

身為大一新鮮人,我得到了學業優異獎,可以選擇想同住的室友。我喜歡與不同類型的人一起生活。在華盛頓特區時,我很愛聽來自不同背景的實習生分享他們的故事。我覺得在哈佛也能有類似的體驗,所以我申請與國際學生以及不同族裔背景的同學一起住。

我走進維葛斯沃斯樓(Wigglesworth Hall)的 A-11 室(簡稱維葛 A),見到了來自加拿大蒙特婁、嚴格來說算是國際學生的山姆・茲奈莫(Sam Znaimer),以及來自田納西州、主修工程的黑人學生吉姆・詹金斯(Jim Jenkins)。我立刻感覺到自己是在多麼優渥的環境下長大。山姆比我們提早一、兩週就到學校,當兼職的清潔人員,在一群興奮的學生搬進宿舍前,山姆負責將淋浴間與廁所打掃乾淨。他必須打工賺取學費。後來他分享了他的成長背景:他父母都是大屠殺倖存者,兩人以難民身分在一個保守的猶太社區長大與相識。他父親獨自經營一家童鞋店,母親則是餐廳服務生。山姆和我一樣有點傻氣,我第一次見到他就很喜歡他。吉姆說自己是軍人子弟,小時候經常搬家,但他以身為南方人為傲,自豪地分享他很喜歡、我從沒聽過的南方漫畫書與洋芋片。他也需要打工賺錢,每到週末時就會消失不見,跑去空軍基地工作。

我們三人結伴去登記選課。為了符合人文學科的必修要求,我選了希臘古典文學,像是尤利西斯(Ulysses)、安蒂岡

妮（Antigone）等作品，一部分是因為我在湖濱學校已經上過類似的課，另一部分原因是教這門課的教授非常有名。我覺得這門課會很輕鬆有趣，這樣我就有時間應付難度較高的課。那年夏天我翻閱課程目錄時，發現有一門工程課，允許學生獨立設計與研究自己有興趣的任何領域與專案，目錄上列舉了一些範例，像是電子電路、熱電工程、還有最吸引我的電腦應用。我心想，這門課這麼自由，我可以研究任何想探索的主題。我也選了這門課。

在數學課的課表上，編號從 1a 開始：解析幾何與微積分入門，然後依序往下排。在課表的最後、獨立研究課之前，我看到大一能修的課程中，編號最高的課：數學 55A 與 55B，這是分成兩門課的高等微積分。我喜歡課程說明中醒目的警告：「對數學只抱持休閒娛樂程度興趣的學生，不適合選修，也千萬不要因為對『理論』數學有模糊的嚮往，就決定選修。」學生必須通過資格考試才能選修這門課程。

我看得出來這個警告是為了將未來主修數學的學生分成兩組：其中，純數學是最受尊崇的領域，是最高等級的智力活動，你只需要你的大腦、紙筆、粉筆與黑板。純數學家就是走在最尖端的美麗心靈，他們的成就都是新的「發現」。任何屬於數學「應用」的領域，都被視為是學術界的邊緣地帶，那裡的人只是在用先驅們在幾十年前、甚至是幾世紀前發明的工具，去完成那些雖然有用、但並非「純粹」的工作。

我在湖濱學校已經上過學校開設最高難度的數學課。我在SAT 考試的數學也拿到滿分 800 分；在微積分進階先修課程的考試也拿到最高分。數學 55 看起來就像是通往純數學世界的大門，而且只有一小群人可以打開這道門。我選了那門課，並在那一週稍晚參加了測驗，順利通過考試。

開學第一個星期一的早上 11 點，我走進位在塞維樓（Sever Hall）的數學 55A 教室，班上大約有八十位學生，人數比我預期得還多。學生幾乎都是男性。

一位年輕教授站在黑板前，一頭蓬亂的紅髮與同樣的紅色鬍鬚，鬍鬚茂密到把他寫在黑板上的粉筆字都蹭模糊了：「有限維度向量空間」，這是他每週發放的講義影本的第一章標題。粉筆在黑板上發出刺耳聲響，他寫下了接下來我們要學習的主題：公理、域、元組、複數與虛數、向量空間、同構與其他主題，最後是微分方程。我只有模糊地聽過其中一些概念──到底什麼是巴拿赫空間（Banach space）啊？我完全沒聽過。但我認得出這些主題，如果是其他主修數學、但沒有選修數學 55 的學生，得花六個學期或更長時間才能完成我們兩個學期就必須學完的內容。這門課的進度肯定會非常緊湊。紅髮教授在黑板的另一側寫下了自己的名字：約翰・馬瑟（John Mather）。

剛開始上課沒多久，班上同學就對馬瑟議論紛紛。他 28 歲就創下紀錄成為正教授。其他六歲小孩還在學閱讀認字，馬

瑟已經在學對數了。他會坐在餐桌旁、雙腳在桌下搖晃著，跟他父親討論數學，馬瑟的父親是普林斯頓大學電機工程學教授。馬瑟 11 歲時，就用父親的工程學教科書自學微積分。高中時期，他空閒時間都在讀拓撲學、抽象代數，以及，你沒聽錯，有限維度向量空間。他是第一位獲准在普林斯頓大學修數學課程的高中生。就讀哈佛大學期間，他參加普特南數學競賽（Putnam Competition，專為美國大學生舉辦的年度數學奧林匹克競賽），成績名列全國前十名。一年後，他再次名列前十。他 24 歲就取得普林斯頓大學博士學位，他的博士論文提出了一項重大發現，也就是現在大家所知的馬格朗日—馬瑟預備定理（Malgrange-Mather Preparation Theorem）。此外，他還發表了一系列論文，徹底解決了奇點理論的某個難題，他的同事後來寫道，馬瑟「完全回答了這個問題，某種程度上等於是終結了這個研究主題，因為已經沒有什麼可討論的了。」

後來，馬瑟在學術界取得更多突破性成就，獲得無數的獎項。當時我看著這位才 31 歲的教授，理解到想成為世界級的數學家，非凡的天賦與趁早起步顯然是必要條件。

第二個星期一，數學 55 班上只剩下大約一半的人，第一個月結束時，全班只剩二十五個人。我們意識到要活下去就必須團結。或許集結成群，就能避免被淘汰。

我因此認識了安迪與吉姆，他們後來成為我在哈佛最要好的朋友。他們是繼續留在數學 55 班的典型代表。安迪・布萊

特曼（Andy Braiterman）在小學六年級時利用肺炎臥床的三週期間自學學會代數，他高中就跳級修完微積分課程，比我還早了兩年。他是我們班上年紀最小的學生之一，16 歲就進入哈佛。吉姆・賽斯納（Jim Sethna）的母親是化學家，父親曾在麻省理工學院就讀，後來在明尼蘇達大學擔任航太工程學系的系主任。

安迪與吉姆住在維葛 A 三樓的四人房，就在我宿舍房間的正上方。我們幾個數學 55 的同學會在他們宿舍的休息室會合，一起做每週的習題。所有習題都是馬瑟親自設計的，這種級別的課沒有現成的教科書可用。至於馬瑟每週發放的講義影本，意外地沒什麼幫助。

「上面根本沒有數字！」有人尖叫。馬瑟沒有把問題拆解成具體的步驟，也沒有解釋如何在現實世界中應用這些概念。那些講義只標註了我們應該學的內容……我們得自己想辦法學會。自己找參考書，想辦法先解那些有助於我們搞懂那些概念的問題。

我從來沒有遇過這種情況。雖然我沒有被淘汰，但我在這群倖存者中排在哪裡，就不太確定了。

充滿傳奇色彩的艾肯實驗室

艾肯實驗室的核心就是那台捐贈給學校的 Harv-10 電腦。它占據了房間大部分的空間，房間裡的一面牆放置了五、六個

巨型盒子，連接到十幾台終端機。實驗室的多數使用者都是為了 PDP-10 而來。齊特漢指導的研究生都是用這台電腦開發編譯器、組譯器，以及創造名為 ECL 的實驗性程式語言。

與艾里亞斯・詹姆斯・科里教授（E. J. Corey）合作的有機化學博士後研究員，正在使用他們開發的 AI 軟體 LHASA，協助合成能用在醫藥、塑膠與其他工業應用的新分子。（科里在該領域的成就，使他獲頒諾貝爾獎與國家科學獎章。）我覺得電腦圖學（computer graphics）非常不可思議。這個程式能直接畫出分子是如何由一個一個的原子建構而成。

走進實驗室第一天，我看到角落有另一台閒置的電腦，看起來就像是太空船的發射指揮中心。那時候的多數電腦都沒有螢幕，但這台電腦卻配備了四台 CRT 陰極射線管顯示器，排列在一張 L 型辦公桌上。桌面上還放了蘭德平板電腦與觸控筆，這是最早能將手寫內容與手繪圖形轉換成電腦圖像的工具，價值高達 18,000 美元，是數十年後數位藝術家必備的手寫板前身。

那個工作檯的核心是一台迪吉多生產的 PDP-1 電腦。我對 PDP-1 有些了解，它是迪吉多銷售的第一款電腦，但是我從來沒用過。PDP-1 是最早的「互動式」電腦，意思是使用者可以直接操作機器，不像是那些被鎖在機房或遠在數公里之外的大型主機。迪吉多為這台電腦定價 12 萬美元，比起要價動輒 200 萬美元的大型主機便宜了許多。PDP-1 只生產了 10 年，只賣出五十幾台。如果把當時的 PDP-10 類比為 1960 年代

末期、以強大馬力著稱的肌肉車,那麼 PDP-1 就像是 1957 年的雪佛蘭,老舊、不夠快,但別具風格。

PDP-1 電腦自 1960 年代初期進入實驗室之後,就一直吸引著渴望能自由、直接操作電腦的駭客。迪吉多捐贈給麻省理工學院的 PDP-1,就培養出許多極具影響力的新一代駭客。駭客透過開發看似不實用、但超酷的程式來增強實力,例如模擬遊樂場風琴演奏音樂,或是顯示連續不斷的雪花圖案。我之所以知道 PDP-1,就是因為《太空戰爭!》那款遊戲,我們在 C 立方認識的電腦高手史蒂夫・羅素曾告訴保羅和我,他是用麻省理工學院的 PDP-1 開發出這款劃時代的遊戲。

雖然艾肯實驗室的 PDP-1 在當時已經過時,它的顯示器與輸入設備依然是展示與操作電腦圖學的實用工具。在我最初幾次參觀實驗室時,應用數學系的研究生艾瑞克・羅伯茲(Eric Roberts)向我介紹這台電腦的近代歷史。看到電腦架後方垂下來的鬆散電線嗎?那就是伊凡・蘇澤蘭(Ivan Sutherland)連結他的頭戴式虛擬實境裝置的地方,這個裝置正是數十年後問世、更先進的 VR 頭戴式裝置的鼻祖。當時,蘇澤蘭已經因為開發 Sketchpad 軟體而非常知名,這正是日後所有電腦的標準配備「圖形使用者介面」(graphical user interface)的前身。15 年後,蘇澤蘭因為開發 Sketchpad 而獲頒圖靈獎(相當於電腦科學界的諾貝爾獎),更被譽為電腦圖學教父。

艾瑞克指向 PDP-1 前方桌上的搖桿以及旁邊的幾個開關與按鈕，他告訴我那個裝置可以用來操控蘇澤蘭的學生丹尼·柯恩（Danny Cohen）在 1967 年做的創新飛行模擬器。那是首次證明精密的模擬程式可以在功能有限的通用電腦上運作。

艾瑞克解釋，幾年後，柯恩已成為哈佛的教授，他與兩名研究生合力改造了原本的飛行模擬器。他們的想法在當時非常激進：要同時運用三台連接到阿帕網的電腦性能。PDP-1 的圖形顯示功能強大，而且配備了精密的顯示器與遙桿，但是它的速度緩慢，無法製造逼真的飛行體驗。艾瑞克告訴我，一位名叫艾德·塔夫特（Ed Taft）的研究生為這台老電腦開發了新軟體，將繁重的運算任務分配給哈佛校園裡那台性能更強大的 PDP-10，以及位在數公里之外、麻省理工學院的另一台電腦。這個實驗可說是重大突破，證明了 3D 圖形與程式可以透過阿帕網（網路的原型）在不同電腦之間運作。

柯恩在不久前離開哈佛到南加州大學任教，塔夫特與鮑伯·梅特卡夫（Bob Metcalfe）兩位研究生則到全錄帕洛奧圖研究中心（Xerox PARC）工作，那裡是影印機製造商全錄的創新研究單位。（後來柯恩與他的同事在軟體與網路領域做出重大貢獻而廣為人知；塔夫特加入了 Adobe，協助開發出 PostScript 與 PDF 軟體；梅特卡夫發明了乙太網路技術，並創辦了 3Com。）

聽完這些實驗，我想到了獨立研究的主題。我覺得將具

有圖形顯示功能的 PDP-1，與房間另一端更強大的電腦連接起來，真是個好主意。我想像的不是飛機駕駛艙的視角，而是一個 3D 棒球場，每一台顯示器都會即時呈現不同角度的比賽實況。玩家可以用遙桿與 PDP-1 的其他控制器來投球、擊球與接球，電腦會透過阿帕網將資料傳送到 PDP-10，進行複雜的物理運算，包括球速、軌跡以及跑壘等。這個程式的難度很高，要花很多力氣才能模擬真實比賽的複雜性。例如，你要如何訓練電腦模擬球員接滾地球，或是跳起來接高飛球的動作？當一壘和三壘有跑者，打擊手擊出左外野安打時，游擊手該怎麼辦？

我寫了一份「三維－三相機互動圖形系統」（一款電腦棒球遊戲）的提案，交給齊特漢教授，問他能否擔任專案指導教授，他似乎很感興趣，點頭答應了。

開發棒球模擬程式是我刻意設定的極具企圖心的計畫。之前我成功向齊特漢教授推銷了自己的程式設計能力，我想證明自己確實有能力做到。在當時，圖形與網路技術是電腦最熱門的兩大領域。兩個領域都還在早期起步階段，仍有相當大的創新空間，人人都有機會在這些領域做出成績。也許我可以追隨那些電腦圖學領域先進的腳步。即使做不到，至少可以開發出能和朋友一起玩的有趣遊戲。

按理來說，艾肯實驗室應該有一位教職人員擔任齊特漢教授下一階的副主任，負責管理實驗室的使用，但這個職位已經

空缺了一段時間。如同當年許多大學的電腦實驗室，艾肯實驗室主要由使用者共同管理，這個自治團體包括約二十多名研究生、研究人員，以及來自各方的駭客。這些人很了解實驗室電腦的各種特性，發生故障時也知道該如何修復。有人會知道如何恢復文件檔案，有人有辦法在系統當機後讓它重新啟動。只要任何人有疑問，他們都會熱心提供協助。

如果說這個自治團體有一位實質領導人，那非艾瑞克莫屬。他對程式設計的痴迷，我完全能感同身受。感恩節放假時，艾瑞克星期三晚上就會去艾肯實驗室，開始埋頭寫程式直到在終端機前睡著，他會放棄隔天的火雞大餐，在實驗室待到星期天晚上，只靠著自動販賣機的糖果與自助餐廳的油膩漢堡果腹。艾瑞克沒有在忙自己的專案時，也是在撰寫使用者手冊、維修迪吉多磁帶，或是充當 PDP-1 隨時待命的醫生。當這台老機器故障時，艾瑞克會馬上帶著示波器（oscilloscope）趕到，把新的零件移植到 PDP-1，讓它恢復運作。那些移植零件通常是他從其他機台上拆下來的。

我很快就喜歡上這裡悠閒自在、人人平等的氛圍。實驗室沒什麼規則，只有一項大家都能理解的基本常識：不要去打擾正在做研究或是趕論文的人。除此之外，你可以在任何時候、全天 24 小時免費使用這裡的設備。大一那年的秋天，大家已經開始習慣我常常拋下朋友，跑去艾肯實驗室。我會在那裡待到深夜，想辦法讓我的虛擬棒球選手出現在球場上。

大學時代的珍貴友誼

安迪與吉姆位在宿舍三樓的套房成了我們的俱樂部。當宿舍其他人在用裝滿 ZaRex 水果雞尾酒與伏特加的垃圾桶開派對時，我們在鑽研數學題、聊天、相互辯論，或是考彼此邏輯思維與冷知識：例如，哪個國家比較大？保加利亞還是捷克斯洛伐克？全美國有多少加油站？待在宿舍套房的另一個好處是，安迪與吉姆的室友有一台當時很稀有的音響。我買了兩張唱片：罕醉克斯的《你體驗過了嗎？》，因為保羅一直說這張專輯很酷，我也跟著覺得有了這張專輯，自己也會變酷；另一張是我最常播放的專輯，《唐納文精選輯》（*Donovan's Greatest Hits*）。這位聲音柔和的蘇格蘭歌手與他的歌曲〈Mellow Yellow〉總能讓我放鬆心情，動腦思考時很適合聽這首歌。（我非常喜歡唐納文，二十多年後安迪甚至開玩笑地送了我一張唐納文的專輯當作結婚禮物。）

那時候的友誼帶著些許的純真，現在的我比當時更加珍惜。在那個年紀，朋友之間種種平凡的互動，當時或許感覺不值一提，卻在點點滴滴的相處中讓彼此相互了解，累積了深厚的感情。我們幾個總是一起行動，山姆・茲奈莫、吉姆・詹金斯、吉姆・賽斯納、安迪・布萊特曼和我會一起去餐廳吃飯，或是到維葛 A 的地下室玩好幾個小時的彈珠台，或是去新生聯合會看新聞。

那一年，「羅訴韋德案」（Roe v. Wade）的裁決保障了墮

胎權，尼克森總統的「我不是騙子」名言也是在同一年。美國開始逐步從越南撤軍，徵兵制也暫緩實施。這些新聞標題都是生活在 1973 年的背景，但我和朋友們關注的焦點相對狹窄很多。我們只討論數學、物理、歷史、美食，偶爾也會聊聊女孩子，但除了數學 55 的幾位女同學，我們和女生幾乎沒什麼互動。

當時哈佛會舉辦聯誼會，讓男女學生一起喝酒、跳舞，地點往往會選在附近的女子學院，例如松莊園學院（Pine Manor）。為了這些場合，我特地買了一件昂貴的棕色皮夾克，搭配藍天鵝絨喇叭褲，在我心目中這根本就是 1970 年代的時尚典範。我和維葛 A 的夥伴們從來沒有在這些派對上成功認識女生，但是我們其他的朋友都說他們認識了很多女孩子，我們幾個通常會同時一起反問：「你們是怎麼做到的？」

數學 55 班的習題固定是每個星期一早上要繳交。所以星期天晚上，我們會聚集在安迪與吉姆的套房，想辦法解馬瑟設計的抽象問題，試圖把問題具象化，找出具體且正確的答案。但是要回答這些問題真的不容易。通常題目會提供一些定義或公理，並陳述從這些事實推導出的定理（但沒有解釋如何推導），然後指示：請證明這個定理是正確的。每個證明都包含好幾個步驟，如果第一步就走錯方向，接下來再怎麼橫衝直撞，也永遠找不到解方。所以每個題目都會迫使你絞盡腦汁思考，怎樣解才是對的。一旦找到對的方法，接下來就容易多

了。但光是要做到這一點,我們五個人得先腦力激盪,搞清楚馬瑟教授想問的到底是什麼,然後分頭行動,每個人都希望自己是第一個找到方法的人。最後,通常會有一個人突然大叫:「我知道怎麼做了!」然後向大家解釋他的想法。

隨著時間愈來愈晚,成員會一個接著一個回房間睡覺。通常吉姆、安迪和我會一直工作到午夜過後,一起走去位在哈佛廣場的「皮諾丘」(Pinocchio's)披薩店。幸運的話,我們會剛好趕在打烊前,用很便宜的價格買到剩下的披薩,上面的起司都已經凝固了。我們會一直熬夜到凌晨2、3點,有時候甚至4點,小睡幾個小時,早上11點再衝去教室交作業。

至少我在哈佛有拿過第一名

進入大學的最初幾個月,我就像是進入糖果店的小孩,對於看似無限的可能性感到興奮不已,隨時都有機會請教專家、得到智力上的啟發。在大一人文課程「希臘古典文學的興起」課堂上,約翰・芬利(John Finley)教授透過如電影般的生動講解,巧妙地將荷馬、希羅多德、阿里斯托芬的作品與現代生活和文學結合。我很喜歡獨立研究課的自由度,讓我得以不斷突破程式設計的極限。在數學55課堂上,同學們一起努力鑽研馬瑟教授的講義、互相鞭策彼此進步,這種革命情感也讓我充滿動力。

然而,第一學期快結束時,我感覺失去了方向。我在進入

哈佛之前讀的是很小的學校，畢業班人數還不到 90 人。在湖濱學校，我一旦找到方法，就能輕鬆脫穎而出、得到認可。此外，學校的老師、教職員與家長形成的緊密社群，也給我很大的支持。他們知道我和其他孩子不一樣，聰明、有點古怪，有時需要輕推一把（比爾，去報名戲劇課吧！）或是提供機會（沒問題，就請假一學期去打工吧！）。但是在哈佛這個廣闊的世界裡，一切只能靠自己。這裡的每個人在高中班上都是佼佼者，每個人實力都很強，而且都在爭取成為最優秀的學生。

　　走進有機化學課的教室時，我很清晰地感受到這一點，我被數百名學生包圍，大多是醫學院預科生，他們都準備要在這門課取得優異成績，因為這是通往醫師之路的重要關卡。我選修這門課，只是因為高中時很喜歡莫里斯博士的化學課。雖然我沒有打算讀醫學院，但選修有機化學課似乎是很合理的選擇。在大型階梯教室裡，同學們全神貫注地看著台上的教授，膝蓋上放著厚重的教科書，雙手熟練地用彩色球與短棒排列出化學分子模型。這樣的場景讓人卻步。

　　第一學期只過了幾週，我就沒去上課了。因為這門課的最終成績只看期末考，我覺得只要在期末之前讀完所有內容就沒問題了。而且有機化學課都有錄影，檔案會存在科學中心，我可以直接看影片，不需要去現場聽課。哈佛有一個很棒的制度叫「考前複習期」（reading period），學生有大約 20 天可以準備期末考。我想賭一把，如果我好好把握複習期，把課本讀

完、看完講課影片，憑藉我臨時抱佛腳的本事應該沒問題。我最有信心的就是能超級專注地自主學習。

我開始進入某種日常作息模式，在朋友看來或許有點誇張。我可以連續 36 小時不睡覺，不停地複習課業與寫程式。體力撐不住時就會回維葛 A-11 倒頭大睡 12 小時或更久，經常沒換衣服、甚至連鞋子也沒脫就直接睡覺。我會用黃色電毯蓋住頭，遮擋日光。醒來後，我會跟室友吉姆或山姆一起隨便吃點東西，也許會去套房找安迪與吉姆，然後直接去上課、去圖書館或是回艾肯實驗室。這樣的作息持續了好幾個月。

開學時，我有登記每週一次的床單換洗服務，那是只有負擔得起的學生才能享受的奢侈服務。每週我都應該把髒床單拿去換成乾淨的。但我拿到第一套床單之後，因為太忙了，第一週結束時沒有去換新床單。然後第二週過去，第三週、第四週……到了第六週，連我都開始覺得自己太噁心了。床單又髒又黑，還沾到墨水印與靴子上的泥土。

洗衣房的人在名單上查找我的名字，發現我已經一個半月沒換床單了。「哇，你打破紀錄了！」我遞上髒床單時，他笑著說。離開洗衣房時，我心想：嘿，這也算一種成就啊，至少我在哈佛有拿過第一名。

學期末，我走進影片室時當場傻住了，裡面全都是有機化學課的同學，他們攤開教科書，手握著分子模型，他們整學期都有去認真聽課，但還是跑來看課程影片。那些影片很難跟

上,有時沒有聲音,有時畫面會消失。看不到畫面,就很難聽懂教授在講的內容。看影片時,同學們三不五時會不約而同把白色氫原子與黑色碳原子組合在一起,然後熱烈地討論這是等距對稱,還是對稱等距。我心想,喔糟糕,這下慘了。

那門課我拿到了 C,是我大學生涯最差的成績。那年春天,我沒有繼續選修後半段的有機化學課程。

意識到自己的極限,開始抉擇未來的路

學校會為所有大一學生安排學業顧問,協助決定主修,所有學生在大二時都要決定主修。在秋季的第一學期,我一直沒有抽出時間與顧問碰面。到了春季學期開學時,顧問的辦公室打電話和我約時間見面。

他已經聽說,我跳級參加電腦科學相關的研究所課程。我在第一學期說服老師讓我旁聽其中一門課:應用數學 251a,課程名稱是「操作系統架構」。我希望學校能允許我在春季學期正式選修這門課,才能取得學分。至於我選修的其他課程,並沒有顯示明確的專業方向。我繼續選修數學 55 的後半段課程,另外還選了一門生理心理學,內容是「從生物機器的觀點研究有機體的行為」。

我的大一顧問是化學系的教授,後來我們的關係很好。他很支持我思考未來的生涯,引導我評估可能的主修選項。但是我們第一次見面時並沒有那麼順利。我不記得具體說了什麼,

但我記得我和往常一樣進入亢奮狀態,滔滔不絕地講述未來的電腦將會跟現在那些布滿灰塵的老舊機器完全不同。我還解釋,我選修心理學是因為有朝一日電腦將會擁有與人腦相當的能力。顧問聽完我的長篇大論之後,對我說:「你很早熟耶!」

在那之前,我只聽過我母親用這個詞形容我,但是她並不是在誇獎我。「你這個早熟的臭小子,」每次我頂撞、質疑她的時候,母親就會這麼對我說。因為只有在那樣的情境下聽過這個字,我覺得那是一種汙辱,就像被言語賞了一個耳光。我沮喪地離開了,很驚訝顧問對我的評價那麼負面。

我被他盯上了:我感覺自己好像瞬間又變回那個五年級的問題學生。

「你們相信嗎?那傢伙竟然說我『早熟』!」我回到宿舍告訴朋友們,期待他們也和我一樣認為顧問說話太過分了。但沒人有反應。「居然說我早熟,太沒禮貌了。」

「但比爾,你的確很早熟啊,」安迪說。這下我更鬱悶了。連我朋友都認為我是個自以為是的臭小子。安迪說我根本不懂這個詞的意思。去查一查這個字的意思吧,有人說。我去查了字典,結果這個詞的意思是:*超前發展……非常年輕時就展現出成熟特質*。

我是那種跟大人聊天比跟同儕還自在的孩子,可以談論我認為只有大人才懂的知識。那是我一直扮演的角色:特雷・蓋

茲，讀書超快、數學成績優異，那個聰明小子有能耐討論股票與專利、迷你電腦的崛起，以及尼龍的發明這種話題。這樣的形象源自於我的自信：我總是大膽求知，對一切充滿好奇，隨時準備好向任何人求教。

早熟的年齡上限是幾歲？總有一天，我會長大，成長為大人，不再只是好奇心旺盛的孩子。

求學過程中，我一直把數學視為最純粹的一種智慧。在哈佛這個更寬廣的世界，我發現自己雖然算是有天賦，還是有很多人比我更優秀（現在回想起來是顯而易見的事實），而且其中兩人正好是我最要好的朋友。

我們在數學 55 的課後討論會互相幫助，也會暗中較勁。我們跟校內其他的數學高手也存在類似的競爭意識。大家都知道其他人表現如何，維葛 B 的洛伊德在數學 21a 的考試拿了滿分，或是那個彼得（還是誰？）發現馬瑟教授的講義有一個錯誤。我們都知道那一天誰思考得更快、更犀利，誰最先「想出來」，再幫助其他人找到答案。每天我們都在努力爭取這些「第一」。第一學期結束時，我發現自己的排名不如預期。在數學 55 班上，最厲害的前兩名是安迪與吉姆。

依多數的標準來看，我表現得還不錯。我第一學期拿到 B+，以這門課來說算是很高的成績。但是根據我自己的嚴苛標準，與其說這個分數反映出我懂多少，不如說是暴露了我還有很多不足。B+ 與 A 之間的差距，就是頂尖學生與冒牌貨的

區別。我認為，班上的每個人都是他們認識的人之中數學最好的學生。每個人的數學 SAT 成績都是滿分 800 分。每個人入學時都覺得自己是最優秀的。然而，一旦我們發現事實並非如此，我們就都是自欺欺人的可憐蟲，都是冒牌貨。

在這門課無法取得更好的成績，促使我重新審視我的自我認知。我一直以來都相信自己是最聰明、最優秀的。這種認同成為一種掩護，可以隱藏我內心的不安全感。在那之前，我在自己重視的領域很少遇到比自己優秀的人，就算遇到這樣的人，我也會盡量吸收他們能教給我的一切。但這次不一樣。我察覺到，自己雖然有數學頭腦，卻沒有頂尖數學家的天生洞察力。我有天賦，卻不足以創造突破性的新發現。我可以預見十年後的自己：在大學教書，卻沒有優秀到能取得開創性的研究成果。我不可能成為約翰・馬瑟那樣的數學家，能在數學的領域探索宇宙的奧祕。

不是只有我有這樣的想法。安迪和吉姆私底下告訴我，他們也同樣感到茫然，正在經歷某種心智上的危機。兩人都從馬瑟教授身上預見，如果繼續走純數學的道路，未來會是什麼樣子。他絕頂聰明，卻彷彿活在自己的世界，與現實世界脫節。當時的我們還不知道，不到一年後，安迪就會對純數學感到倦怠，嚴重到大三時休學一學期，最後畢業於應用數學系（安迪後來取得法律學位，成為華爾街的稅務專家）。吉姆後來取得物理學位（他在康乃爾大學成為非常厲害的物理學教授）。數

學 55 學習小組的另一名成員彼得・蓋里森（Peter Galison）也有類似的頓悟。對他來說，純數學彷如最純粹的藝術。他能欣賞米開朗基羅的《大衛像》，但他清楚知道自己永遠不可能創造出如此完美的作品。要成為純數學家，你必須相信自己能成為米開朗基羅。（彼得後來成為極具影響力的科學史教授，而且就在哈佛任教。）

我該怎麼選？我感覺到父母沒有明說的期望。我在那年 2 月寫給瑞克的信中寫道：「上週我和爸媽在紐約玩，我們去看劇，還去高級餐廳吃飯。雖然他們沒有說出口，但感覺他們希望我選商業或法律，」我已經不記得在紐約發生了什麼事，但我想必感覺到了他們想要的方向，「我還拿不定主意。」

事實上，我心裡已經隱約知道答案了。我的很多同學都覺得我對數學的堅持很奇怪。我特別記得一位同學洛伊德・特雷費森（Lloyd Trefethen，他後來真的成為數學家），他試圖引導我看見那個明顯的結論：「你很擅長電腦，為什麼不往這個方向發展呢？」其他人也提過類似的建議，但洛伊德是最常提醒我的人。

保羅和我很常通電話，我們的對話也都指向同一個方向。當時他是華盛頓州立大學的大三生，覺得自己一直在浪費時間，學校的課程缺乏挑戰。他說他感覺被困在學校裡，他更想出去工作，做一些有趣的事。我的腦中浮現 TRW 工程師鼓勵我的話，或許我能在迪吉多找到一份工作。那年冬天，我們決

定寫我們的第一份正式履歷，是用打字機寫的、不像幾年前在 ISI 公司時用手寫。我在履歷上列出我使用過的電腦以及寫過的重要程式，特別提到自己「與保羅・G・・艾倫合作」成立了一家交通數據分析公司。我沒有很認真地在找工作，但試試看也無妨，或許會發生有趣的事情。我找了一位專門招募電腦產業人才的顧問，寄出了好幾份履歷。我沒有告訴爸媽。

隨著我逐漸認定電腦是未來的職涯方向，我也深信應該要跟保羅一起共事。我們的對話使彼此都更加確信英特爾的晶片與其他微處理器將會顛覆電腦產業，即使別人似乎不認同、或根本不在意這樣的想法。保羅已經想到我們可以創辦什麼樣的公司，我覺得如果我們住得近一點，討論這些事會更方便。

「你要不要休學一段時間，搬過來住，我們就可以一起腦力激盪接下來要做什麼？」那年春天，我向保羅提議。我之前已經跟他提過幾次這個想法：我們可以在波士頓當程式設計師或系統管理員。這些工作不僅能讓我們接觸到電腦、可以有收入，同時有時間投入副業。但是離開大學進入就業市場，是相當冒險的選擇。保羅需要能養活自己的工作。他需要一個穩操勝算的選項。

錯得離譜的難忘教訓

在此同時，我的棒球模擬程式比我預期得複雜許多。我花了好幾個月埋頭寫程式，還是無法模擬一場完整的比賽。我只

能讓部分重要功能順利運作,但齊特漢好心地給了我 A(我覺得艾瑞克·羅伯茲一定幫我在教授面前說了不少好話。)但我還是覺得很愧疚,跟教授吹噓自己的能力,卻沒能完全兌現承諾。

春季學期時,我獲得學校同意,可以選修後半段的操作系統研究所課程,可以拿到學分。授課的兩位教授不僅是哈佛的講師,也在大集團 Honeywell 的電腦部門擔任工程師。對我來說,他們在產業的工作經歷讓他們的可信度更高了。年紀較輕的傑佛瑞·布森(Jeffrey Buzen)已經在優化領域頗有名聲,這個主題也是這門課程的一大重點。

上課第二天,布森教授向我們介紹等候理論(queuing theory)。為了說明這個概念,他比較了兩種演算法,解釋為什麼其中一種演算法比另一種更有效率。我聽著他的解釋,心想:哇,這傢伙完全搞錯了。在這個領域他的確是最頂尖的專家,但我認為自己比他更懂。

「你錯了,」我脫口而出,我認為他的說法很明顯是錯的。教授顯得有些慌張,試圖解釋。但我根本聽不進去。我反駁教授用來評估效率的標準太蠢了,不停地說了一大堆。

教授繼續試著向我解釋。「不,你完全搞錯了,」我又說了一遍。我猛地從椅子上站起來,怒氣沖沖地走出教室。班上其他學生(全都是研究生)會如何看待這個大一新生的暴走行為?想必不會是正面的評價。

我在教室外來回踱步。不斷在腦中回想剛剛發生的一切。過了大約 15 分鐘，我原本的篤定漸漸轉變成恐懼。事實上，錯的是我，而且是大錯特錯。*我到底做了什麼？我怎麼會這麼蠢。*讓這一切更糟糕的是，他是我見過最平易近人的教授，而且他還好心地允許我這個大學生上他的課。

課堂結束後，我回去向教授道歉。他的態度從頭到尾都非常和善。我們後來的關係變得非常好。布森教授與我分享他開發的 Honeywell 作業系統的所有細節。經過這次教訓，我開始意識到自己需要學會傾聽與學習。直到現在，我每次想起那天的無禮行為，仍覺得非常丟臉。如果是我媽，她一定會說，我這個早熟的臭小子。

到迪吉多面試，測試自身實力

那個春天的某一天，我之前應徵的一份工作有了回音。前一年夏天我在邦納維爾認識的迪吉多工程師，幫我聯繫上波士頓附近的迪吉多總部，我得到了面試機會。

從我開始使用迪吉多電腦以來的五年內，這家公司已經發展成為麻州規模最大的企業之一。到了 1974 年春季，迪吉多不斷收購總部周邊的大樓，也同時在那一區興建新的大樓。迪吉多的營運地點遍布麻州東部。隨著公司不斷成長，創辦人歐森組建了一支直升機隊，讓迪吉多工程師可以快速往返公司的各處據點。

沒想到連去面試的求職者也能搭直升機。公司要我搭地鐵到洛根機場（Logan airport）、再搭迪吉多的直升機前往總部時，我驚喜萬分。總部的前身是充滿傳奇色彩的老工廠，在這個之前為南北戰爭編織毛毯的廠房裡，迪吉多建立了改變全球的電腦事業。那是我第一次搭直升機，就算最後沒有得到那份工作，有那樣的體驗也夠酷了。

對於當時的我來說，走進這座工廠，與工程師見面，就像去麥加朝聖一樣。迪吉多鮮明地展示了科技的快速發展，可以催生出新的想法、新的公司、以及全新的電腦應用。當年，我們靠著肯特訂閱的《財富》雜誌與保羅買的電腦雜誌，深入研究迪吉多這家公司，使我們相信只要想法夠好，我們也能成立自己的公司。雖然我仍抱持著孤獨天才的世界觀，在我心中，與保羅共創事業的想法卻愈來愈強烈。我有信心，如果我們決定創業，一切都會水到渠成。

我與 TOPS-10 作業系統的開發者進行面試。TOPS 是我在 C 立方的時候就研究過的軟體，也是我和保羅、瑞克一起在邦納維爾工作時協助修改的系統，我對它瞭若指掌。我在迪吉多遇到的每個人都讓我敬佩不已，也很高興自己長期累積的技能終於有用武之地。我得到了那份工作。

我感到受寵若驚。迪吉多願意考慮雇用我，已經是莫大的善意。但我沒有接受那份工作，我覺得很抱歉。我想當時的我只是需要提升自信。那個下午我回到了我完全能理解的世界，

周圍的人說著我熟悉的語言，而且他們認可我的能力。那年春天，我還得到了其他工作機會，包括在肯塔基州的奇異家電部門擔任程式設計師，但我全都回絕了。

這算是一種自我測試，我能拿到工作機會嗎？我並不是真的需要一份工作。那些工作邀約讓我可以跟朋友炫耀。就好像我證明了自己的價值，即便我最後沒有完成大家都在追求的高等教育。

我從未向父母提起那些面試與工作機會。他們不會理解。事實上，他們要是發現我有可能偏離在哈佛讀大學的軌道，可能會非常震驚。

那個春天的尾聲，我突然腹部劇痛到必須掛急診，醫生診斷我得了潰瘍性結腸炎。我在醫院住了兩週，發燒到41度，大一生活就這樣畫下句點。我對那個診斷有些懷疑，後來再也沒發病過。我想或許是綜合了壓力、疲勞、飲食不正常、以及我對人生方向的焦慮，導致了我在那年春天生了一場大病。

夏天剛到時，我收到了 Honeywell 的消息。之前我應徵了該公司位於沃爾瑟姆（Waltham）的總部辦公室職缺，那裡距離哈佛只有幾公里。面試時，我特別強調工作經歷中「與保羅合作」的部分，明確表示希望能和保羅一起工作。我要求他們同時考慮我們兩人，後來他們也透過電話與保羅面試。收到錄取通知時，我已經決定要繼續留在學校念書。保羅接受了這份工作。

第十章 早熟

那一年8月,保羅借了他父親的普利茅斯轎車,和女友麗塔(Rita)一起開車橫越美國,到波士頓展開了新生活。

第十一章

百搭牌

決定主修數學，為第一台個人電腦寫軟體

用漫不經心來掩飾不安全感

我總是會反覆做一個夢,那個夢直到現在還是會讓我驚醒。夢直接觸碰到關鍵問題:恐慌。我在哈佛,學期都快結束了,但我還沒搞清楚我的課在哪間教室,也不知道該買哪些教科書。我四處徘徊,一直在尋找上課或考試的教室。我感到無比恐懼:沒時間了,我永遠也無法做好。我太晚開始複習了。我肯定會不及格。

這種焦慮可以追溯到我在大二時的上課方式。雖然我在有機化學課的臨時抱佛腳策略並不成功,還造成自己很大的壓力,接下來的整學年我還是採取同樣策略。我不會去聽課,打算用幾週時間密集複習完整個學期的內容。原本該上課的時間,我會去旁聽其他我有興趣的課。我想要盡可能體驗哈佛提供的各種學習機會。我想,上兩倍的課程,就能獲得雙倍的知識。

我選擇應用數學作為主修。前一年與顧問討論時,他曾向我解釋,因為數學可以應用於世界上幾乎所有事物,也就與哈佛課程目錄上的所有課程都有關,等於給了我機會自由探索。顧問讓我明白,應用數學就像一張百搭牌(wild card),選它作為主修,我就可以依自己的興趣學習各式各樣的課。我在就讀哈佛期間多次利用這張百搭牌,選修了語言學、刑事司法系統、經濟學、甚至是英國史。對資訊雜食者來說,這簡直是完美的主修。

我很刻意地展現這種冒險的學習方式。我翹掉一整個學期的組合數學，跑去旁聽有趣的心理學。那兩門課的期末考正好在同一間大講堂舉行，我在心理學課堂上認識的朋友看到我跟一群數學宅坐在一起考試，都以為我搞錯了。你跑錯考場了吧！

我承認這是一種表演：源自於我一直以來的渴望，想讓別人覺得我既聰明又特立獨行。這就和我在湖濱學校買了兩套教科書的想法是一樣的，希望別人以為我不怎麼用功，但私底下我超級努力。我又開始像以前那樣，用漫不經心的態度掩飾內心的不安全感。

儘管我對自己臨時抱佛腳的能力很有信心，到了學期末還是會面臨很沉重的壓力。期末考試前，我會躲進懷德納圖書館（Widener Library），而且幾乎就住在圖書館，直到考試結束。我很享受、也能應付這種緊張，卻也導致我一生都在反覆做那個找不到教室的惡夢。

撲克高手雲集的庫里爾宿舍

大二開學前，我和最要好的朋友山姆、安迪和兩位吉姆，一起報名參加宿舍抽籤，希望能抽中庫里爾宿舍（Currier House）的套房。這棟大學部宿舍有兩個優點：一、這裡是數理科學生的天然棲息地；二、是男女混宿。雖然第二點對我更有吸引力，但我後來都還是跟第一群人混在一起。

我們沒抽中套房，最後我和安迪同住一間房間。我們在很多地方都很合得來，其中一點就是我們都很邋遢。

我漸漸養成與庫里爾宿舍的朋友打撲克的習慣。一週有幾個晚上，我們會在地下室的狹窄房間裡，圍著一張長形會議桌，一直玩到深夜。有些人簡直把撲克當成了第二主修。常來打牌的多半是數理科的學生，隨時都在運用機率與賽局理論玩牌。還有幾個人的財力有辦法迅速提高賭注。

雖然我玩牌的經驗不算多，我覺得自己的牌技在這群人當中應該算中上。但這項優勢沒能維持多久。讓我想起了數學55班上的情況：實力較差的人漸漸退出，所以即使我的技能有提升，與整體相比卻是下降的。但我還是咬牙撐下去。與這些超級聰明的玩家較量，我會不斷進步。那種感覺令人上癮，即使我輸得很慘，有一次甚至要請保羅替我保管支票簿。我彷彿又回到了八歲時在餐桌上和加米玩牌的時光，每次都輸，但每次都有進步。只不過現在是真的在賭錢。

我們的賭注愈來愈大，打牌地點也從庫里爾宿舍轉移到校外髒亂的學生公寓。我表現最好的一次，是一天晚上在校外玩七張高低梭哈。我連續贏了好幾回合，不停把鈔票塞進卡其褲口袋裡，贏的錢太多了，全放在桌上會顯得太招搖。我還暗想，只要把贏來的錢收好，就能克制繼續賭博的欲望。那天晚上我贏了大約 1,800 美元，算是一大筆錢。可是第二天晚上，同一地點、和同一群人打牌，我就把前一晚贏的錢幾乎全輸光

了。那種感覺實在很糟，在那之後我也不太玩牌了。我意識到自己的實力不夠，因為現在留下來的人都是高手中的高手。

選硬體還是軟體？

保羅和他的女朋友麗塔在 8 月時抵達波士頓，在距離哈佛 40 分鐘車程的郊區租了一間公寓。秋季時，保羅已漸漸適應在 Honeywell 的工作，負責撰寫大型程式中的小程式。我的大學朋友聽了很多我的分享，早就知道保羅是傳奇人物。而現實中的保羅也依然保有這種神祕感。那個年代很少有大學生像保羅那樣，休學、搬家到國家另一端當程式設計師。那時候的保羅留鬍子、有女朋友、會彈吉他，而且知識淵博，完全就是超酷的大哥。一如既往地，他是使我進步的驅策者，也是慫恿我學壞的誘惑者。

10 月的一個週末，我和幾個朋友開車去找保羅，順便慶祝麗塔的生日。保羅有一些迷幻藥，我們幾個都吃了，一邊在看《功夫》影集。體貼的麗塔保持清醒、負責看顧大家，以免有人出現脫序情況。晚上，我們到房子周圍的樹林閒逛，在每棵樹前停留很久，欣賞秋天的色彩。有一個人用手指在保羅沾滿露水的汽車後箱蓋上寫了 ∃，這個符號在邏輯學中代表「存在」。他接著又在旁邊寫了另一個：∃∃。那兩個反向的 E 並排在一起，對我們而言，似乎蘊藏著某種深刻的意涵。「比爾，你看這個。存在是存在的，」他說，我們所有人都盯著布

滿露水的後車箱蓋。那句話當下感覺如宇宙般深奧,但藥效褪去之後就只是一句傻話。

那天晚上大家興致最高昂的時刻,我的腦中突然閃過一串奇特的推理。我們可以刪除電腦上的檔案,或清除所有儲存的資料。既然大腦就像是一台精密的電腦,我心想,嘿,說不定我也能命令我的大腦,清空所有記憶?但我馬上開始擔心,萬一真的測試,會不會導致不可逆轉的後果。最好連想都不要再想了!隔天洗澡時,我盤點了自己所有的珍貴記憶,發現記憶都仍完好無缺,鬆了一大口氣。那是我最後幾次服用迷幻藥的經驗。

保羅沒在工作的時候,就泡在雜誌的世界,他的公寓四處散落著《大眾電子學》(*Popular Electronics*)、《*Datamation*》、《Radio-Electronics》雜誌以及各種電腦與零件規格說明書。他經常在哈佛廣場中心的著名地標「外城新聞」(Out of Town News)書報攤上挖寶超過一小時。那年秋天,保羅跟我分享了很多他從愈疊愈高的文件與刊物中得到的創業靈感。

其中多數想法都與微處理器有關。有段時間,保羅想仿照迪吉多的模式創辦一家電腦公司。迪吉多利用新技術降低電腦的價格,大幅擴展了電腦的使用範圍。我們可以用低價的微處理器做到這一點,也許串接多個晶片,打造一台強大又便宜的電腦?或是開發專門供一般消費者使用的分時系統?人們可以撥接我們的電腦,獲取新聞與其他有用的資訊,比如說像食譜

之類的資訊？

我們會在吃披薩時、或是在玻里尼西亞風餐館 Aku Aku 討論那些想法，一聊就是好幾個小時，我會一邊喝著秀蘭鄧波爾（Shirley Temples）無酒精調酒（那時候我 19 歲，已經可以飲酒，但我更喜歡這種給小孩的雞尾酒）。保羅特別熱衷電腦硬體，所以他的想法經常是開發某種創新的電腦。他想出了一個很棒的點子：能將較低價、性能較差的晶片連接在一起，組成性能強大的微處理器的新技術，名為位元劃分電腦（bit-slice computer）。他問：我們能否用這種位元劃分技術撼動 IBM 的地位，就如迪吉多在 10 年前做的那樣？當時領先業界的 IBM System/360 大型主機，售價可達數十萬美元或者更高。我花了一些時間研究 IBM 機器的以及保羅的位元劃分概念。下一次我們晚上外出時，我告訴保羅，我覺得他的想法可行，我們可以做出一台價格 2 萬美元、但性能與 IBM System/360 相當的電腦。

不過，保羅也知道我對電腦硬體的熱情正在逐漸消褪。我覺得投入電腦製造的風險太大了，我們必須採購零件、雇用人力組裝機器，還需要龐大的空間完成這些工作。況且，我們怎麼可能與 IBM 這樣的大企業或是成長快速的日本電子廠商競爭？

這樣的想法主要來自於 Traf-O-Data 在硬體上面臨的挑戰。我們在西雅圖的合夥人保羅‧吉伯特已經花了十八個月，

想盡辦法讓我們的電腦能夠順利運作。這台機器需要精密地協調電子脈衝，在同一時間點精準地到達機器內部的每個儲存晶片，只要延遲一微秒，整個系統就會停擺。只要一根導線的長度出現偏差或是產生微量輻射，都有可能擾亂電子脈衝。這種情況一再發生，永遠有解決不完的故障事件。我擔心我們會因此陷入繁瑣的問題解決流程，成敗全憑運氣，超出我們的掌控。

吉伯特自認是完美主義者，是熱愛數學的工程師，他會固執地鑽研某個問題，直到解決為止。他常說：「我不喜歡認輸。不論要付出多少代價，我一定要解決問題。」（那一年他被女友甩了，因為他花太多時間在處理 Traf-O-Data 的工作。）

我寫完記憶體測試軟體之後，保羅和吉伯特就會開始研究。他們會耐心地盯著示波器做出診斷：「7 號晶片的數據線有問題。」硬體就和那些有機化學模型一樣，存在一定程度的混亂失序，這一點讓我很挫折。我相信我的焦慮也加深了大家的壓力，我一直在思考可以調整哪裡、增加什麼，才能加快處理速度。

在我大一那年的春天，吉伯特終於讓硬體順利運轉。那年夏天，我在我父母家中安排與來自西雅圖金郡（King County）的潛在客戶見面。當天早上，一切都安排妥當，但是等到我要開始展示的時候，設備的磁帶讀取機卻發生故障。我

懇求我媽向來賓保證，前一天晚上機器確實能順利運作。客人很有禮貌地喝完咖啡就離開了。之後我們又花了更多錢，買了相當於勞斯萊斯等級的磁帶讀取器。所有這些努力與花費，只為了一台功能簡單的電腦，它唯一的工作就是把打孔帶上的孔洞轉成圖表。

每次我和保羅吃飯聊天時，總是會回到軟體的話題。軟體和硬體不一樣。軟體不需要電線、不需要工廠。寫軟體只需要腦力與時間，這正是我們擅長的，是我們的獨特之處，也是優勢所在。我們甚至可以成為領先者。

首先，我們需要一台電腦。市面上已經有公司運用英特爾的新技術推出小型電腦。法國有公司推出跟手提行李箱一樣大的電腦「米克拉爾」（Micral），使用英特爾的 8008 晶片（我們的 Traf-O-Data 機器也是用同款晶片），專門用於單一用途的計算，例如公路收費站自動化。另外還有一款需要自己動手組裝的電腦「馬克八號」（Mark-8）。你要先花幾美元買一份組裝說明書，再向不同的供應商採購零件，組裝完成之後，只能祈禱你的電腦能順利運轉。我認為英特爾當年稍早發表的最新一代晶片，已經先進到能驅動一台功能完整的通用電腦，那就是 8080 晶片。身為我們的硬體觀察員，保羅一直密切關注 8080 晶片的最新動態。

「如果有人推出了使用 8080 晶片的電腦，一定要跟我說喔。」我告訴保羅。

與此同時，我答應試試看從哈佛找尋協助。我搜尋專門探討電腦架構的課程，看到了「數位計算機入門」這門課。我不認識授課教授，但我認為他在業界或許有一些人脈。我和那位教授約了時間，當面說明我的想法。我告訴他，我對於微處理器的發展很感興趣，想嘗試為微處理器開發軟體，他是否能協助聯繫英特爾或是其他公司，詢問他們是否願意捐贈晶片用於研究？教授問我是不是為了某一堂課的作業，才想要做這件事。我回答不是，這只是我個人有興趣的領域。教授回覆，他恐怕幫不了我。

　　幾天後，我又試了一次。我回到教授的辦公室，交了一份詳細的硬體計畫書以及一封徵求捐贈晶片的信件範本，教授只需在信上簽名，就可以把這封信寄給硬體製造商。後來我才知道，他根本沒看那份計畫書，他跟我的導師說他「沒有時間、也沒意願幫忙，因為這與課程無關。」

　　當時我和別人談到這個神奇的晶片時，多數人都抱持懷疑的態度。今天，如果我試著站在他們的立場來思考，我可以理解為何如此。當時電腦科學領域的學者與多數電腦業者思維，都是以大型主機與迷你電腦為主，相較之下微型電腦不過是無足輕重的「遠親」，只是玩具而已。國防部不可能出錢讓哈佛研究玩具。1974 年的微型電腦根本無法引導飛彈或是操控潛水艇。然而，當時的我對那些人的評價並沒有像現在一樣和善：這些人對未來完全缺乏想像力。

11月下旬，保羅的女友麗塔搬回西雅圖了，保羅則搬進劍橋市的社會住宅，搭火車很快就可以到我的學校。他住的社區叫遠景塔（Range Towers），保羅都戲稱它是「磨難塔」（The Grindge）。這個綽號貼切地反映了這棟公寓令人窒息的狀態：厚重的鐵門，以及四處亂竄的蟑螂。也很符合保羅當時的心境。他深愛的女朋友搬回到美國的另一端，他很孤單，對工作也感到厭倦。一週有好幾個晚上與週末大部分的時間，不是他來庫里爾宿舍找我，就是我去磨難塔找他，我們一起打發時間，討論我們的計畫。

我們一直維持這樣的生活，直到1974年12月一個飄雪的下午，我坐在宿舍裡看書，接下來幾週的行程都已經安排好了。我要參加普特南數學競賽、上完當年度的課，再飛回西雅圖度過假期。我很確定我母親一定幫我安排了超級繁忙的行程，假日派對、晚餐聚會、與朋友和親戚交換禮物等活動，就像我大一那年的假期一樣。她已經問過我想要什麼聖誕禮物：《披頭四：1967—1970》專輯、山塔那合唱團（Santana）的《歡迎光臨》（Welcome）專輯，以及保羅推薦的一本科幻小說。我計畫在1月6日、考前複習期開始前返回學校，瘋狂備戰期末考。

突然，保羅衝進我的房間。他從「外城新聞」書報攤一路跑過來，上氣不接下氣，靴子上還沾著融雪。

「還記得你跟我說過什麼嗎？」他說。

「什麼？」

「你說，『如果有人推出了使用 8080 晶片的電腦，一定要告訴我。』真的出現了，你看看，」他說，一邊把一本雜誌塞到我手裡。那是 1975 年 1 月號的《大眾電子學》，封面上寫著：「重大突破！全球第一個可與商業模型匹敵的微型電腦套件。」

我在椅子上往後靠，開始讀那篇文章，標題寫著：「史上最強大的微型電腦，價格不到 400 美元。」標題下的文字方框中列舉了令人印象深刻的規格：搭載 8 位元英特爾 8080 處理器，記憶體最高可達 64K，並具備 78 條機器指令，幾乎是 Traf-O-Data 使用的 8008 晶片的兩倍。

保羅站在旁邊，默默看著我全神貫注地讀完六頁的文章與電路圖表。我感覺得到自己的身體在前後搖擺。

這台機器很小，差不多和我面前的打字機一樣大。外形看起來很像是安裝了撥動開關與指示燈的立體聲接收器，沒有鍵盤、沒有螢幕，也沒有連接電傳打字機的接口。文章提到它可以擴充，只要外接上述的設備，就是一台功能齊全的電腦。文章第一段點明：「人人家中都有電腦的時代來臨，科幻作家最喜愛的寫作主題終於成真！這都要歸功於《大眾電子學》與 MITS 公司推出的 Altair 8800，這是一台功能完善的電腦，能與市場上精密的迷你電腦相媲美，而且不需要花費數千美元。」

作者還提到，低於 400 美元的價格，差不多就是一台彩色電視機的價錢。

三年來，保羅和我一直在討論，如果電腦搭載了以指數型飛躍進步的新晶片技術，將會如何改變世界。我抬頭看著保羅。「這一切正在發生，我們卻沒有參與其中，」他說。

為 Altair 開發軟體程式

人人家中都有電腦的時代來臨？這是真的嗎？

以 397 美元的價格購買一台 Altair 8800，你會拿到未組裝的版本，也就是包含有數百個零件的套件。當你完成焊接、栓緊所有零件之後，接下來就要祈禱機器能正常運作。電腦的核心是運用二進制數學，也就是透過 1 與 0 執行運算。從智慧型手機到超級電腦，現今安裝在所有機器內部的超強大處理器仍然是用二進制。只不過在你跟原始的二進制計算之間，還隔著許多層精密的軟體系統，所以我們不需要用 1 與 0 來思考也能開發軟體，並且讓軟體運作。

Altair 電腦的二進制特徵非常明顯。如果沒有連接電傳打字機或是其他的程式輸入方式，只能透過電腦前面的十六個開關（總共有二十五個開關）進行操作。這些開關各有兩個狀態：向上代表 1，向下代表 0。每個 1 與 0 就代表一個位元。8080 晶片是 8 位元處理器，能將八個位元組合成一個位元組的資訊。

要將一個位元組的資訊輸入 Altair，至少要撥動九次開關。即使是執行最簡單的程式，比如計算 2 + 2，也需要撥動數十次開關。如果要執行有實際用途的複雜任務，那至少要撥動幾百次開關。Altair 在呈現運算結果時也同樣使用二進制，透過一排 LED（發光二極體）紅色小燈來顯示。

然而，就算是組裝完成的 Altair 8800，也很難稱得上是一台適合家庭使用的電腦。

但我相信除了保羅和我之外，還會有很多人想買 Altair 電腦。MITS 公司銷售的一整套電腦套件，價格幾乎與英特爾的 8080 處理器一樣。對於狂熱的電腦愛好者來說，這就是夢寐以求的聖杯。更重要的是，保羅和我都覺得一定會衍生出許多重要的商業機會與工程應用，因為就算加上其他外接設備，整體價格還是十分便宜。

《大眾電子學》的報導幾乎沒有提到軟體，大家如果要在 Altair 上輕鬆寫軟體、而不用靠撥動那些開關，就需要一台電傳打字機終端機，以及專為 8080 處理器開發的 BASIC 或 FORTRAN 程式語言。但是文章作者並沒有提到，是否已經有可用的程式語言。

我們打賭他們還沒有為這台電腦開發程式語言。

但有一個大問題。我們既沒有 Altair 8800，也沒有這台新機器的大腦、英特爾 8080 晶片，要怎麼測試我們的程式？

保羅早就想到了這個問題。他在聖誕假期中打電話給我，

告訴我一個好消息。他在前一年就想到可以利用 PDP-10 模擬英特爾 8008 晶片，為 Traf-O-Data 的機器寫程式。實際上等於用價值 50 萬美元的主機，去模仿價值 360 美元的微處理器。現在，他仔細研究 PDP-10 的使用手冊後，找到方法可以用 PDP-10 模擬更強大的英特爾 8080 晶片。有了這個模擬器，我們就可以把哈佛的 PDP-10 電腦當作 Altair 來使用。

找到突破口之後，我們擬定了一項計畫。首先，我們要取得英特爾 8080 晶片的參考手冊，學習它的指令集。我會用 8080 處理器的指令集，以組合語言設計並撰寫 BASIC 程式。BASIC 從設計之初就著眼於讓新手也能輕鬆學會，因此相較於更進階的 FORTRAN 等程式語言，對 Altair 玩家來說會更有吸引力。我有信心很快就能寫出 BASIC 程式，也許不是最終完整版，但絕對是可執行、有用的版本。雖然我之前沒完成在湖濱學校為 PDP-8 撰寫的 BASIC 程式，那個專案還是對這次的計畫有幫助。與此同時，保羅會開發一個模擬程式，讓 PDP-10 可以模擬 8080，執行我寫的程式。他還會調整某些軟體工具，讓它們在 PDP 上運作時可以監控 8080 程式的運作情況，並在程式出現問題時除錯。

我們從沒聽說過 Altair 的製造商 MITS，主要生產火箭的電子設備與計算機。《大眾電子學》的報導有寫這家公司位於新墨西哥州阿布奎基（Albuquerque）的地址與電話。1 月初，保羅簡短寫了一封信給 MITS，宣稱我們已經開發出可以在

英特爾 8080 晶片上運作的 BASIC 程式。保羅在信中表示，我們的售價是每份 50 美元，並建議 MITS 可以用 75 至 100 美元的價格賣給電腦玩家。保羅使用 Traf-O-Data 的信紙印出這封信，並署名「總裁　保羅・艾倫」。

我們等了好幾週，都沒得到對方的回應，決定主動打電話詢問。

我們擔心別人如果知道我們只是大學生跟在 Honeywell 工作的初級程式設計師，就不會認真看待我們。這也是為什麼保羅會在信中表明，我們已經開發出可立即使用的 BASIC 版本。我希望由保羅來聯繫對方，他年紀比我大，聲音聽起來更穩重，或許更適合擔任我們即將成立的新公司對外發言人。而且 1 月寄出的那封信是由他署名的。但是保羅認為應該由我來打電話，他覺得我的應變能力比較強，商業談判的經驗也比較豐富。

最後我們找到了折衷辦法。2 月的一天傍晚，我在宿舍撥通了《大眾電子學》雜誌上刊登的電話號碼。

接電話的女士把電話轉給 MITS 的總裁艾德・羅勃茲（Ed Roberts），我心想：如果我可以直接和總裁通話，這家公司的規模能有多大？

我自稱是波士頓 Traf-O-Data 公司的保羅・艾倫。我解釋，我們快要完成專為 Altair 開發的 BASIC 版本，希望有機會向他們展示。

羅勃茲告訴我，他已經接到很多人的電話，聲稱他們也正在開發相同的軟體。他說，誰最先開發出可用的版本，誰就能拿到訂單。他接著補充，Altair 還沒準備好。他說，還需要一個月左右的時間，Altair 才有可能執行我們開發的 BASIC 版本。幾個月後我們才知道，儘管第一篇雜誌報導給予 Altair 相當正面的評價，那時候的 Altair 還只是很粗糙的原型機，是一台還沒有完成的電腦。

在個人電腦革命的黎明時刻，我們都是在懵懂之中摸索著前進。

史上第一個為個人電腦寫的軟體

和大多數 BASIC 版本一樣，我們為 Altair 開發的是一種稱為直譯器（interpreter）的特殊語言。就像美中兩國元首會晤時，翻譯人員會在旁逐句翻譯，BASIC 直譯器會逐行將程式轉化為電腦能夠理解的指令。直譯器的一個優點是它占用的記憶體空間比其他程式更少。在那個年代，電腦的記憶體空間非常珍貴，因為價格非常昂貴。Altair 可以插入額外的記憶卡，增加隨機存取記憶體（RAM）容量，最多可擴充到 64K，但這些擴充記憶卡要價不菲：一張 4K 擴充記憶卡售價 338 美元。

所以最大的挑戰就是要想辦法讓 BASIC 占用最少的記憶體空間，否則使用者就沒有多餘的記憶體開發 BASIC 程式以

及儲存這些程式需要用到的數據。

我想起了三年半前的那次健行，我在積雪的奧林匹克山區走著，同時在腦中寫著電腦程式。那時候的我能寫出那麼精簡、高效率的程式，證明了我們真的有辦法讓整個 BASIC 程式占用的記憶體空間少於 4K，甚至還有一些剩餘空間。關鍵就是我在那次健行設計的公式求值器程式。我只需要把它從我的大腦下載下來。我從那個部分開始，在黃色筆記本上寫下程式。這個程式非常精簡扼要。現在，如果我能用相同的方法寫出剩下的程式，我們就成功了。

我們最憂慮的是時間。我們覺得必須在幾週內完成程式、盡快交給 MITS 公司，否則就會被其他人搶先。但這個工作量對我們兩個人來說太大了。我們一個是全職工作者，另一個是課表全滿的學生。我們特別擔心程式中的一個部分：浮點數學（floating-point math），主要用於處理異常龐大的數值（例如次方）、異常小的數值（例如小數），以及像是 π（3.14159）這樣的特殊數值。寫這段程式並不難，但需要大量繁瑣的工作。為了趕上我們自己設定的期限，我們可以先跳過這個部分，但如此一來我們的 BASIC 版本會嚴重受限。沒有浮點數學，就無法製作像樣的登月冒險遊戲。

2月初的一個晚上，保羅和我在庫里爾宿舍餐廳，一邊吃飯一邊討論我們的浮點難題。這時，坐在對面的一個學生突然打斷我們：「我做過那個。」顯然他一直在聽我們的討

論。他是大一新生,主修數學,名叫蒙特‧大衛杜夫(Monte Davidoff)。我問了他幾個問題,測試他是否真的懂這方面的知識。他真的懂,而且表現得很有自信。我邀請他稍後到我的宿舍房間繼續聊。結果那天晚上我們聊了好幾個小時。蒙特告訴我,他在威斯康辛州上高中時就開始愛上電腦。他用過很多種程式語言與不同的電腦,累積了豐富的經驗,甚至曾受雇為一家大型汽車電池製造商設計程式。關於我們需要的浮點運算,他也提出了很不錯的想法,所以我向他介紹我們的BASIC直譯器開發工作。他很有興趣加入。

從 2 月第二週開始,我如果不是斜躺在宿舍的紅色椅子上、在黃色筆記本上寫程式碼,就是在艾肯實驗室,想辦法讓程式運作。我白天睡覺、都沒去上課,傍晚就和蒙特在宿舍碰面,一起去艾肯實驗室。保羅下班後就直奔實驗室。蒙特和保羅會用我的帳號 4114,我們各占用一台終端機徹夜寫程式。

我負責程式的主要部分,蒙特則處理各種數學計算的程式,包括加減乘除與指數運算,保羅負責調整他開發的 8080 模擬器(這個模擬器程式讓我們能用 PDP-10 電腦去模擬一台搭載 8080 處理器的電腦)。隨著模擬器愈來愈強大,我們寫程式的速度也愈來愈快。我可以將手寫的程式輸入 PDP-10,大型主機就會準確地模擬 Altair 的運作情況。當我的 Altair 程式當機時,我可以利用 PDP-10 的強大除錯工具,迅速找出我在哪裡犯了錯。我們相信一定沒有人想到這個巧妙利用 PDP-10

的方法。與其他可能正在為 Altair 開發軟體的人相比，我們更有優勢。

艾肯實驗室的使用順序如果有分等級，齊特漢教授的博士班學生與進行正式研究的人可以最優先使用電腦。我不想打擾到任何人的工作，所以我們大部分都在晚上工作，這時候電腦最沒有人使用，實驗裡也通常空無一人，我們有完整的電腦使用時間。除了去自助餐廳、偶爾看電影放鬆之外，我清醒的時間大部分都待在艾肯實驗室。室內溫度一直維持在攝氏十多度，非常有利於 PDP-10 散熱，但是對於長時間坐在實驗裡的人來說實在太冷了。我會穿著冬季外套寫程式，真的睏到不行時，就直接趴在終端機前睡著，或是蜷縮在靠近電腦散熱處的地板上睡覺。

有了保羅的模擬器與開發工具，我們的工作進展得相當快速。我寫完程式之後就可以將程式輸入 PDP-10，發現問題時可以立刻停下來，想辦法解決問題，再繼續往下。我人生的大部分時間，都沉浸在這種近乎魔幻的奇妙反饋循環中：**寫程式、跑程式、修改程式**。每當我處於這種狀態，時間就彷彿靜止了一般。我吃完晚餐後，就一直坐在終端機前，等到再次抬起頭才驚覺已經凌晨 2 點了。

工作期間，我發現我們缺少了某些資訊，無法寫連接電傳打字機與 Altair 的程式，對想用 BASIC 寫程式的人來說這是必要的設定。我再次打電話給 MITS 公司，與設計 Altair 電腦

的工程師討論。我詢問對方,電腦是如何輸入與輸出字元,我猜想或許是問得夠仔細,讓他留下了印象,他說:「你們是第一個問這個問題的人。」除了他提供的資訊之外,那次談話也透露了一個訊息:在所有為 MITS 電腦開發 BASIC 直譯器的人之中,我們暫時領先。

經過約六週瘋狂寫程式的日子,我們的程式在 3 月時終於能順利運作,我們認為可以向 MITS 展示了。我們還需要增加很多新功能、需要改良很多地方,但是這些問題都可以等到以後再處理。

保羅打電話給 MITS,與他們的總裁羅勃茲談話(對方沒有質疑為何保羅的聲音聽起來比第一次通話時更低沉),然後敲定了會面時間。我幫保羅買了一張機票。

保羅出發的前一天晚上,我忽然想到,我們在解讀 8080 的使用手冊時只要出現任何一個小錯誤,就有可能毀掉一切。我們只有透過保羅開發的模擬器,在 PDP-10 上執行過這個程式。程式從未在真正的 Altair 電腦上執行,而是在一台假裝成 Altair 的電腦上執行。如果保羅的模擬器有任何出錯,我們的展示就會徹底失敗。所以我趁保羅在睡覺時,熬夜檢查英特爾使用手冊裡的每一條指令,逐一與模擬器對照,確認沒有錯誤。檢查完畢後,我把程式儲存在紙帶上,送到了保羅手上。我看著他把那卷紙帶放進他的隨身行李。

結果我們真的漏掉了一樣東西。上飛機之後,保羅驚覺我

們少寫了一小段程式：開機載入程式（bootstrap loader），作用是指示 Altair 將我們的程式載入記憶體、並啟動它。保羅立刻拿出筆記本連忙開始寫遺漏的程式。

隔天，MITS 公司準備了一台配備 6K 記憶體與紙帶讀取機的機器。保羅輸入他寫好的開機載入程式，整個過程花了一些時間：因為輸入每個位元組的資訊都必須撥動八個數據開關。接著保羅啟動紙帶讀取機。我們的 BASIC 程式花了約 7 分鐘才輸入到電腦裡。最後，電腦終於讀取完程式，開始執行……沒有任何反應。程式無法啟動。

他們又試了一次。這時終端機上顯示：

MEMORY SIZE?（記憶體大小？）

保羅輸入了幾行 BASIC 命令，展示我們最重要的傑作。

PRINT 2+2
4
OK

就這樣，史上第一個為「第一台個人電腦」開發的軟體程式成功運作了。

第十二章

絕對的正直

差點被退學的危機,新事業有了新名字

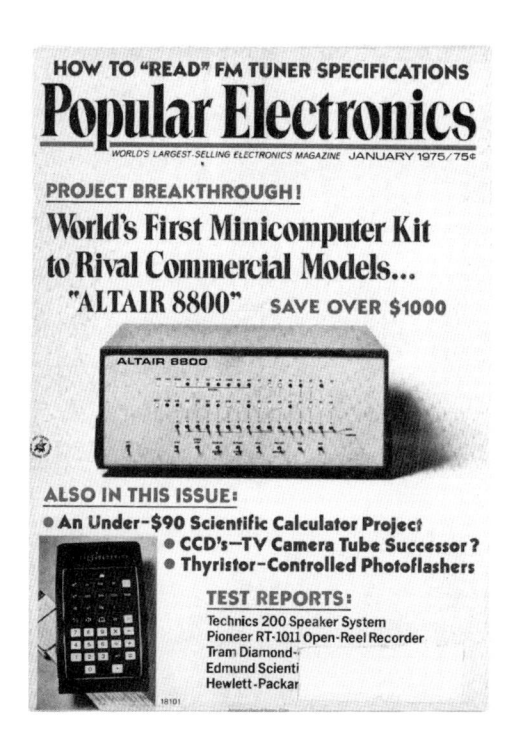

我們有了新的事業，新的名字

「我不知道誰比較驚訝，是我，還是他們！」保羅一邊喝水果潘趣酒一邊說，我們在 Aku Aku 餐館慶祝。他回憶，當我們的軟體在他們的電腦上完成 2+2 運算時，MITS 的總裁目瞪口呆地說：「天啊，它真的印出 4。」

保羅也覺得很不可思議，我們設計的小程式在第一次展示就能完美運作。同時，總裁羅勃茲與 MITS 首席工程師比爾・葉慈（Bill Yates）看到他們的機器真的能運轉，也覺得非常驚訝。

完成簡單的加法測試之後，保羅想展示更多功能，他自己也想看看我們的程式還能做什麼。葉慈遞給他一本《101 個 BASIC 電腦遊戲》（*101 BASIC Computer Games*）。保羅輸入了《月球冒險》（Lunar Lander）遊戲的程式碼，我們在湖濱學校就是透過這種以文字為主的簡單遊戲來練習寫程式。玩家控制安裝在阿波羅登月小艇上的反推進火箭，目標是在燃料耗盡之前，減緩自由落體速度，讓登月小艇平穩著陸在月球表面。那一天是這款遊戲首次在 Altair 電腦上運作。

羅勃茲欣喜若狂，邀請保羅到他的辦公室繼續談生意。

透過羅勃茲的說明，保羅對 MITS 有了更深入的了解。我們看到關於 Altair 的報導之前完全沒聽過這家公司。MITS 的規模很小，員工人數不到 20 人。羅勃茲在 1960 年代末創辦公司，一開始是製作模型飛機發射器，後來轉向生產電子計算機

套件。隨著晶片的性能提升與成本降低，MITS 與其他許多公司紛紛進入市場，推出可透過程式控制的計算機套件。羅勃茲決定賭一把，透過借貸為計算機業務籌資，但由於市場競爭激烈，再加上美國經濟低迷，公司出現嚴重虧損。1974 年春天，英特爾發表 8080 晶片時，MITS 的狀況很危急，公司瀕臨破產邊緣，羅勃茲視這款晶片為救星。他直覺地認為便宜又實用的組裝電腦會有市場，於是借了更多錢成立 Altair 電腦的事業。

這則故事就是典型的商業豪賭。羅勃茲聽說《大眾電子學》雜誌想在 1 月號重點介紹一款電腦。他在沒有原型機、甚至沒有具體計畫之下，就主動向雜誌推薦自家產品。他向編輯保證，一定會為這篇報導準備好一台便宜的電腦。雜誌答應了。當時羅勃茲的確有一個優勢：英特爾承諾 MITS，只要購買一定數量的晶片就會提供折扣，最終的價格從定價的 375 美元降至 75 美元。這就是為什麼 MITS 能以相當於電腦處理器本身的價格銷售 Altair 電腦。

MITS 製作了一台原型機寄送到位在紐約的《大眾電子學》雜誌。但那台電腦從未送達（而且再也找不到了）。1 月號雜誌刊登的只是個空箱子，是 MITS 為了拍照臨時組裝的模型。如果我沒記錯的話，前面的面板還是用紙板做的。

三個月之後的現在，已經有數百人寄來 400 美元支票要購買 Altair 電腦。MITS 完全無法應付大量湧入的訂單。保羅形容，MITS 的辦公室已經變成生產線，員工忙著將 Altair 的零

件與外部機殼裝箱出貨。很顯然地，銷量遠遠超過羅勃茲原先預測的幾百台。更不用說，羅勃茲這次的賭注成功了：他的公司將起死回生。

羅勃茲在他的辦公室對保羅說，他希望能立即取得我們的 BASIC 直譯器使用權利。我們的軟體可以讓 Altair 成為一台有實際用處的電腦。羅勃茲知道這會提升 Altair 的市場需求。「他說具體條件可以日後再談，」保羅告訴我。

晚餐時，我和保羅討論合約應該包含哪些內容，以及我們應該收取多少費用。

我們需要為我們新的合夥關係取名。在那之前，保羅和我對外都自稱是 Traf-O-Data 公司，商務信件也都使用印有 Traf-O-Data 名稱的信紙。但我們想把交通流量分析的工作，與我們新的微型電腦業務分開。「艾倫與蓋茲顧問公司」（Allen & Gates Consulting）這個名稱雖然聽起來很合理，但我擔心別人會誤以為我們是律師事務所。而且這個名字聽起來規模小、給人手工製的印象，我們想要更有權威感的名字，就如同我們的典範：迪吉多。那個名字聽起來很有份量，感覺就是一家大企業。有了那樣的名字，人們或許會認真看待我們，雖然這對於邊摸索邊前進的兩個年輕人來說似乎是非常遠大的目標。後來，保羅想到了：既然我們是為微型電腦開發軟體，要不要結合這兩個單字？我也同意。於是，我們有了自己的名字：Micro-Soft。

第十二章 絕對的正直

那段時間，我在艾肯實驗室遇到了艾瑞克·羅伯茲（與MITS總裁愛德華·羅勃茲沒有親戚關係），我告訴他保羅去MITS的事情，以及我們可能有機會銷售自己開發的軟體。他以一貫的溫和語調，友善地提醒我：別再使用哈佛的PDP-10電腦。他解釋，這台PDP-10是國防部的DARPA出資用於研究的電腦，不應該用來開發商業產品。那時我已經聽說了這台電腦是如何在深夜被軍用卡車運送到哈佛，也知道是政府在負擔費用。但我並不知道任何關於這台電腦的使用規定。我告訴他，我不會再使用，而且會把我們的程式從實驗室的電腦上移出。艾瑞克意味深長地補充，實驗室的新管理員已經知道我是實驗室電腦的重度使用者，他對此非常不滿，艾瑞克說。

那年稍早，學校終於找到人填補空缺已久的實驗室副主任。這個職位的主要職責是管理艾肯實驗室的日常營運，以及控管DARPA的資金如何被運用。齊特漢教授依舊是實驗室主任，新來的副主任是他的直屬部下，但是實驗室的所有人都很清楚，未來實驗室的管理一定會更嚴格，也會有更多規定。（後來齊特漢把這一層級的監督人員稱為「算帳的人」。）

艾瑞克提醒我別再用Harv-10電腦之後過了幾天，我開保羅的車到波士頓郊區的分時系統公司「第一資料」（First Data）開設帳號，然後把我們的程式安裝到他們的PDP-10電腦上。我從那時候開始就再也沒有用艾肯實驗室的電腦處理我們的專案。我跟艾瑞克再次碰面時，我問他是否應該去找新的

副主任說明我的情況。艾瑞克要我不用擔心，他會告訴副主任我已經沒有再用實驗室的電腦。

我們持續與 MITS 來回討論如何改進我們的 BASIC，在那段期間，羅勃茲向保羅提出了工作邀請。這對我們來說是再完美不過了。我們其中一人直接與 MITS 合作，負責支援 BASIC 以及新版本的開發，我們覺得會是個好主意。到了 4 月，保羅辭去 Honeywell 的工作，打包行李前往新墨西哥州。短短幾天內，他就成為 MITS 唯一的軟體工程師，獲得了顯赫的頭銜：軟體開發總監。

隨著 Altair 訂單不斷湧入，MITS 決定發行一份電子報，向人數還不多、但快速成長中的使用者社群分享電腦的使用技巧與資訊。第一期《電腦筆記》（*Computer Notes*）於 4 月第二週正式發報。保羅打電話給我，他讀了第一篇文章，標題是：「Altair BASIC——已經可以運作」。已經可以運作？技術上來說確實如此，但是我們的軟體還沒有準備好大量發行。文章中列出了九行程式碼，可以計算出為期十八個月、金額 650 美元、年利率 6.5％ 的貸款利息、月付款以及還款總額。「在新的電腦革命中有兩大關鍵，」文章寫道，「一是電腦的價格必須低廉，二是電腦必須易懂好操作。有了 Altair 8800 與 Altair BASIC，這兩個條件都滿足了。」

讀到這篇文章的人不會知道，我們只有一個初級版的 4K 軟體，還需要花幾個月的時間進行測試。而且我們還沒有簽

約，我們才剛找好律師，開始草擬協議內容。在這篇文章刊登之前，只有我們少數幾個人知道我們開發的 BASIC。但是現在有好幾千人都知道了。

差點面臨退學危機的艾肯事件

「明天早上 10 點到我辦公室，我在 20 號室。」我在宿舍接到電話，聽到副主任這麼說道。那時候是考前複習期，確切日期是 5 月 14 日，我正在準備期末考。我馬上就知道自己被叫去艾肯實驗室是為了使用電腦的事情。

第二天早上，副主任開門見山地質問我。為什麼我在中心待這麼長的時間？我在做什麼專案？我帶了哪些人進入實驗室？

我告訴他，我和保羅、蒙特一起合作為微型電腦寫 BASIC。我也說了保羅去了 MITS，以及我們正在談合約的事情。對於經常使用實驗室電腦的人來說，我說的這些都不是新聞。我在實驗室從來沒有隱瞞我們正在做的事情。

他似乎對許多問題都已經有了答案。實驗室最近引進了一套核算程式，可以追蹤每個人使用電腦的時間。他把一張紙放在我面前，上面顯示使用者 4114，也就是我的帳號使用紀錄。我在 2 月份總共使用了 711 個小時，3 月份則是 674 個小時。因為一個月根本沒有那麼多個小時，他覺得這個數字實在沒有道理。他計算後難以置信地發現，711 個小時表示比爾・

蓋茲和他的「合夥人」（他這樣稱呼保羅和蒙特）在 2 月的 28 天裡平均每天使用 8.5 小時。這怎麼可能？我不確定他是否知道，離開終端機幾個小時，讓電腦自行執行任務，是很常見的做法。有時我們會同時使用兩到三台終端機，所以我猜被記錄的時間會是我們實際在實驗室時間的二倍、甚至是三倍。

也許使用時數還不是重點。另一個問題是我帶了沒有獲得許可的人（保羅和蒙特）進入實驗室，而且我們用實驗室電腦做商業專案。副主任解釋，在 DARPA 的合約下從事商業活動會引起政府關注。

他隔著辦公桌看著我，我相信在他眼裡，我是沒紀律的大學生，本來就不該被允許使用他的中心，竟然還偷偷帶兩個同夥溜進哈佛的管制電腦室，三人在深夜時避開人群，開發神祕的產品。在這種情況下，如果國防部的將軍們發現了這個計畫，他們會終止資助哈佛先進的艾肯計算實驗室。

我覺得這個結論太牽強了。而且我想我當時有表現出來。我看起來沒有悔意，似乎讓他極度不滿。我最近從哈佛檔案找到的筆記中，副主任寫道：「他（指的是我）不理解自己行為的嚴重後果，我向他說明之後，他似乎完全不當一回事。」關於我的檔案中還保留了其他筆記，包括他曾評價我是「狂妄的臭小子」。

或許我真的是如此。那時的我還不太擅長控制自己的情緒反應。他現在管理的這個實驗室，在之前沒有任何規則，也沒

有嚴格的監督制度。許多使用者都在做自己的副業，有人用實驗室電腦兼差幫其他學生寫報告和畢業論文來賺錢。我們使用電腦時並沒有妨礙其他人。如果我們沒有使用，這台機器也只是閒置在那裡。而且我們並沒有受雇於MITS開發軟體。我們只是想碰碰運氣，如果我們能開發出這個程式，這家公司或許會購買我們的程式。

我不確定更明顯地表現出悔意是否真的有幫助，看來他似乎已經做出決定了。

「我要提醒你，你現在說的話，旁邊都有證人，」他說，示意他的行政助理就坐在附近的辦公桌。我心想，證人？我惹上什麼法律麻煩了嗎？我說，我願意為使用電腦的時間付費，並補充我會把在哈佛寫的BASIC版本放在公共網域，任何人都可以使用。

他要我把艾肯實驗室的鑰匙交回去，然後當著我的面註銷我的帳號。他說他會立即通報哈佛的行政委員會。

行政委員會？這代表校長、由行政人員與教職員組成的委員會，將要審理我的案件。兩天後我才知道事態嚴重。我的高年級輔導員告訴我，在最壞的情況下，委員會可能會開除我的哈佛學籍。如果他們認為我的行為情節特別重大，就會清除我的所有紀錄，意思是抹除我曾在這所大學就讀的所有痕跡。我倒抽了一口氣。

當時我不常打電話給父母，大約每三週才會打一次電話。

我也很少和他們談到我和保羅開發 BASIC 的事情。

現在,一通電話,他們知道了所有事情。

一如既往,父親問了幾個關鍵問題:實驗室的規定是否有以書面載明、並且告知過你?學校如何區別你使用電腦,以及其他教授使用大學資源從事商業活動之間的差異?你看得到其他人的證詞嗎?後來他打電話給學校,問了類似的問題。我父親從來不是那種會扮黑臉的人,但以他謹慎、邏輯、簡要、不愛閒聊的風格,一樣會傳達出壓迫感。我覺得不論是誰接了他的電話,都會感受到他正在密切關注這件事。不論他是否有說出口,我相信他想傳達的訊息是:無論你們最後做出什麼裁決,過程都必須符合公平原則。

這麼多年過去,我已不記得那次的艾肯事件,我父母到底介入了多少。我只記得父親飛到波士頓來看我,評估事情的嚴重性。我知道他擔心哈佛會不公平地處置我。我也知道哈佛有可能開除我這件事,讓我媽媽非常憂慮。她很擔心我。

我知道她一定也很擔心這件事會影響到我們家在社區的名聲。那時候,她已經做到多年來努力追求的成就:成為華盛頓州大型銀行的首位女性總監,成為金郡聯合勸募的首位女主席(後來成為美國聯合勸募的董事長)。那年她被任命為華盛頓大學校務委員會的委員,同時也是兒童醫院與西雅圖基金會的董事會成員。克莉絲蒂剛開始從事會計工作,走上了我母親那一代的女性幾乎不可能踏上的職涯道路。克莉絲蒂錄取進入德

勤（Deloitte）工作時，全家都感到非常驕傲。莉比當時已經10歲，在三個運動項目都表現非常出色（我媽終於有一個孩子遺傳到她的運動天分！）再加上兒子在哈佛讀書、學業成績優異，她花了二十年、甚至更長時間追求的成功家庭願景終於實現了。

如果兒子輟學，她一定會受到很大的打擊。如果被學校開除，那就更糟了。

我真實感受到這次事件的沉重壓力，在一個漫長的夜裡，我坐在打字機前寫了一封信給行政委員會。

那份文件（我到現在都還保留著副本）中，我為自己的行為辯護，表達了歉意，批評了艾肯實驗室，說明了我們的專案執行經過，並大略地描述了一個產業即將發生重大變革。我寫道，1974年微處理器的發明代表著電腦突然能夠「變得比火柴盒還要小，」最後我寫道，「保羅‧艾倫深信微型電腦將是未來的潮流，」並表達了我們非常想參與這股浪潮。

我對於蒙特無辜被捲入這次事件感到非常愧疚，委員會也在考慮對他採取紀律處分。他只是大一新生，大學生活才剛開始。這個專案已經影響到他的成績。我在信中強調專案負責人是我，是我帶蒙特進實驗室，這一切都是我的疏失，我強烈認為蒙特應該徹底免責。

寫完後，我在電話上把十頁的內容唸給我父母聽，父親建議我應該表達出更願意和解的態度。我根據父親的建議，在結

尾寫：「我為我的過錯道歉。我認知到我在銷售 BASIC 這件事情上嚴重誤判。我相信我能繼續為哈佛這個社群做出貢獻，懇請你們不要在我的檔案上留下汙點，這將會妨礙我未來的發展。」

5 月 19 日，我又坐在打字機前，這次是寫信給保羅。「今天晚上我一直在想 Micro-Soft 的事情。我覺得應該把一些想法寫下來寄給你看。」我列出了與 MITS 談判的重點，並大略說明新產品的技術細節。這封長三頁的信真實地反映了一個菜鳥創業家的內在思考過程，苦思各種細節：我們如何分配利潤、控管支出，以及如何支付律師費用、公寓租金，以及我們兩人和一位湖濱學校朋友（也是員工）的生活費，還要避免資金短缺。如果保羅或是我「相當於實質退出公司（例如決定重返校園），」我已經想好了要如何分配未來合約創造的收入，「我覺得這不成問題……反正到時候我們已經是擁有幾十萬的富翁了。」我預測。

一週後，我在宿舍準備期末考時，我的高年級輔導員打電話給我。行政委員會剛剛開會討論我的案件。他們投票決定針對我未經授權、擅自使用實驗室的不當行為給予「告誡」。這是什麼意思？他說委員會對我的處置比他預期的輕微。等於沒有任何懲罰。

針對我被質疑的三個問題：使用電腦的時間、開發商業產品、帶領未經授權的人進入實驗室，最後他們認定我只違反了

第三點。我帶保羅和蒙特進入艾肯實驗室之前應該要先取得許可。值得慶幸的是,他們決定「撤銷」對蒙特的指控,以哈佛的術語來說,意思就是完全免除所有責任。

我很幸運,委員會知道實驗室的管理一直很鬆散,所有因為我的案件被約談的人都證實了這一點。但我相信我在艾肯實驗室的良師益友艾瑞克・羅伯茲一定幫了很大的忙。他在提交給委員會的陳述中寫道,雖然他反對我們開發商業產品,但「我認為在評斷比爾的行為時,必須考慮到實驗室向來寬鬆的管理風格,我認為實驗室必須承擔部分責任,因為實驗室並沒有針對機器的使用制定任何規範。」艾瑞克後來在衛斯理學院(Wellesley College)創辦了該校的電腦科學系,之後更在史丹佛和其他大學培育了數千名學生。

每一步都必須光明正大

我不確定是為什麼,我對於父母在艾肯事件期間的擔憂已經沒什麼記憶。那時候的我很獨立,而且比起現在更不懂得觀察別人的情緒狀態。我只記得當時我覺得既然麻煩是我惹出來的,就該由我自己解決。關於那段時間,我保留的其中一個紀錄,是加米在聖誕節寫給我的信。不出所料,她以很堅定、重視原則的立場,看待我惹出來的麻煩。我想她對我說的話也反映了我父母的心聲:

我相信，你知道自己擁有非凡的天賦，我們都為你鑽研每個想法時所展現的創造力與用功感到驕傲。一定要堅守最高的道德標準，盡最大努力從各個角度審視你所做的一切。我之所以擔心，或許是因為我感覺處處都有誘惑，使人放鬆警惕、忘記了我們的整體目標正受到威脅。雖然你在某種程度上已經被證明是清白的，但是你在哈佛的這段經歷仍然是一次警告，提醒你每一步都必須光明正大。我看過有人認為，只要目的正當，就可以不擇手段，最終毀掉了自己的人生。我們應該要時刻保持警惕。我希望你能隨時保持警覺。你的言行必須絕對的端正，不容以任何方式被曲解為不當行為。你是無比優秀的年輕人，我永遠支持你，愛你。下次見，加米。

五十年後，我在我的哈佛檔案中，找到了齊特漢教授接受行政委員會訪談的紀錄。他是讓我進入實驗室的人，也是我大二時的學業指導。不到一年後，他還會成為我在課堂上的授課教授。但是當時我並不知道他對我的案件抱持什麼樣的態度。

在我們開始 BASIC 專案時，我曾與齊特漢教授碰面，告訴他我們正在開發一些工具，並嘗試寫直譯器。他很忙，但依然很熱情，我們沒有深入討論細節。那一次是我們之間少有的互動。我想，教授可能也聽膩了我每次滔滔不絕地講自己正在思考的各種技術，以及我認為實驗室應該開展的研究計畫。我

們之間形成了一種默契：如果我需要他簽署文件，就把文件交給他助理，等他簽完後再取回。當我意識到我在實驗室開發 BASIC 可能會有問題，我約了教授希望碰面。但是他沒有出現。那時候我們的關係就是如此。每次和他說話，我都很緊張，而且我們雙方可能都覺得不見面會更自在。對我來說，這種互動模式也不算尋常。我在哈佛遇過的大多數教授都很平易近人，我會和他們深入討論數學與程式設計問題，建立了良好的關係，有些教授甚至影響了我對於電腦產業前景的看法。

艾肯事件發生時，我很自然地以為齊特漢教授不會站在我這邊。但是哈佛的檔案紀錄顯示，教授實際上曾經替我發聲。他告訴委員會，如果強迫我從哈佛退學，等於是在「嘲弄正義」，而且「他非常樂意明年讓比爾・蓋茲繼續在實驗室使用電腦。」根據紀錄，他似乎能夠理解我當時的心理狀態。他說，整件事的起因，只是「比爾・蓋茲因為無聊而開始做這個專案，他是連研究所的課程都覺得太無聊的大二生，」研究微型電腦只是為了找事情做。他說得沒錯。回頭看，教授很明顯是支持我的，我覺得非常感謝，也很希望當時能與教授建立更深厚的關係。齊特漢教授一直在哈佛工作到 1990 年代末，並持續研究如何讓程式設計從手工業發展為正式的工程學科。多年後，我閱讀哈佛檔案時才知道，他在 2001 年過世了。

我在艾肯實驗室的爭議，源自於電腦長期以來都是一種稀缺、必須受到保護的資源。艾肯在 1940 年代製造出龐大的馬

克一號機械式計算機時,全球的電腦數量用手指就可以算得出來。從那時候開始,世界已經有了很大的改變。迪吉多在 1966 年開賣第一台 PDP-10 時,全球已有數千台電腦。到了 1975 年 Altair 問世時,電腦數量更多了。然而,電腦依舊非常昂貴,要使用電腦也必須要有特殊的關係或認證,電腦室仍需要有鑰匙才能進入,或是你幸運地讀到一所高中,裡面有許多思想開明的老師。

儘管當時還沒有人完全理解,原本稀缺的資源很快會變得充裕,將有數百萬人開始使用電腦。在這樣的浪潮之中,我們開發的那個引起話題的 BASIC 程式,以及其他數千人的貢獻,都扮演了核心角色。突然間,一個青少年也能在電腦上創造價值,這件事已從難以想像,變得稀鬆平常。運算成本將迅速下降,不久之後就會趨近於免費。

第十三章

Micro-Soft

立志成為軟體工廠,菜鳥創業家應對各種新挑戰

初訪矽谷

我在 1975 年夏天到阿布奎基時，被 MITS 稱為總部的那間三明治店，已經變成臨時電腦工廠，他們用二乘四的木材與夾板搭了好幾張長桌。每天都能看到十幾個人忙著裝箱電腦零件，以最快速度出貨，但依然趕不上許多顧客想收到這台 400 美元組裝電腦的急切。狂熱的粉絲甚至會開車數百、甚至數千公里來到 MITS 公司，親自領取他們的 Altair 電腦。早上上班時，經常會看到好幾輛 RV 休旅車停在林恩大道（Linn Avenue）與加州街的轉角處，像在等外帶披薩一樣等著領取他們的 Altair。辦公室位在老舊的商店街，旁邊有一家支票兌現服務點（check-cashing place）、自助洗衣店與按摩店，那裡正是後來的個人電腦革命發源地。

這場革命的發起人、MITS 總裁羅勃茲想法很棒，卻嚴重低估了 Altair 的受歡迎程度。他預測 MITS 每年或許可以找到大約八百位顧客願意花錢買這個新玩意：擁有一台屬於自己的電腦。然而，公司在短短幾個月內就收到數千張訂單。Altair 的買主似乎不在意這台機器組裝完成後，除了撥動開關、指示閃燈之外，沒有其他太多的功能。買家主要是工程師、醫生、小型企業主、學生與其他業餘電腦愛好者。這些人有能力花錢買電子產品，也有閒暇可以玩這些東西。

3 月時，在加州門洛帕克的一間車庫裡，三十二位業餘電腦愛好者聚在一起交換關於 Altair 的資訊。在聚會之前，一名

成員為了確認這家提供郵購電腦的公司是否真實存在,還特地從加州開車到阿布奎基。他與羅勃茲碰面,並得知 MITS 收到的訂單遠遠超出他們預計的出貨量。下一次聚會時,成員們終於第一次看到 Altair。這台沒有軟體、鍵盤、也沒有顯示器的電腦新主人,是名叫史提夫・東皮耶(Steve Dompier)的木匠,他當場撥動開關,輸入簡單的程式。當他撥動最後一個開關,Altair 竟然透過調幅收音機斷斷續續地播放披頭四的〈山丘上的傻瓜〉(Fool on the Hill)。(接著是「黛西,黛西」這句歌詞,在場的人大概都知道那是 1957 年、史上第一首電腦合成的歌曲,也就是《2001:太空漫遊》電影裡 HAL 9000 電腦「漸漸死掉之前」唱的曲子。)

後來,這個團體為自己取名為「自製電腦俱樂部」(Homebrew Computer Club),成員人數在幾個月內就成長到數百人。類似自製電腦俱樂部的團體開始在全美各地出現。這些早期的個人電腦玩家和我一樣,從小的認知一直都是電腦的價格高達幾十萬美元。現在電腦不到 1,000 美元就能買到,任何人都可以擁有,即使這台電腦做不了什麼事情。

為了繼續推動這個規模尚小、卻充滿活力的市場,羅勃茲把幾台 Altair 電腦塞進他的藍色道奇露營車裡,並雇用了一位大學生在全美各大城市巡迴展示。MITS 員工會開著這輛後來被暱稱為「藍鵝」(Blue Goose)的露營車前往各地的假日飯店與電腦玩家會面,展示安裝我們寫的 BASIC 的 Altair 電

腦，再繼續開往下一個城市。

6月時我飛去舊金山，有幾天的時間和MITS的員工與「藍鵝」同行，拜訪自組電腦俱樂部以及其他電腦玩家。那是我第一次到矽谷，幾年前這個地區因為聚集了快捷（Fairchild）與英特爾等半導體公司而得名。那次旅行對我來說是一次震撼教育。我遇到好幾位電腦玩家都是透過反主流文化的視角來看待Altair以及個人電腦的概念。低價或免費的電腦正好符合1960與1970年代盛行的嬉皮文化，象徵大眾成功突破了獨占企業與大型公司對於電腦使用權的控制。即使有些工程師是在洛克希德（Lockheed）等國防承包商或是惠普等大型電子公司工作，他們對技術的熱情仍然來自對於社會變革與知識自由流動的嚮往。我接觸到的其中一家公司是人民電腦公司（People's Computer Company），公司取名的靈感來自珍妮絲·賈普林（Janis Joplin）的樂團「老大哥控股公司」（Big Brother and the Holding Company）。人民電腦公司更像是一個俱樂部，他們主要為學童提供便宜的電腦使用權限以及免費的電腦課程。這家公司在創刊號電子報闡述了他們的使命：

> 多數時候，電腦
> 被用來對付人們，而不是幫助人們
> 被用來控制人們，而不是解放人們
> 是時候改變這一切了……

那次旅行令最多人印象深刻的一站，是在帕羅奧圖的凱悅嘉寓酒店（Rickey's Hyatt House）舉辦的展示會。當時距離保羅、蒙特和我用哈佛的電腦寫出我們的 BASIC 版本，只過了幾個月時間。我們開發的 4K BASIC 只是非常基礎的版本，是相當粗略的原型，我們計畫在那年夏天繼續優化。但它是 MITS 為 Altair 提供的唯一程式語言，因此在早期的展示會現場成為大家的關注焦點。有了這一版程式，Altair 的使用者終於可以用這台 400 美元的機器做一些事情。

25 年後，凱悅的那一夜被記者形容為：「比爾‧蓋茲的軟體被偷的那天」。那天晚上會場擠滿了上百人，包括許多自製電腦俱樂部的成員。正當 MITS 員工在展示 Altair 時，有人把手伸進紙箱，拿走了一卷 4K BASIC 的備用打孔紙帶。我對那天晚上發生的事情幾乎沒有印象，更不可能注意到程式碼被偷，直到幾個月過去，我才得知這件事。最後那卷紙帶輾轉到了自製電腦俱樂部的成員手裡，他複製了七十份軟體副本，並在自製電腦俱樂部的聚會上分給其他人，鼓勵他們繼續複製更多副本。幾週之內就有幾十份、幾百份的 4K BASIC 在市面上流傳，比我們開發完成、預計銷售的時間提早了好幾週。

立志成為「軟體工廠」，提供業界最優秀的產品

當時人們普遍認為軟體應該是免費的，這正好符合個人電腦社群興起當時的嬉皮精神。任何人都可以從朋友那裡拷

貝、公開分享,甚至是竊取軟體。從許多方面來看,就和當時的音樂產業一樣。那年夏天,布魯斯‧史普林斯汀(Bruce Springsteen)的歌迷會去買他的新專輯《天生贏家》(*Born to Run*),但有更多人會跟朋友借專輯、免費複製成卡帶。

　　硬體則完全不同。它是有形的實體,就放在你的書桌上。你能聽到散熱風扇的嗡嗡聲,手放在機殼上就能感受到電源的熱度。掀開頂蓋,你就能看到焊接整齊的小型零件,還有微處理器這個非常敏感、必須在無塵工廠裡生產的神奇裝置。相反地,軟體是虛擬的,隱形的資訊被儲存在磁帶、或以難以理解的符號記錄在紙帶上。我們很難想像得到,有人花費了無數個小時設計、撰寫、微調這些程式,才能讓程式順利運作。它一直都是免費的,為什麼不能免費分享?

　　保羅和我想要建立一個事業。經過許多次的深夜長談之後,我們確信:隨著個人電腦愈來愈便宜,愈來愈多企業與家庭擁有電腦,人們對於優質軟體的需求將會無限地增加。保羅和我為 MITS 開發第一個 BASIC 版本時,我們就已經開始討論一般人使用的個人電腦會需要什麼樣的軟體。我們可以開發程式設計工具,例如程式碼編輯器,也可以開發 FORTRAN 與 COBOL 等常用程式語言的個人電腦版本。我深入研究迪吉多的 PDP-8 迷你電腦(和 Altair 一樣記憶體空間非常小)使用的作業系統之後,覺得我們也能為個人電腦開發一套完整的作業系統。

有朝一日，如果一切如我們希望的方向發展，Micro-Soft 將成為我們想像中的「軟體工廠」。我們將提供多樣化的產品，而且會是業內最優質的產品。如果進展順利，我們或許還可以吸引許多頂尖的程式設計師為我們工作。

　　那時候，如果有人問我們的目標是什麼，我會向對方闡述軟體工廠的願景，或者簡單說明，我們希望全世界每一台個人電腦上都安裝我們的軟體。對方的回應通常是翻白眼，或是露出困惑的表情。

　　許多晶片製造商很快就追上英特爾的腳步。摩托羅拉（Motorola）、快捷、通用儀器（General Instrument）、西格尼蒂克（Signetics）、英特矽爾（Intersil）、美國無線電公司（RCA）、洛克威爾（Rockwell）、威騰電子（Western Digital）、國家半導體（National Semiconductor）、MOS 科技、德州儀器（Texas Instruments）與其他公司，都在製造與英特爾 8080 類似的 8 位元微處理器。這些公司做出的晶片都有可能成為個人電腦的核心。每當有新晶片推出，保羅都會找到有提到技術規格的文章，我們會仔細研討是否值得花時間為新晶片開發軟體。

個人電腦產業快速崛起，Apple I 誕生

　　放眼望去，隨處可見整個產業正快速崛起的跡象。4 月，自製電腦俱樂部的一位成員與朋友在加州柏克萊創辦了處理

器技術公司（Processor Technology），起初他們專門為 Altair 生產插入式記憶卡，但不到一年就推出了自己研發的電腦 Sol-20。1974 年底，史丹佛大學教授羅傑・梅倫（Roger Melen）到紐約參訪《大眾電子學》的辦公室時，恰巧看到了尚未發表的 Altair 電腦模型。梅倫覺得非常驚豔，馬上改了回程的航班，到阿布奎基與羅勃茲碰面。不久後，梅倫與他在史丹佛的朋友合力為 Altair 開發了外接設備，包括數位相機與搖桿。隨後，他們推出了微型電腦 Z-1。〔他們的公司名 Cromemco 取自史丹佛大學宿舍：克羅瑟斯紀念大樓（Crothers Memorial）。〕

惠普工程師史帝夫・沃茲尼克（Steve Wozniak）受到 Altair 與英特爾 8080 處理器的啟發，購買了他能找到最便宜的微處理器：MOS 科技公司生產的 MOS 6502，迅速做出一台電腦原型機。和很多自製電腦俱樂部的成員一樣，沃茲尼克的動力來自對工程的興趣，以及能與俱樂部成員分享成果的自豪感。直到他的朋友史帝夫・賈伯斯（Steve Jobs）看到原型機之後，一切就改變了。

當時賈伯斯剛結束長達七個月的遊歷，從印度回到美國，賈伯斯後來形容那趟旅程是為了尋找自我。回國後不到一年，他脫下藏紅色長袍、開始留長髮，並說服沃茲尼克相信電腦這個業餘嗜好可以成為一門好生意。很快地，他們將公司取名為蘋果（Apple），開始銷售他們的第一台電腦 Apple I。

我父母原本期望我像前一年夏天一樣回西雅圖、在華盛頓大學修幾門課。但現在我人卻在新墨西哥州，再過不久就會告訴他們，我要從哈佛休學一學期，留在阿布奎基。他們雖然很擔心，但就我的印象中，他們沒有反對。也許他們認為經過行政委員會的告誡之後，休息一下或許對我是好的。他們大概以為到了冬天，這個嘗試軟體公司的探索就會結束，或是會變成副業，我還是會返回學校完成學位。

我父親會用「有條理的」（organized）這個形容詞，表示一個人能夠掌控局面。如果你是有條理的人，就代表你有計畫、行事經過審慎考慮、有目標，並且想好了達成目標的步驟。我想向他和我媽證明，我是有條理的人，我清楚知道成立 Micro-Soft 這家新公司應該做什麼，儘管我知道它有可能會失敗。

我一直都在腦中記錄著自己曾向父親求助的次數。第一次是肯特和我因為發薪程式與 ISI 公司發生衝突時；第二次是哈佛行政委員會的案件。所以當我開始在 Micro-Soft 的事業時，我希望不用再向爸爸求助，尤其是我已經向父母保證，我能同時兼顧公司與學業。

當時，軟體公司並不存在，或至少保羅和我想成立的那種軟體公司還不存在。而且我們的產品對潛在客戶來說應該是免費的東西。但我們已經擁有第一個客戶，而且有信心能以此為基礎繼續發展。

落腳阿布奎基

我們在阿布奎基的第一個家,是流浪者汽車旅館(Sundowner Motor Hotel)的房間,距離 MITS 公司只有幾個街區。後來,保羅和我在波特斯複合公寓(Portals)租了一間兩房公寓,門牌號碼是 114 室,開車很快就可以到辦公室。波特斯的租金很便宜,還有一座游泳池,雖然我不認為我們會有時間去游泳。保羅和我各住一個房間,暑假時蒙特會來幫忙寫程式,他把沙發靠墊放在長毛地毯上,當作睡覺用的床。我在湖濱學校認識的朋友克里斯・拉森曾協助我們管理 Traf-O-Data 的業務,8 月時也來住了一個月。他和蒙特一起共用客廳,把那裡變成臥室,這樣的安排很剛好,因為蒙特喜歡獨自在深夜寫程式,等他在沙發墊上睡覺時,正好也早上了,輪到拉森起床接力工作。

我們的總部(如果可以這麼稱呼的話)就在 MITS 內部,位於建築物的一角。我們有幾台終端機,可連接位在城市另一端、阿布奎基學區內的 PDP-10 電腦。保羅談妥了租用這台電腦的時間,不過我們通常在晚上工作,跟學區內使用電腦的尖峰時間錯開。我們沒有印表機,所以每天結束時,我們其中一人都要開車到幾公里外的阿布奎基學區,領取一疊疊印有機密程式碼的打孔紙帶。

身為 MITS 的軟體總監,保羅大部分的時間都在忙著把我們的軟體安裝到 Altair 電腦上,還要負責接聽顧客的電話,

幫他們解決使用新產品遇到的問題。在 Micro-Soft，保羅則負責協助設定技術發展的方向，以及管理我們的開發工具。他為 PDP-10 模擬器以及相關工具所投入的努力，將在未來多年後獲得豐厚的回報。這些工具讓我們能在沒有 Altair（或英特爾 8080）的情況下開發出第一個 BASIC 版本，日後保羅仍持續調整這些工具，讓我們能為不同的處理器寫不同版本的 BASIC 與其他軟體。他的工作幫助我們在 BASIC 領域站穩領先地位，建立了長期的優勢。

與此同時，我重新投入 BASIC 的開發工作。除了修復 4K 版本，我們也計畫開發 8K 與 12K 版本，我們稱後者為擴充版 BASIC。如果我們是小說家，那麼 4K 版本就像是小說的大綱，只有故事的架構；8K 版添加了許多精彩的劇情，而且角色也更完整了；擴充版則像是完整的故事初稿，在電腦領域，表示這個版本具有 ELSE 陳述式以及雙精確度 64 位元變數，要開發出更好的程式就需要有這些功能。

7 月底，我們與 MITS 簽約，同意總裁羅勃茲的要求，MITS 將取得我們為英特爾 8080 晶片開發的所有 BASIC 版本的全球獨家權利，他們會先付 3,000 美元的預付金。每銷售一台安裝 8080 BASIC 的 Altair，我們能就能獲得權利金，金額介於 10 到 60 美元之間，取決於安裝的是 4K、8K 或是擴充版。銷售所得的權利金上限為 18 萬美元。協議還授予 MITS 獨家轉授權軟體的權利，任何公司若想在產品中使用 8080

BASIC，都必須透過 MITS 取得原始碼（BASIC 的配方）而不是透過 Micro-Soft。MITS 同意與我們拆分轉授權的收入。如果有很多企業在產品中使用英特爾 8080 晶片，這就有潛力發展為重要的業務。但是在 1975 年 7 月，一切仍是未知數。

瑞克加入，三人團隊各司其職

在 Altair 取得成功之後，羅勃茲計畫推出更便宜、使用摩托羅拉 6800 處理器的電腦，名為 Altair 680。他需要能在摩托羅拉晶片上運作的 BASIC 版本。我們承諾會寫那個版本。同一時期，磁片逐漸成為可取代紙帶的儲存設備，羅勃茲也想銷售 Altair 專用的軟碟機，這代表又需要另一個 BASIC 版本，我們也同意開發。

因為工作量太大，我打電話到瑞克在西雅圖的父母家裡，問他是否願意延遲在史丹佛的最後一學期課程。我告訴他我們要為摩托羅拉 6800 晶片開發 BASIC。他想在秋天來阿布奎基住一段時間，順便賺點錢嗎？9 月底，瑞克就搬進波特斯公寓 114 室，和保羅與我同住，接手拉森和蒙特的沙發床位，那時拉森已經回到湖濱學校，蒙特也回哈佛繼續讀二年級了。

在我們三人之中，瑞克是最不安定的一個。除了一直在思考該讀法學院還是商學院，他也在思考關於身分認同這樣的深層問題。兩年前的夏天，保羅、瑞克和我一起在 TRW 寫程式時，我們三人在華盛頓州南部合租一間公寓。在那年夏天的不

同時間點，瑞克分別告訴保羅和我，他是同性戀。我們都告訴他，這對我們來說沒有差別、我們仍是好朋友，他聽了之後鬆了一口氣。我們開玩笑地說，其實我們早就知道了，畢竟這間公寓只有瑞克訂了《花花女郎》（*Playgirl*）雜誌。

當時的我可能無法完全理解，瑞克出櫃需要多大的勇氣。在 1970 年代初，同性戀仍普遍受到歧視，同性戀權利運動才剛剛起步；同性戀可以得到的支持非常少。我們彼此之間也不太會吐露自己的情感。我們是好朋友，也是這個小型新創事業的夥伴。我們一起打鬧、聊技術、外出吃飯、看電影，但我們很少（如果有的話）透露自己內心深處的感受與脆弱。某種程度上，我們依然是當年在湖濱學校電腦室初次相遇的少年。

我們團隊的互動模式也沒有任何改變。保羅繼續蒐集所有最新技術的新聞與數據，再轉換成有助於 Micro-Soft 發展的想法。瑞克的優勢在於他能專注於一項工作，有條不紊地處理每個步驟直到工作完成，這正是寫程式時最需要的能力。我負責規劃策略與願景，總是擔心我們進展得不夠快或是還不夠努力。我們高中一起開發薪資程式時，就一直採取這種工作模式。在湖濱學校，這種分工方式讓保羅有空間去做他喜歡且擅長的事，其餘的工作就留給我。現在我們一起創辦 Micro-Soft，自然也延續相同的角色分工：保羅專注於技術創新，例如開發模擬器與其他相關工具，我則是寫新軟體並處理大部分的業務。舉例來說，最近我就在負責與 MITS 總裁羅勃茲協商

合約。我待在波士頓的期間，保羅曾試圖說服羅勃茲簽約，但沒有成功。在我們的新事業會碰到的所有工作中，保羅最討厭的大概就是這種面對面的談判。

我們只透過幾通長途電話以及一張飛往阿布奎基的 240 美元機票，就與遠在三千多公里外的 MITS 達成合作協議。但是要找到下一個客戶，以及更多的客戶，我們必須不斷寫信、參展、四處拜訪企業，推銷我們自己和我們的產品。此外還要思考許多問題：我們應該收多少費用？如何行銷？如何招募員工？如何處理薪資與稅務？對保羅來說，這些都是超級無聊的工作。而如果一切依我們期望的方向發展，這些工作只會變得更多、更複雜。

我們與 MITS 簽約幾天後，我打了一封信給保羅，寫下我的想法：「Micro-Soft 之所以做得很好，是因為它能設計與開發優秀的軟體，並且招募到像蒙特這樣的人才⋯⋯教導他們，為他們選擇適合的專案，提供資源，並管理這些人才。如你所知，所有涉及資金、法律與管理的決策都非常困難。我覺得以我在這些工作中付出的努力，我應該獲得超過 50％的微軟股份。」

我態度堅定地繼續寫道，我們應該按照六四比分配公司股權，我認為這樣才公平：「我對於我們的合作充滿信心。如果一切進展順利，我打算休學一年，」我在結尾寫道。保羅同意這個分配。

當我開始將我們對軟體的理念轉化為可行的商業模式時，我以迪吉多的創辦人歐森為榜樣。他從做中學，最終成為產業的行家。身為工程師，我相信他的數學一定很強，而既然數學要求邏輯思考以及敏銳的問題解決能力，我斷定他（同理也適用於我）一定也能掌握任何必要的技能與知識。線性代數、拓撲學、與數學 55 的課程都在考驗我的極限。相較之下，薪資、財務，甚至是人才招募、行銷以及經營公司需要處理的任務，我覺得都不會超出我的能力範圍。這當然是簡化得離譜的想法，多年後我才意識到自己根本大錯特錯。但是當時我才 19 歲，我真的是那麼想的。

開始理解一家公司的運作

那年秋天，我的生活就是日復一日地寫程式，只有在撐不住的時候才去睡覺，而且常常是就地睡著。我會在終端機前打盹，或是直接爬到終端機旁的地上睡覺。保羅完成 MITS 的工作之後，就會走到我們這一區，繼續為 Micro-Soft 工作幾小時，然後回家睡一會。保羅凌晨 2 點再回來時，我還在終端機前奮戰。早上 MITS 的員工陸續來上班時，保羅和我就會去丹尼餐廳（Denny's）吃早餐，然後我會回波特斯公寓 114 室睡一整天。那時候我們在公寓客廳也裝了一台終端機，可以透過電話線連接到學區的電腦。瑞克會從沙發上翻身起床，就開始坐在終端機前寫 6800 BASIC 的程式碼，地上四處散落著我們

寫的 8080 BASIC 程式碼,他會拿來作為參考。

我們從來不在公寓裡下廚,冰箱裡除了拉森因為新奇而買回來的一罐醃豬腳之外,幾乎沒有放其他食物。我們三餐都在外面吃,常去當地的小型連鎖餐廳「福爾自助餐」(Furr's Cafeteria)吃飯,我在那裡第一次吃到炸雞排,後來幾乎每次去都點炸雞排。我還記得吃了很多墨西哥美食,吃掉一罐又一罐的辣椒乳酪醬,我們還會比賽看誰敢吞下嗆辣無比的青辣椒醬。

保羅離開波士頓的那年春天,他把那台已經快不能開的普利茅斯汽車留給了我。兩個月後,我也搭機前往西部,就把車丟在停放的地方,我知道它最後一定會被拖去廢車場。在阿布奎基的第一個夏天,保羅用 MITS 的薪水分期買了他的第一輛新車:1975 年的天藍色雪佛蘭 Monza。他曾說過,希望以後能賺到足夠的錢買勞斯萊斯。但現在,這輛雪佛蘭雙門掀背車就很足夠了。這輛天藍色 Monza 成為了我們的公司車,我們經常開它去學校取回印出來的程式碼、去吃炸雞排,在向西延伸看不到盡頭的平坦公路上馳騁,或是沿著向東蜿蜒的山路穿越桑迪亞山脈(Sandia Mountains)。這輛車很輕,配備 V8 引擎與後輪驅動,一不小心就很容易甩尾。保羅取車後不久,有一次拉森和我開車四處兜風,結果我在轉彎時速度太快,車頭撞上鐵絲網圍欄。那大概是我唯一一次看到保羅快哭出來的樣子。我付了重新烤漆的費用,但心裡一直很愧疚。保羅很喜歡

這輛車,自此之後這輛車就被稱為「死亡陷阱」。不到一年,我就因為開著「死亡陷阱」超速而被捕。警察對我開的玩笑完全不領情,直接把我扔進監獄關了一夜。我打電話給保羅,隔天早上他撿了散落在我衣櫃上的零錢與紙鈔,把我保了出來。

一個週五,保羅和我跟著MITS的員工們一起去中央大道上的一家小酒吧。當時的法定飲酒年齡是20歲,我還不能進去,於是MITS的同事把啤酒拿到外面的野餐桌,酒保默許了我待在那裡。這種下班後的歡樂時光,對我來說是全新的體驗。在那之前,我都天真地以為所有公司都以最有效率的方式被管理著,所有員工都非常有衝勁、熱愛工作,與管理階層同心協力朝共同目標邁進。我沒有想到,公司是由人組成的組織,充滿了人性的弱點與缺陷。從那次以及接下來每週五的聚會,我逐漸意識到自己想得太簡單了。隨著啤酒一杯接著一杯,大家開始抒發各種不滿。當時MITS正處於蓬勃發展的新興產業核心,公司內部卻一片混亂,充滿許多令人不解的新專案、不周全的策略、以及變來變去的計畫,最終招來了憤怒的客戶。連很資深的員工都把責任歸咎於老闆羅勃茲,他們很直白地說出背後原因:大家都因為害怕而不敢說出自己的考量。

羅勃茲很魁梧,身形高壯,當他要求必須完成某件事時,全辦公室都會聽到他宏亮的說話聲。人們認為他那種命令與控制的管理方式,源自於在美國空軍的經歷,他曾在空軍的武器實驗室研究雷射的應用。他期待自己說話時,所有人都應該認

真聽。他讓員工感到害怕，他也深知這一點。我相信正是這種意志力讓他成為連續創業家，能讓周圍的世界依照他的想法改變。保羅面對羅勃茲時總是態度恭敬，我想那也是羅勃茲預期的態度。但我沒有。我以平等的態度與他互動，早在成年之前我就一直習慣這樣與大人相處，羅勃茲一開始似乎也覺得這種互動很有趣。

他天生就是說故事高手，各種話題都能聊。我會先聽他說，然後提出我的看法。對於我表現出來的能量與熱情、急著想解決問題的性格，他似乎覺得很奇特。我們有過許多精彩的對話，我也從他身上學到很多。但是他始終把保羅和我當成是接受他幫助的年輕人，這也是為什麼他給我的綽號是「小孩」。羅勃茲三十多歲，有五個小孩，打造了一台暢銷電腦，是一家炙手可熱、前景大好的公司總裁。我記得當時的我心想，對羅勃茲與 MITS 來說，我們只是小咖。他把我們的合約放了幾個月、遲遲不肯簽約時，我直接飛回西雅圖，等他簽字。這種行為在他眼中就是一種不服從。

簽約後，我充滿幹勁，什麼都願意做。保羅和我開著「藍鵝」露營車四處旅行，並開始在 MITS 電子報《電腦筆記》撰寫軟體文章、分享程式設計技巧，我們還每月舉辦一次比賽，設計出最佳軟體的 Altair 使用者就可以獲得獎品。在這家不了解軟體的公司，保羅和我就像異類，充滿了精力與各種想法。保羅會在深夜一邊聽著震耳欲聾的罕醉克斯獨奏、一邊寫程

式,以及我那種好像永遠不會關機的工作強度,都更加凸顯了我們的與眾不同。保羅經常提起一段往事:羅勃茲要求 MITS 的員工不要把客戶帶到軟體團隊的辦公區域,保羅覺得原因是我們不刮鬍子也沒洗澡。有一次羅勃茲到我們的辦公區域時,還差點被睡在地上的我絆倒。

我沒有在睡覺、寫程式或是沒有寫信拓展業務時,我的腦袋就在想著下一步該做什麼:要招募哪些人、要談成哪些交易、要找哪些新客戶。一旦我進入思考模式,就會把腦袋裡所有想法與願意聽的人分享。與保羅以及 MITS 員工一起吃飯時,我能滔滔不絕地講一個小時,一邊搖晃著椅子,一邊喝著秀蘭鄧波爾,暢談我們要如何把軟體安裝到每一台個人電腦上;或是為什麼摩托羅拉 6800 晶片比 MOS 科技的 6502 晶片更好;或是為什麼小企業會選擇買 Sphere 1,而不是 Altair。我的大腦需要徹底理解我聽到的每一件事,消化我接收到的每一則訊息。我會一直說個不停,直到我發現其他人都已經吃飽了。離開餐廳時,我自己的餐點一口都沒吃。也許等一下去丹尼餐廳?或者不去也行。我想一整天不吃東西應該也沒問題?

下班後的酒友會慫恿我說服羅勃茲推動他們認為公司需要的改革。「嘿,比爾,你要不要去跟羅勃茲說,我們現在做的項目太多了,應該要更聚焦。嘿,比爾,你去跟羅勃茲說,應該放棄他對 Altair 的那個新構想。」自從保羅在湖濱學校電腦室第一次發現,激將法可以輕易刺激我採取行動,我已經成長

了不少,但舊習慣還是難改。

9月時,MITS 在新墨西哥州博覽會設了一個攤位。一想到有人會站在二十幾公斤的電腦面前,放下手中的棉花糖,認真聽第一堂 BASIC 程式設計課,這個想法實在有些好笑。但我們非常樂觀。有些人會停下來看看,可是每當我們開始展示時,電腦就會當機。

Altair 配備的記憶體容量很小,隨機存取記憶體只有 256 位元組,就好像在開一輛油箱只有汽水罐大小的車。因為這個限制,許多專門銷售記憶體的新創公司應運而生,使用者可以單獨購買記憶體板卡(memory boards),插入他們的 Altair 電腦。

羅勃茲痛恨那些銷售記憶體板卡的公司,說他們是「寄生蟲」,正在蠶食原本應該屬於他的市場。部分問題在於 MITS 很難只靠銷售 Altair 賺到錢。羅勃茲不得不想辦法開發周邊產品與其他外接設備來增加營收。記憶體板卡是他們推出的第一個周邊產品。但是 MITS 的記憶體板卡有問題,部分原因是他們採購的記憶體晶片有問題。這導致我們在博覽會展示電腦時會故障,以及突然有大批 Altair 的使用者怨聲載道。記憶體板卡成了下班後歡樂酒會的重要話題。顯然 MITS 應該停止銷售記憶體板卡。你應該去告訴羅勃茲,他們對我說。

我寫了一個診斷軟體,發現主要原因是記憶卡的設計以及某些記憶體晶片的電荷流失速度過快。我把診斷結果拿給羅勃

茲看,並告訴他在解決問題之前,應該停售記憶體板卡。他告訴我做不到。「你不懂,銀行已經一直在施壓了!」他怒吼。我沒有退縮:「別再賣這些記憶體板卡了!我們會解決問題,但是在解決之前不要再賣了。」

但是他依然繼續賣記憶體板卡,結果客訴與要求退換的電話就像回力鏢一樣不斷回到公司。羅勃茲在《電腦筆記》電子報上發文為記憶卡故障道歉。他說,MITS 正在加快訓練客服人員,「請耐心等候。我們正在努力!!!」他寫道。

我後來覺得,羅勃茲是典型的創業家,他是對任何事物都感到好奇的通才,為了追求遠大理想願意忽略細節。能想出絕佳創意的人,往往不是將創意變成生意的最佳人選。

在我跟羅勃茲相處的那段時間,他總是能找到新的愛好,然後全力追求那些愛好。Altair 為 MITS 帶來不少現金,因此他在 1975 年 9 月買了一架西斯納 310 飛機。兩個月後,我坐上這架雙引擎飛機的後座,羅勃茲在前座駕駛飛機,我們要從阿布奎基飛往密蘇里州的堪薩斯市,參加一場為個人電腦相關企業舉辦的會議,討論個人電腦在卡帶上儲存資料的統一標準。會議進行得很順利。我有機會練習我的銷售技巧,也見到其他公司的代表,介紹微軟與 BASIC。我們也制定了一套標準,只不過最終卡帶被磁片取代了,那些標準也被徹底遺忘。

那次會議還是留下了一段難忘的回憶。會議結束後,週六下午我們準備返回阿布奎基。當我們飛到超過 2,000 公尺高空

時，羅勃茲突然說左側引擎在漏油，他不得不關閉左側引擎，只靠另一具引擎飛行。我從後座看到他滿臉是汗，努力阻止飛機向左傾斜，那天我學到了「偏航」（yawl）這個字。後來，我們只能飛回機場，緊急降落。我很少感到害怕。我喜歡飆車，也很愛在雲霄飛車上被甩來甩去的感覺。但是看到羅勃茲滿頭大汗地努力維持飛機的航向，我真的很害怕。我當時心想：羅勃茲到底是不是優秀的飛行員？我應該早點問清楚才對。我們著陸時（安全著陸），我發誓我看到羅勃茲鬆了一大口氣。

我們在堪薩斯市多待了一晚，維修機師檢查飛機後告訴羅勃茲，沒有發現任何問題。第二天早上，我們起飛到達跟昨天同樣的高度時，歷史再度重演：左側引擎再次漏油，迫使他在兩天內二度緊急降落。我喜歡冒險，但這次真的太誇張了。我告別羅勃茲與他的飛機，改搭一般航班飛回阿布奎基。

如何兼顧學業與新事業？

我經常在晚上到科特蘭空軍基地（Kirtland Air Force Base）周圍的平坦道路上散步。那一區晚上非常安靜，很適合散步與思考。有時我會思考程式相關的問題，但通常是關於Micro-Soft 計畫的某些環節。1975 年 12 月，在飛回西雅圖過聖誕節之前的一天晚上，我散步時開始回想創辦 Micro-Soft 這八個月以來發生的事。我們已經取得有意義的成就。想到有數

千人正在用我們開發的軟體,是一件很神奇的事。但我還是很擔心,我們太仰賴MITS的權利金,而且有很多人選擇用舊的盜版BASIC,不願意付費使用我們最新開發的版本。盜版四處流竄,MITS每售出一百台Altair,可能只有十台會使用我們的軟體。用數字來說明,Micro-Soft那年申報的收入僅有16,005美元,其中還包括MITS的3,000美元預付權利金。至於未來的業務,我們建立了一些人脈,也找到一些潛在客戶,但仍未談成任何交易。

再過大約一個月,我就要回哈佛了。按計畫,我只會休學秋季這一學期,專心投入創辦Micro-Soft的事業,從明年2月開始我就要在上課的同時兼顧工作。保羅也試圖兼顧在MITS的全職工作以及他在Micro-Soft的角色。同時,瑞克也要回學校修完最後一學期的課,他還不能決定是否要繼續留下來與我們一起工作,也不確定接下來的方向。總而言之,接下來不會有人可以全職思考公司的未來。

儘管如此,當時我相信我們不會錯過機會。我很樂觀,也許是過度樂觀了。我對於個人電腦產業的發展很有信心。我認為我們很快就能談定一些交易,而且我們還沒有遇到重要的競爭對手。雖然矽谷的人民電腦公司推出了免費的程式語言Tiny BASIC,但與我們的產品相比還不夠成熟。

那次散步時,我說服自己:我可以兼顧經營公司,同時當全職學生。我之前用在開發棒球模擬程式的時間,現在都可以

投入公司的經營。我也認為在哈佛學到的一切,對我未來的發展至關重要,特別是我已經和幾位電腦科學教授建立了很好的關係,我覺得我能從他們身上學到很多,也將有助於微軟的發展。而且我很愛大學生活,我喜歡那種緊湊的學習,也喜歡在深夜與那些比我博學的人聊天。我大一時的確有些適應困難,但第二年已經找到了自己的生活步調。

我現在回頭看,在知道了 Micro-Soft 後來所有的發展之後,其實那時候就應該休學才對。但當時我還沒準備好。我的父母當然也沒準備好。我回家過聖誕節,參與蓋茲家族的所有傳統節日活動,包括媽媽親手製作的聖誕卡,她用一首俏皮的押韻文來掩飾她的擔憂:「特雷今秋去了老城阿布奎基;成立自己的軟體公司——但願不會成為泡影。」(公司的獲利還不明朗。)

父親的職涯選擇

假期結束後,我回到阿布奎基,某天我接到父母的電話,他們告訴我,我父親成為聯邦法官的候選人。我們地區的美國聯邦地區法院首席法官在打網球時突然過世,福特政府將我父親列為首位接替人選。那真是令人驚喜的好消息。但是父親後來說,經過一番思考,他決定婉拒。當時他的法律事務正經歷困境,他覺得時機點不對。如果他那時候離開,會對公司造成很大的衝擊。

在我爸的世界，法官是最崇高的地位，是最受人尊敬的職位。但是他覺得自己對公司同事有責任，應該要留下來。另外，如果成為法官的妻子，我媽可能必須減少活動，而當時正是她事業蒸蒸日上的時候。

我是在飛往波士頓的前幾天接到那通電話。當時我住在四季汽車旅館，繼續寫磁片版本的 BASIC。我之前太忙了，現在時間變得非常緊迫。我一天工作十六個小時，在黃色筆記本上不斷寫著程式，靠外賣度過了四天。我趁著寫程式的空檔，寫了一封信給我爸。

那時候我很少寫信給父母。我們固定在週日晚上通電話，所以沒有特別必要去寫信。但這一次，寫信似乎最能清楚表達我對於這個決定的感受。掛電話後，我一直在思考我爸爸的決心。在他心目中，法官是他職業生涯最崇高的使命，長期以來他一直希望有機會擔任這個職位。目標近在眼前，但基於對律師事務所以及對我媽媽盡責，他放棄了這個機會。我承認，我感到很意外。「當一個期待已久的機會出現時，如果你能確定現在所做的事情最能帶給你快樂，那就再好不過了。自從得知你在考慮是否接任法官，我就一直認為你必定會是非常優秀的法官。遺憾的是，你必須放棄很多你現在喜歡的事情，魚與熊掌無法兼得，」我寫道。我在信的結尾提到，我擔心自己是其中一個因素，「我真的希望我的學費沒有影響到你的決定，因為我非常願意、也有能力自己支付學費。愛你的，特雷。」

現在重讀這封信，信裡的口氣讓我忍不住笑了，彷彿我才是那個父親，表達理解兒子的決定。就情感真摯的信件而言，我的信並沒有充滿濃烈的情感。我們的關係本來就不是那樣，我們很少向對方表達內心深處的情緒。所以這封信對我們來說都是特別的。我從沒有對父親的生涯選擇表達我的看法，我覺得自己沒有資格、也不夠成熟發表意見。而且父親總是那麼沉穩、有條理，看起來不需要任何人的建議。

我父親大概看懂了我想表達的言外之意：我已經夠成熟，能明白他為了更重要的事情，放棄了名聲地位。我也想告訴他，我已經具備足夠的社會經驗，可以體會他做決定背後的種種考量。我想讓他知道，我已經長大了，能夠照顧好自己。我在信中也描述自己多麼努力工作，正在埋頭寫磁片版的程式碼，這項工作「非常複雜，需要高度專注，所以為了順利完成，我把自己關起來寫程式。」

幾天後，他回信了。父親說，我的學費並不會影響他的決定：「我很高興你來信表達關心法官任命這件事。就像你說的，我現在做的事情讓我感到安心、快樂，實在沒必要做出重大改變，」他寫道，「你對這件事情的關注以及願意支付學費的態度，你母親和我都非常感動。」

他在信的結尾寫道，「希望你有條理地完成了所有事情。愛你的，爸爸。」

致業餘愛好者的公開信

在波士頓的期間，我回到庫里爾宿舍，也回到撲克遊戲、應用數學的難題之中，很快就重新適應了校園生活的節奏。但是很快地我就感受到來自 Micro-Soft 的召喚。我們爭取到一個重要的客戶。

NCR 是當時最大的電腦製造商之一，也是有能力與 IBM 競爭的「七矮人」之一。除了大型主機電腦，NCR 還生產了一款名為 7200 的產品，結合了鍵盤、9 英寸螢幕與卡式磁帶錄音機。當時有一類設備被稱為啞終端機（dumb terminals），像是我們在湖濱學校用的終端機（以及我們連結阿布奎基學區電腦的終端機），基本上是附有顯示器或印表機的鍵盤，主要用於讀取在大型電腦運作的程式。隨著英特爾 8080 等低價處理器上市，NCR 等公司也開始擴展他們的終端機能執行的任務數量，打造新型的「智慧」終端機。

那年春天，我們簽訂了一份協議，要為 NCR 7200 修改 8080 BASIC 版本，授權費用為 15 萬美元，在當時是相當驚人的數字，但由於 MITS 擁有我們軟體的獨家轉授權權利，我們必須與他們平分這筆收入。

與 NCR 的談判正好碰上開學，這表示我們必須另外找人負責 NCR 的工作。我寫信給瑞克，說明我估算這個工作需要一個人花兩個半月的時間完成，包括為 NCR 終端機改寫與新增 BASIC 程式碼所需的各項工作。我告訴瑞克，這個時間是

依「蓋茲月」計算,這個說法是希望讓他知道,我指的是「完全專注、全職投入、不受干擾地工作。」瑞克回信告訴我,他在春季畢業後很可能會繼續攻讀碩士學位或是去念法律學位。所以我得另找別人。

儘管 MITS 的電腦持續熱銷,只有少數客戶有付費購買 BASIC。秋季時,羅勃茲在 MITS 電子報《電腦筆記》中發表一篇專欄文章,婉轉地指責他的客戶應該要為軟體付費。我覺得他的語氣不夠強硬。那年冬天的一個晚上,我在宿舍裡把我的想法打在一張紙上,寄給下班喝酒聚會的成員之一戴夫·邦奈爾(Dave Bunnell),他是 MITS 的撰稿人,也是《電腦筆記》的編輯,他把那封信的副本寄給了幾家電腦雜誌以及自製電腦俱樂部的電子報,並在 1976 年 2 月號的《電腦筆記》上刊登了這封信:

致業餘愛好者的公開信

我認為,目前業餘電腦愛好者市場上最關鍵的問題,是缺乏好的軟體課程、書籍以及好的軟體。如果沒有好的軟體,使用者也不懂程式設計,業餘愛好者的電腦就沒有用處。有人會願意為業餘電腦愛好者的市場開發優質軟體嗎?

大約一年前,保羅和我就已經預見這個市場將會

成長,於是我們雇用了蒙特·大衛杜夫為 Altair 開發 BASIC。雖然最初的工作只花了兩個月,但是在過去的一年裡,我們三人大部分時間都在記錄、改寫以及新增 BASIC 的功能。現在我們擁有 4K、8K、擴充版、ROM 版與磁片版 BASIC。我們使用的電腦時間價值超過了 4 萬美元。

我們從數百位聲稱正在使用 BASIC 的顧客那裡得到的回饋都很正面。但是,有兩件事讓人難以置信:一、大多數「使用者」從未購買 BASIC(不到 10％ 的 Altair 擁有者有購買 BASIC);二、如果依據我們從銷售中獲得的權利金來計算,我們投入 Altair BASIC 的時間價值,每小時不到 2 美元。

為什麼會這樣?絕大多數的電腦愛好者必定知道,你們多數人都盜用軟體。硬體要花錢買,軟體卻可以免費分享。有誰會在意開發軟體的人有沒有得到報酬?

這樣公平嗎?如果你們盜用軟體,遇到問題時就不能要求 MITS 解決。MITS 沒有靠銷售軟體賺錢。扣掉支付給我們的權利金,以及使用手冊、磁帶等其他開銷之後,這項業務只能勉強收支打平。你們的行為只會阻礙好的軟體被開發。有誰會無償投入專業的軟體開發?有哪個業餘愛好者能投入三個人力年(man-year)設計程式、除錯、撰寫產品文件、再免費發行?事實上,除

了我們,沒有其他人願意投入巨額資金為業餘愛好者開發軟體。我們已經寫了 6800 BASIC,現在正在寫 8080 APL 與 6800 APL。但是我們已找不到任何理由為業餘愛好者提供這些軟體。說白了,你們做的事情就是偷竊。

至於那些轉賣 Altair BASIC 的人呢?他們不也靠著銷售軟體賺到錢了嗎?沒錯,但是我們所知的那些人最終會得不償失。這些人破壞了業餘電腦愛好者的名聲,只要出現在任何俱樂部聚會場合,都應該立刻被驅逐。

我歡迎任何想要付費、或是提供建議與評論的人寫信給我們。請寄到新墨西哥州阿布奎基,阿爾瓦拉多東南街 1180 號 114 室,郵遞區號 87108。如果能雇用十名程式設計師、向業餘電腦愛好者市場提供大量的優質軟體,那會是我最開心的事。

比爾・蓋茲
Micro-Soft 普通合夥人

那封信在電腦俱樂部與業餘愛好者社群引發了軒然大波。在那封信刊登之前,就算有 Altair 使用者知道 Micro-Soft 或是聽說過比爾・蓋茲這個名字,他們大概也沒什麼想法。那時候的我們默默無聞。可是現在,Micro-Soft 突然成為「軟體的未來」這個更大議題的爭論焦點。免費?或是付費?有少數讀者

支持我、贊同我的觀點：沒有財務報酬，就不會有人願意開發大家需要的軟體。東華盛頓州立學院心理學系的一位電腦技師，寫信贊同我「勇於發聲的決定……我現在懂得欣賞好的軟體，以及那些花費無數時間開發、除錯的人。沒有程式設計師，電腦就只是一大塊（或一小塊）矽或金屬。」

也有人抨擊我。「關於比爾‧蓋茲在那封充滿憤怒的信中提出的問題，」一家新成立的電腦雜誌編輯寫道，「當軟體是免費、或是價格低到買軟體比拷貝還便宜的時候，就不會有被『盜用』的問題了。」

羅勃茲氣瘋了。雖然他認同軟體應該付費，但是他認為我侮辱了他的客戶，這已經越界了。那封信發表一週後，我回到阿布奎基，羅勃茲對我大發雷霆。「你甚至還不是我公司的員工！」他吼道。我對於讓他陷入這種困境感到抱歉，也後悔信中的文字不夠圓融。那封信是用 MITS 的公司信紙發出的，所以對羅勃茲來說，我的批評會讓人覺得是 MITS 在指責自己的客戶是小偷，可能很多人也會這麼認為。羅勃茲要我和 MITS 員工一起草擬另一封信，我必須在信中道歉。在那之後我不准再寫公開信，他說。

幾天後，1976 年 3 月 27 日，我緊張地走上全球 Altair 大會的舞台，這個名稱聽起來很盛大的聚會，是由 MITS 的撰稿人邦奈爾一手策劃，地點在阿布奎基的一家機場飯店，目的是為了進一步提升 Altair 的知名度。羅勃茲看到有超過七百人到

場,很驚訝。因為那封公開信,我的名聲早已傳開。這是我第一次發表專業演說。我用心準備演講稿,主題是關於 BASIC 將如何引領軟體的未來,當天我繫上最好的領帶,穿上唯一的運動夾克,在台上闡述軟體為何是電腦最重要的部分。現在這聽起來很理所當然,然而對於當時的人們來說,要理解這些機器會如何演變,需要發揮一些想像力。

演講讓我印象最深刻的是,結束之後有一群人圍在我身邊問問題。我從來沒有經歷過這種情況,陌生人在我身邊圍成一圈,所有人的目光都聚焦在我身上。我邊說話邊搖晃身體,我心裡的節拍器啟動了,在我解釋軟體的技術細節以及我們正在努力開創的業務時,我變得自在許多。我不記得花了多少時間談軟體付費這個更令人擔憂的問題,但我相信我有回應關於這方面的提問。

在我離開阿布奎基之前,羅勃茲要我寫那封道歉信。邦奈爾將信刊登在 4 月號的《電腦筆記》,並將副本寄給其他兩家出版刊物。「第二封、也是最後一封信」比較不像羅勃茲期待的道歉信,內容主要是針對商業軟體提出合理的解釋。「不是所有業餘電腦愛好者都是小偷,」我寫道,接著試圖以圓融的語氣說明:「相反地,我發現多數人都是聰明、誠實的,和我一樣非常關心軟體的未來。」另一方面,個人電腦的未來取決於能否開發出優質的軟體,這表示開發軟體的人必須獲得報酬,「軟體決定了一台電腦能否成為長期的絕佳教育工具,或

是熱度僅能維持幾個月的新奇玩具，很快就被徹底遺忘在櫥櫃裡積灰塵，」我寫道。

雇用第一位員工，建立三方合夥關係

我們期望透過付費客戶雇用程式設計師的願望，終於有機會實現。我們爭取到 NCR 與其他客戶，每個月大約有 2 萬美元的收入，Micro-Soft 可以雇用第一名員工了。4 月時，我打電話給馬可・麥唐納（Marc McDonald），他是湖濱學校比我小一歲的學弟。他也曾是湖濱電腦室大家庭的成員，現在在讀華盛頓大學二年級，主修電腦科學。他說課程不怎麼有趣，所以大部分時間他都在醫療科學學院打工，使用那裡的 PDP-10 電腦寫程式。馬可大概是我們公司史上最輕鬆招募到的員工：我開出 8.5 美元時薪，他馬上答應了。幾天後，他就開車到阿布奎基，入住波特斯 114 室的沙發。幾天後我收到瑞克的信，他改變主意了，不想繼續攻讀研究所，希望能重新加入 Micro-Soft。他提議建立合夥關係：「我真心希望全心投入，讓 Micro-Soft 發揮最大潛力，」他寫道。他願意與公司合作「很長一段時間，因為我當然能看到其中可觀的報酬，不僅是經濟上，還包括其他方面。」

下一個週末，保羅、瑞克和我透過電話敲定了細節。我們將建立三方合夥關係，我就能繼續上學，保羅也能在 MITS 繼續工作至少六個月。瑞克計畫在下一週到阿布奎基，為我們先

準備 Micro-Soft 的名片、信紙與郵政信箱，然後開始大量發信給潛在客戶，推銷我們的軟體與顧問服務。我們甚至有可能開通電話客服，以應付訂單大量湧入的情況。

如果我繼續上學，我會兼職工作，負責處理法律與財務，以及我們需要完成的程式設計工作。我在學校的期間，由瑞克擔任總裁、負責管理公司。保羅繼續在 MITS 工作，同時為 Micro-Soft 發掘新的技術機會以及維繫客戶關係，包括 MITS、NCR 以及已經談定的另一家智慧終端機製造商「資料終端機公司」（Data Terminal Corporation）。

我在影印紙上匆忙寫下我們長達七頁的商業計畫。我的指導原則是不要好高騖遠，不要陷入成本困境。所以我們每個人的時薪是 9 美元。「合夥人領取 9 美元時薪，足以享有舒適的生活，這個數字不會因為成功、個人努力或個人運氣等因素改變。只有一種情況會改變：當公司無力負擔時，就必須減薪。」

我寫下我們的兩大目標：一、擴大規模、提高知名度；二、創造利潤。這封信標誌著我們將共同努力邁入新的階段：成為一家獨立的公司。我們一致同意，至少在未來兩年要把 Micro-Soft 放在第一順位。

第十四章

原始碼

打造獨一無二的事業，人生之路就此底定

成為一家真正的公司

「微型電腦快速崛起。」

這是我在 1976 年夏天買的某期《商業周刊》(*Business Week*)[13]標題，大約就在我們與 MITS 簽約一年之後。我喜歡這篇文章，因為它不是刊登在一般會關注電腦產業動態的刊物，例如電腦專業雜誌或是電腦愛好者的電子報。我猜想《商業週刊》的讀者是投資人或是高階主管，其中多數人應該還沒有自己的電腦，但如果電腦變得更好用，他們很有可能會買。

我用藍色原子筆標出我認為最重要的段落：「家用電腦產業愈來愈像大型主機電腦產業的縮影──由單一競爭者主導市場。家用電腦領域的 IBM 就是 MITS 公司，工程師亨利・愛德華・羅勃茲 7 年前在家鄉阿布奎基（新墨西哥州）的車庫裡成立了這家公司。」報導還寫到，MITS 在前一年度銷售了八千台 Altair 電腦，營收達 350 萬美元。還提到雖然有競爭對手，Altair 的先發優勢仍使其成為業界標準。

那篇報導刊出後，大量的電話湧進 MITS，甚至有人從南非打過來。很多人都想與文章中提到的這家熱門公司搭上關係，例如成為經銷商、開電腦門市，還有人希望擔任顧問，協助向企業客戶推銷 Altair。MITS 的員工對那篇報導也讚不絕

---

13 編註：創辦於 1929 年，後於 2009 年被彭博有限合夥企業收購，更名為《彭博商業周刊》(*Bloomberg Businessweek*)。

口,希望能為他們生產的機器催生更複雜的應用。

我讀那篇文章時心想,MITS 現在是家用電腦的 IBM,但這個地位不可能長久維持。一個原因是:一旦 IBM 決定推出個人電腦,就很有可能取代 MITS,成為個人電腦的新龍頭。我知道羅勃茲也很擔心大型電子製造商會加入競爭。其中,他最提防的就是德州儀器。MITS 在 1970 年代初率先推出提供給工程師與科學家專用的可程式化計算機套件。但這個市場到達一定規模後,以德州儀器為首的幾家大型企業便殺入市場,推出組裝好的低價產品,讓 MITS 差點倒閉。羅勃茲很害怕個人電腦市場會再次上演相同的劇情。

我們都明顯感覺到羅勃茲對於經營 MITS 感到愈來愈厭煩。推出 Altair 不到兩年,他每天都要應付各種麻煩:客戶來電、Altair 經銷商的投訴,以及公司從少數幾人成長到兩百多名員工之後產生的日常繁瑣事務。經常會有不滿的員工因為同事的時薪比自己多了幾美分,就跑去找他理論。有一次,他開除了一名員工,但心裡過意不去,過不久又把那個人請回來。羅勃茲的內心其實有柔軟的一面,與他粗獷的外在形象不太搭。

我擔心我們的公司仍太過依賴 MITS。專為 Altair 開發的 8080 BASIC 的授權費仍是我們最主要的收入來源。這個版本的 BASIC 原始碼授權開始成長。大約同時,我們拿到奇異的訂單,他們以 5 萬美元取得 8080 BASIC 原始碼的無限使用

權。與 NCR 簽約之後，也有好幾家智慧終端機製造商主動聯繫我們。我拜訪了其中一家廠商：位於長島的應用數位資料系統公司（Applied Digital Data Systems，ADDS）。我飛到紐約的甘迺迪機場，打算租車開去 ADDS 公司的所在地、大約一小時車程的哈帕克（Hauppauge）。但我的計畫被租車公司打亂了，他說不能租車給我：我年紀太小了。後來 ADDS 的人還到機場接我，第一次見面就碰到如此尷尬的場面。幸好他們依然對我們很感興趣，我們接下來花了很長時間來回溝通，試圖達成協議。

當然，因為 MITS 擁有 8080 BASIC 的全球獨家權利，所以每次我們爭取到原始碼的新客戶，都必須透過 MITS 簽約。一旦簽訂協議，所有收入都必須跟 MITS 平分。那年夏天，我們試著逐步擺脫對 MITS 的依賴，開始尋找自己的辦公室，也開始開發能吸引新客戶的其他產品。

開發新客戶的工作大部分落在瑞克身上，當時他擔任總經理的職務。我們建立三方合夥關係之後的幾個月，瑞克的想法又有了轉變。身為合夥人，代表他必須將全部的精力都專注在 Micro-Soft 的工作上，但是他想拓展自己的生活圈，追求更豐富的人生。他去教堂做禮拜，去健身房舉重，也抽空去洛杉磯探望朋友。雖然瑞克已經在多年前向保羅與我出櫃，他直到在阿布奎基工作時，才真正接受自己。為了向新的人生致敬，他買了一輛科爾維特（Corvette）跑車，訂製車牌上寫著「YES

I AM」,似乎在回應任何可能的疑問。他在社交圈愈來愈活躍,也遇見了人生的初戀。

瑞克退出合夥關係後,保羅和我同意仍以六四拆分股權。我們兩人官方都使用「資深合夥人」的正式頭銜,但私底下會模仿大企業的商務人士,給自己聽起來很厲害的頭銜:我是「總裁」,他是「副總裁」。瑞克身為總經理,負責行銷與大部分的日常營運,從與MITS打交道,到存支票、找辦公室。他做事非常嚴謹,會把每一次溝通互動都記錄在他取名為「微軟日誌」的筆記本上。這本日誌現在已經是重要的歷史資料,完整呈現了1970年代的經商樣貌:一封又一封的打字信件、一通又一通電話,不斷聯繫不同的公司,期望能找到願意買我們軟體的人。以一小部分的日誌為例:

7月24日,星期六:
2點45分　打電話給賈伯斯。留言給他媽媽。

7月27日,星期二:
10點55分　打電話給賈伯斯。忙線中。
11點15分　賈伯斯回電。很沒禮貌。
11點30分　再次打給佩德爾。一定要和他說到話。

日誌中的佩德爾指的是查克・佩德爾(Chuck Peddle),

他是 MOS 科技的工程師，沃茲尼克在 Apple I 上安裝的 6502 晶片就是該公司生產的。幾年前，佩德爾與幾位工程師一起離開摩托羅拉，加入 MOS 科技，並在新公司開發出 6502 晶片。這款晶片與摩托羅拉的 6800 很相似。我們已經為羅托羅拉的晶片開發了 BASIC 版本，所以瑞克也已經在為 6502 寫新的版本。但是我們需要有客戶買單。瑞克在日誌裡記錄了整個夏天與初秋，他持續努力地嘗試聯繫：12 點 55 分，再次聯繫佩德爾；打電話給 MOS 科技的佩德爾。休假中。打電話給佩德爾。忙線中。同時間，賈伯斯告訴瑞克，蘋果已經有了自己的 BASIC 版本，是他的搭擋沃茲尼克寫的。就算他們之後真的需要另一個版本，也是由沃茲尼克來寫，而不會是交給 Micro-Soft。無論賈伯斯是如何傳達這些訊息的，我猜瑞克聽了之後應該很不高興。

BASIC 的普及讓 Micro-Soft 得以順利起步，就像瑞克為 6502 晶片開發 BASIC 一樣，我們也繼續為不同微處理器開發 BASIC 版本。然而，BASIC 儘管易於使用，而且深受業餘愛好者的喜愛，卻不是專業的電腦買家想要的程式語言。科學家與學者通常使用 FORTRAN；商業人士則是用 COBOL。此外，許多迪吉多迷你電腦的使用者除了 BASIC，也很喜歡用 FOCAL。為了拓展業務，我們開始開發這三種語言的版本。同時，我們也開始向消費者推銷保羅的開發工具。從公司剛成立時，保羅和我就期望 Micro-Soft 能提供多樣的軟體產品，也

就是軟體工廠的概念。當時我們距離這個目標仍相當遙遠，但是先開發出一系列的程式語言及開發工具，是朝那個目標前進很重要的一步。

為了支援新產品開發，夏末時我們開始招募非湖濱校友圈的第一批全職員工，包括剛取得史丹佛電機工程碩士的史帝夫・伍德（Steve Wood）與他的太太瑪拉・伍德（Marla Wood）。在那之前，我們只是一群朋友，我從來不會擔心我們的未來。就算一切都搞砸了，我也相信我們各自都能找到出路。但現在我們開始雇用不認識的人，還要求他們搬到新墨西哥州、把命運託付給剛成立十八個月、前途不明的公司。這個事實讓我感到有壓力。對我來說，這批最早期的員工加入之後，Micro-Soft 才真正像是一家公司。

「史帝夫跟你很像」

那年夏天，我在西雅圖寫另一種程式語言：APL，我認為這個語言未來會成為我們公司的產品。APL 就是「A Programming Language」的縮寫，IBM 在 1960 年代初期開發了原始版本，在 1970 年代持續推廣，使其能在各類型電腦上運作。許多專業程式設計師都給予 APL 高度正面的評價，並預測 APL 未來會變得更普及。我覺得如果能開發自己的版本，就可以搭上這股熱潮、拓展業務，不再局限於業餘愛好者喜愛的 BASIC 市場。

作為程式設計師，我也對 APL 很感興趣。它的語法非常簡潔，只需要幾句陳述就能完成其他語言需要好幾行才能完成的功能。正因如此，為個人電腦開發新的 APL 版本就成了棘手的難題。我們必須想辦法將複雜的功能壓縮到極為有限的記憶體空間。我日夜不間斷地工作，用的是我在自己房間裡安裝的可攜式終端機，我會支付我父母撥接上網產生的電話費。當時 12 歲的莉比經常站在我房間的門口，想知道她的瘋狂哥哥一整天黏在終端機前到底在忙什麼。休息時，我會跟她打桌球。（我最終沒能破解 APL 的難題，但我的桌球球技進步了不少。）

那年夏天是我最後一次住在父母家裡。現在回想，我很感謝家人在 Micro-Soft 創業初期給我的支持。儘管當時的我認為自己很獨立，但實際上不論是物質上或精神上，家人都給我非常大的支持。那一年，我經常跑去加米在胡德運河旁的住處，一個人沉思，我很需要這樣的時間，那個夏天也不例外。我父親總是很願意幫我解決法律相關的問題。那時 22 歲、在德勤表現出色的克莉絲蒂則是幫忙我們打點 Micro-Soft 的稅務。

在我父母眼中，我似乎終於開始依父親的期望，有條理地安排我的生活。我成立自己的公司，雖然休學一學期，但即將在秋天回到學校，繼續讀大三的第二學期。他們對於我的計畫感到滿意，也能理解大學在知識層面帶給我的滿足感，與 Micro-Soft 帶給我的是不同的刺激。我選修了「工業革命時期

英國史」這門課，還利用了應用數學這個百搭牌主修，說服教授讓我選修 ECON 2010，這是研究生才能選修的經濟學理論課，課堂上還有另一個大學部學生：主修數學的史帝夫・鮑爾默（Steve Ballmer）。

前一年，我在庫里爾宿舍的朋友建議我，可以去認識住在走廊另一端的某個人。「史帝夫跟你很像，」他說。那時候我已經能立刻辨識出和我一樣能量過剩的人，布默和肯特就是典型的例子。鮑爾默的活躍程度超過了我認識的所有人。庫里爾宿舍的男生多半是理工宅，喜歡獨來獨往，社交生活就是在宿舍地下室打桌球或是玩撲克。但史帝夫不一樣。他擁有聰明的腦袋與過人的運動天賦，也善於社交。他的校園生活是我認識的人之中最忙碌的，要負責《哈佛深紅報》（The Harvard Crimson）的廣告業務，擔任文學雜誌的社長，同時還是橄欖球隊的經理。

那年秋天我去看了一場比賽，我從看台上看到史帝夫在場邊來回奔走、又蹦又跳，消耗的能量絲毫不亞於球場上的選手。他把所有的心力都投入到那支球隊。看得出來他真的很重視球隊經理的角色。他的活力與熱情很容易感染其他人。史帝夫拓展了我的社交圈，我透過他的推薦，獲得加入福克斯俱樂部（Fox Club）的提名，這個俱樂部僅限男生參加，有晚禮服派對、祕密的握手方式，以及各種古老規矩與儀式，都是我平時敬而遠之的活動。但因為史帝夫是會員，所以我同意接受提

名,也成功入會了。

結果我們很少一起上 ECON 2010 的課。我還是維持翹課到期末考的模式,史帝夫也行程滿檔,我們都沒有去上每週三小時的課。我們決定那堂課全靠期末考了。史帝夫和我深夜時會在宿舍長談各自的人生目標,就像以前和肯特的對話一樣。我們深入討論在政府部門與在企業工作的利弊,分析哪種選擇能讓社會更好、對世界有更大的影響。史帝夫傾向在政府擔任要職,我則是毫無意外地選擇站在企業的立場。畢竟那是當時我思考最多的事情。

嚴厲的愛

學期之中,我對 Micro-Soft 的狀況愈來愈不滿。在那之前,我認為還可以遠距管理公司,特別是有瑞克在負責日常營運。但是隨著公司成長,業務細節也變得愈來愈複雜。每次與保羅或瑞克溝通時,我都會聽到一些我認為沒有被處理好的新問題。例如,我深入了解與奇異的交易之後,認為依我們承諾要完成的工作,我方的報價太低了。瑞克沒有記錄員工出差的費用,我們的差旅費已大幅超支。NCR 還欠我們 1 萬美元,但保羅和瑞克都不清楚這筆款項的付款日。我們最大的一個問題仍是 MITS,他們還沒支付有安裝額外記憶體的 Altair 電腦權利金。由於我們大部分營收都是來自 MITS,在找到其他營收來源之前,我們每一分來自 MITS 的權利金都不能少,才能

維持 Micro-Soft 的營運。

我在 11 月初明確表達了我的不滿。那天晚上，我很難得和史帝夫還有在福克斯俱樂部新認識的朋友一起出去玩。回到宿舍後，我寫了一封給保羅和瑞克的信，開頭還先警告：「今晚是我這學期第一次出去喝酒，所以可能會有點語無倫次，但我決定今天晚上就要寫這封信，所以我要開始寫了。」

現在重讀這封信，我才想起那時候，我們的新公司正要起飛，但我們還是繼續在經營交通流量統計的業務，也仍在協助湖濱學校的排課程式。我在信件的開頭先寫了一頁關於這兩個專案的技術指令。但重點還是 Micro-Soft，以及其他被忽視的事項：差旅費用、員工管理、客戶追蹤與合約談判。我抱怨他們到現在都還沒有申辦公司信用卡。另一件讓我火大的事，是公司還需要支付 800 美元的罰金；MITS 一直沒有支付權利金，也讓我很不滿。我寫道：「公司從我離開後就花掉 14,000 美元，沒有考慮現金流，也沒有處理記憶體權利金的問題，這樣下去我們會完蛋。」

我在結尾寫道：「儘管說了那麼多關於努力工作以及長時間投入的話，但顯然你們沒有一起討論 Micro-Soft 的事，甚至自己也沒有認真思考過，至少思考得不夠深入。『全力以赴』這個承諾根本沒有兌現。你們的朋友，比爾。」

除了那段「我有喝酒」的警告之外，我在信中的語氣在當時很常見。我在三人之中一直是監工的角色，我總是擔心我們

會失去優勢,害怕一不小心,我們公司就會活不下去。我們親眼目睹 C 立方這家前景看好的新創公司,十八個月後卻被債主搬空辦公室。而且過去一年,我們看到 MITS 的問題愈來愈多,他們雖然取得領先,卻缺乏維持領先優勢需要的管理機制。我們是一家年輕的公司,還在努力了解經營企業的各個職能,包括法務、人力資源、稅務、合約、預算與財務。雖然我們精通軟體開發這個核心業務,但是我擔心我們在學習其他面向的速度還不夠快。

幾週後,我趁感恩節假期到阿布奎基待了 10 天,處理我在那封「嚴厲的愛」信中提到的一些問題。那時我們剛搬進第一個真正的總部:在新建的十層樓大樓,租用了八樓的辦公空間。中央公園二號大樓(Two Park Central Tower)是當地最高的大樓之一,不僅能欣賞阿布奎基的落日美景,還能看到遠處沙漠的暴風雨。整層樓設有接待處與四個獨立的辦公室,我們業務成長之後就可以再租用其他空間。(那時我們在新墨西哥州正式註冊為微軟公司〔Microsoft〕,刪除了原本名字中間的連字號。)

我在阿布奎基的期間,保羅正好決定辭掉 MITS 的工作,全心投入微軟的事業。我不記得我對公司的憂慮是否影響了他的決定,也不知道他有沒有感受到來自我的壓力。但我知道保羅厭倦了在 MITS 的工作。羅勃茲承受的壓力愈來愈大,他與保羅的矛盾也日益加深。有一次,羅勃茲堅持要保羅發布未開

發完成的軟體,兩人發生了激烈衝突,不久後保羅就提了辭呈。不論他離職的理由是什麼,對我們來說都是好消息。現在他能投入更多時間指導我們的新員工開發 FORTRAN 與其他產品。

我和保羅及瑞克一起審視公司的現金流,並研究招募更多人、擴大辦公空間可能碰到的財務問題。我們收到許多公司詢問 8080 BASIC 的授權,並試圖與多家公司敲定合約,包括 Delta Data、雷克沙(Lexar)、英特爾以及 ADDS,就是之前我去長島拜訪的智慧終端機製造商。但是,羅勃茲愈來愈不願意簽合約。

這點讓我們很困擾。我們希望其他產品能盡快成為新的收入來源。其中之一就是瑞克正在開發的 6502 BASIC。8 月下旬,康懋達國際(Commodore International)宣布收購 MOS 科技。康懋達曾是領先業界的計算機製造商,後來卻落入與 MITS 相同的命運,因為德州儀器的競爭而陷入困境。不過,他們也和 MITS 一樣擁有設計與製造個人電腦的專業知識,現在更取得了個人電腦需要的晶片。

感恩節前的一個下午,瑞克打電話給他在 MOS 科技(現在屬於康懋達)的聯絡窗口:查克・佩德爾。經過數月的電話不通、訊息石沉大海,佩爾德終於表示康懋達對我們開發的 BASIC 很感興趣,也能接受我們的報價。這真的是振奮人心的好消息。〔幾週後,保羅在《電子工程專輯》(*EE Times*)

看到一則消息：康懋達計畫開發一款使用 6502 晶片的通用電腦。也就是說，我們必須盡快完成 6502 版本的開發。〕

瑞克與佩德爾通話約一小時後，我們就接到德州儀器一位軟體主管的來電。德儀的主管告訴瑞克，他們正在開發一款裝配自家晶片的電腦。他想要看看我們開發的 BASIC 以及我們公司的相關資料。他表示還需要說服德州儀器的管理階層與我們合作，但光是德州儀器表達興趣，對我們來說就已經是重大突破。除了 IBM 或迪吉多，德州儀器決定進入個人電腦市場，是最令人期待的消息。德儀擁有品牌知名度、工程技術實力與行銷能力，也是羅勃茲一直非常忌憚的公司。德儀雄厚的財力加上激進的定價策略，曾經差點讓 MITS 倒閉，現在要讓 MITS 關門也並非難事。

第二次離開哈佛，全心投入微軟

我回學校之後，聽說有一群穿著細條紋西裝的人常常出現在 MITS 辦公室。MITS 不是穿西裝的人會經常出沒的那種地方，他們的出現顯得很突兀。後來我們才知道，那些人來自 Pertec。Pertec？我沒聽過這個名字。我跑去懷德納圖書館查詢（是的，那時候還不能用網路搜尋），找到一篇介紹。Pertec 全名為週邊設備公司（Peripheral Equipment Corporation），是一家上市公司，專門為大型電腦生產磁碟機與儲存設備。公司總部位於加州，規模相當龐大：擁有超過一

千名員工，年營收近 1 億美元。

12 月初，Pertec 提出以 600 萬美元的價格收購 MITS。如果成交，羅勃茲在開發微型電腦的創新將可獲得回報。而且有了母公司的資金支持，或許 MITS 就能抵擋德州儀器以及其他想搶占微型電腦市場的入侵者。

自從 Pertec 表達收購意願後，所有與微軟相關的業務都停擺了。權利金停止支付，授權交易也停止。羅勃茲之前告訴我們，他拒絕將我們的 BASIC 賣給任何他認為會與 MITS 直接競爭的公司。到了 1976 年底，他認定的競爭對手已經擴大到整個產業。

我在西雅圖過聖誕節時，收到瑞克寄來的信。他再次改變心意了：他要離開微軟。經過一番思考，他最終決定，他想要定居洛杉磯。他在那裡可以擁有豐富的社交生活，當地也有一家經營穩定的小型軟體公司想雇用他。

我感覺被拋棄了。我們下一次談話時，我責怪他去年春天不該誤導我，向我保證他會全心投入微軟的工作。他反駁說他從來沒有承諾要長期留在微軟。我們來回爭論錢的問題，以及諸多待完成的工作。我們都冷靜下來後，我問他能否待到 3 月，完成康懋達的 6502 BASIC。我說，直到他離職之前，我們都會支付他工作的報酬，外加新公司承諾給他的薪資。他答應了。隨後他就飛去芝加哥參加消費電子展，我們新的合作夥伴康懋達在現場首次展示了康懋達 PET 2001，那台一體成型

的電腦配備了內建顯示器、鍵盤與卡式磁帶播放機（用於儲存資料）。PET 2001 採用成型塑膠外殼，外型與之前推出的個人電腦很不一樣，更像是一台家用設備，不像是業餘電腦愛好者桌面上的機器。這正是它的特色所在。

放假期間，我去探望住在胡德運河邊的外祖母，某天晚上我出門散步。我還清楚記得當時走在 106 號公路上，這條雙線公路沿著運河南岸蜿蜒延伸。我邊走邊思考與 MITS 的問題，以及另一個更重要的問題：接下來一年如何管理微軟。MITS 與有意收購它的 Pertec 都無意銷售我們的軟體，即使有愈來愈多公司想跟我們合作，他們仍持續阻擋這些交易。我告訴自己，這個產業終於要起飛了，我們絕不能被甩在後頭。我感覺到一邊讀大學、一邊經營軟體公司的生活愈來愈難維持下去。

保羅和我都抱持完全一致的願景：成為領先業界的個人電腦軟體公司。這個目標就如同河對岸隱約可見的寶物。到了 1976 年底，我明白了一件事：我想要第一個抵達、以最快速度搭出最好的橋通往對岸的企圖心，比保羅更為強烈。我可以將外面的世界完全隔離，就如同潛水艇的密封艙門一樣。出於對微軟的強烈責任感，我選擇關上艙門，鎖緊轉輪。沒有女朋友，沒有嗜好。我的生活只有保羅、瑞克以及和我們一起工作的人。這是我知道保持領先的唯一方法。我也期望其他人能如此投入。大好機會就在面前，你為什麼不一週工作 80 小時、去追求這個機會？當然會很累，但同時也讓人熱血沸騰。

第十四章 原始碼

我一直很有自信,也喜歡獨立解決問題,但我逐漸意識到,我需要某種保羅無法提供的協助。在最關鍵的領域,他的確是最好的夥伴:我們對公司的未來抱著相同的願景,在解決技術問題、挑選軟體開發人才等方面也配合得很好。但如果商業基礎不穩固,這一切都毫無意義。經營微軟是一件孤獨的工作,我需要一位能全天候待命的事業夥伴,一個能和我一起深入討論、辯論重大決策的同儕,一起仔細研究潛在客戶名單,分析哪些客戶可能付款、哪些客戶可能不會,以及我們的銀行帳戶會因此受到什麼影響。每一週都要獨自應付上百件這樣的事情,對我來說是很沉重的負擔。我覺得自己的付出應該得到認可,我應該在我們創辦的事業上取得更多股份。

在胡德運河邊散步時,我決定如果我離開學校、全職投入微軟的工作,我就要告訴保羅,我想要更多股份。我在 1 月時回到哈佛,在期末考前的複習期反覆琢磨這兩個決定。史帝夫・鮑爾默和我真的都沒去上 ECON 2010 的課,我們在考前複習期互相教對方課程內容,拚命把整個學期的知識塞進大腦裡。最後我們都通過了只有一頁紙的期末考。

1 月 15 日,我寫信給哈佛:「我與一位朋友合夥創辦了微軟公司,專門提供微處理器軟體相關的諮詢服務。我們最近承接了新業務,需要我全心投入微軟的工作。」我表示預計在秋季重返校園,在 1978 年 6 月完成學業。

我父母知道他們無法說服我繼續留在學校。我太獨立了。

但是我媽有時候會試圖用比較婉轉的方法說服我。她在那一年或前一年的某個時間，安排我與西雅圖的傑出商業人士山姆・史特羅姆（Sam Stroum）見面。史特羅姆的電子產品連鎖店規模很大，之後又收購一家大型區域性汽車零件連鎖事業，持續擴張版圖。他也積極參與許多非營利組織的事務，是西雅圖當地的重要人物。我母親是因為聯合勸募的工作而認識他。午餐時，我向他說明微軟的情況、我們希望為每種微處理器開發軟體的計畫，以及我們公司會如何隨著市場起飛而成長。無論我母親對這場午餐約會抱有什麼樣的期望，我想最終都沒有如她所願。史特羅姆沒有勸我繼續留在哈佛，反而對我正在做的事情感到非常興奮。他的熱情可能稍微減輕了我母親的擔憂，但並沒有完全消除。（多年後，史特羅姆經常開玩笑地表示很後悔沒有在那次午餐馬上開支票，買下微軟的部分股權。）

「如果微軟失敗，我就回學校，」我向父母保證。

回到阿布奎基之後，我告訴保羅，我希望公司股份的拆分比例改為64％與36％。他不同意。我們爭論了一番，最後保羅讓步了。我現在回想，對於當時向他施壓感到很抱歉，但當時我覺得這樣的分配才能真實反應微軟需要我們各自付出多少努力。我們在2月初簽署協議，新的股權分配比例正式生效。（大約3年後，我在說服史帝夫離開商學院加入微軟時，股權分配問題再次被提起。我將我額外獲得的4％股份納入史帝夫的薪酬方案中。他在1980年加入微軟，成為我需要的全天候

待命工作夥伴。）

雖然保羅和我在公司所有權問題上有些矛盾，而且我們經常爭執，但我們之間有非常深厚的感情。我們共同經歷了一段不可思議的旅程，現在也正在打造獨一無二的事業，而且樂在其中。

我們也找到了維繫友誼的好方法：不要住在一起。我還在波士頓的期間，保羅搬出了波特斯公寓，和瑞克、馬可・麥唐納一起在郊區租了一間三房的房子。我回到阿布奎基時，和克里斯・拉森一起搬到另一間公寓。拉森在暑假時經常往返阿布奎基，和我們一起工作。他現在是湖濱學校的十二年級生，他說服父母讓他和我們一起在微軟工作，就像當初我為了 TRW 的工作向學校請假一樣。

沒有跟保羅住在一起，代表我無法再開那輛「死亡陷阱」，所以我買了自己的車：1971 年的保時捷 911。雖然是二手車，對我來說仍是一筆大開銷，但我一直很嚮往能擁有一輛保時捷，很愛六缸引擎發出的呼嘯聲。但即使到了今天，提起自己買了那輛車，我還是會有點不好意思。

那輛保時捷成為我的避風港，我總在開車時思考公司的各種問題，以遠超過速限的車速奔馳在桑迪亞山區的公路。拉森經常和我一起。前一年，我們發現了一條路面非常光滑的山路，一路蜿蜒向上，最後會抵達一座水泥廠。自從我買了保時捷之後，我們經常在這條我們暱稱為「水泥廠路」的山路上飆

車。一天深夜，我們在工廠停車後，發現有幾台推土機的鑰匙還插在開關上。有好幾個晚上，拉森和我就在水泥廠路的頂端，自學駕駛龐大的推土機。

在阿布奎基的時間，我工作以外的生活只有晚上和拉森一起開車兜風、看電影、或是與保羅和微軟的其他成員一起閒晃。伍德家是公司唯一的夫妻檔，他們經常邀我們去家裡吃晚餐，帶給我們一點家庭的溫暖。我們偶爾也會去保羅家，用他的投影電視看劇。那時我們迷上了 BBC 的影集《帕利瑟家族》（*The Pallisers*），改編自特洛羅普（Anthony Trollope）的帕利瑟系列小說。我們下班後會聚在一起，坐在沙發與地毯上，徹底沉迷於長達 22 小時的維多利亞英國公爵與公爵夫人之間的三角戀與金錢糾葛。

陷入合約糾紛

到了 1977 年春天，我愈來愈清楚 MITS 和 Pertec 無意支付應該付給我們的權利金，也不願再授權 8080 BASIC 給其他公司。在他們的認知裡，他們擁有軟體的所有權，我們只是個麻煩，是他們收購這家領先業界的個人電腦製造商計畫中碰到的小小絆腳石而已。Pertec 計畫讓 MITS 與 Pertec 為此特別成立的子公司合併。我們認為這麼做的部分原因，是為了確保他們擁有的 BASIC 權利能成為交易的一部分。但現在我懷疑他們是否真的看過我們的合約，我們並沒有將軟體的所有權轉讓

給MITS，只是授權給他們使用。而且根據合約規定，MITS有責任「盡最大努力」將軟體轉授權給其他公司。

這一切要追溯到1975年春天，保羅、蒙特和我完成4K BASIC，並交給MITS幾週之後。那段時間羅勃茲遲遲不肯簽約。我就一直待在西雅圖等他簽約。

在協商這份合約時，羅勃茲堅持我們要給MITS為期10年的全球獨家權利。我不想答應，但同時又很想達成這筆交易，想讓我們的新合作夥伴留下好印象。

我詢問我父親能否幫我們在新墨西哥州找一位律師。父親以前的律師事務所有一位訴訟律師，那位律師的侄子正好在阿布奎基執業，名叫保羅・邁恩斯（Paull Mines）。我聯繫了邁恩斯，他任職的普爾、廷寧與馬丁律師事務所（Poole, Tinnin & Martin）幫我們擬定了合約。在1975年，軟體授權合約仍是非常新的概念，我相信那或許是這家事務所第一次處理這種合約，他們做得很好，我還加入了一個重要條款。

我不記得是在什麼時候聽過「最大努力」（best efforts）這個法律用語，很可能是在餐桌上聽我父母討論我父親的工作。當一家公司同意盡最大努力，就代表他們同意要竭盡全力實現合約中規定的事項。不論我是什麼時候聽到了這個法律用語，它在我們與MITS進行合約談判時派上了用場。我說，如果MITS同意「盡最大努力」授權我們的原始碼，我們就同意給他們全球獨家權利。但是MITS的律師反對，他們願意考慮

「合理努力」（reasonable efforts）的說法，但是我不同意。必須是「盡最大努力」。

現在我回去反覆閱讀那個條款。第二頁，第五條：「公司努力。公司（MITS）同意盡最大努力授權、推廣與商業化該程式。若公司未能盡最大努力，將構成授權方終止本協議的充分依據與理由。」

在我看來，白紙黑字清清楚楚。

我在過去一年和 MITS 總經理艾迪・柯瑞（Eddie Currie）成為好朋友，他會和我們一起向外部公司推銷 BASIC。柯瑞與羅勃茲在弗羅里達州的同一個社區長大，兩人從小學就認識。與性格急躁的羅勃茲不同，柯瑞性格穩重，在 MITS 與微軟之間扮演冷靜的調停者。柯瑞很努力想幫助兩家公司成功。我們會一起對外推銷 8080 BASIC，每當我們談成一筆生意，柯瑞就會和羅勃茲一起完成簽約流程。

作為中間人，柯瑞多次鼓勵我與 Pertec 的律師見面，希望化解雙方的分歧。我有些害怕，我希望直接和羅勃茲溝通清楚所有事情。我也知道柯瑞一直在努力說服羅勃茲，等待其他有可能開出更高價碼的買家。當確定沒有別的買家，我只好答應與 Pertec 見面。我走進 MITS 會議室，看到三位 Pertec 的律師。他們要柯瑞在外面等候。

律師告訴我，Pertec 達成與 MITS 的收購交易後就會接管授權協議，合約將會「轉讓」給 Pertec。我說，這是不可能

的。保羅和我必須同意簽字才能轉讓給 Pertec，但是我們並不打算這麼做。合約第七頁寫道：「未經各方書面同意，本協議不得轉讓。」他們難道沒有看到這個條款嗎？他們回答，這些都無關緊要。

我愈聽愈火大。「你們完全搞錯了，」我氣沖沖地說道，「BASIC 直譯器不是你們的！」

會議的後續演變成我與律師之間的激烈爭執。就在我們陷入僵局、即將引爆另一回合的辯論時，柯瑞敲門說，有找我的電話。是保羅打來的，他說柯瑞在門外聽到我們在吼叫，於是打電話給他，他認為保羅應該過來，把我帶出會議室。他需要立刻趕過來嗎？「不用，」我對保羅說，聲音大到在場所有人都聽得到，「這些人想要騙我們，但我能搞定。」我掛掉電話，繼續回去和律師談判。我們又開始辯論，Pertec 的首席律師直截了當地告訴我，如果我繼續堅持保有我們的軟體，不接受他們的條件，他會採取什麼行動。他說，他會「摧毀微軟的聲譽」。他告訴我，「你要為詐欺罪負個人法律責任，我會把你告到傾家蕩產。」柯瑞後來說，他對於安排那次會面很愧疚，他認為律師是設局陷害我。

那天晚上我打電話給父親。他很震驚律師只與我一個人見面，沒有任何代表微軟的律師在場。第二天我去見了邁恩斯，他檢查了我們的合約內容，確認我們並沒有錯。「最大努力」的條款具有約束力。而且，如果條款對 MITS 來說還不夠明

確，那正是說明 MITS 是刻意不盡最大努力。幾週後，羅勃茲寫信給我們之前接洽的智慧終端機製造商 ADDS，宣稱 MITS 決定終止任何授權 BASIC 軟體的努力。他告訴對方，比爾·蓋茲可能會試圖重啟談判，「為了避免我們任何一方難堪，你們應該要知道，MITS 擁有蓋茲先生及其夥伴共同開發的 BASIC 軟體程式的全球獨家權利，除了 MITS 人員之外，任何人對於 BASIC 程式或是任何修改後的版本或是部分版本所做的任何承諾，均未經授權。」

開啟與賈伯斯長期的競合關係

到了 4 月，我們雙方依舊僵持不下，我飛到舊金山參加第一屆西岸電腦展（West Coast Computer Faire）。我走進市政廳禮堂，被眼前的景象震撼到了。攤位間的走道擠滿了人潮，據說兩天內總共湧入近一萬三千名參觀者，參展的單位包括我們公司、處理器科技公司、艾美斯（IMS Associates）以及展出 PET 電腦的康懋達，所有公司都把重點放在個人電腦。那一刻，我感覺到這個產業已然成形。

第一天，我正在向一群人講解我們開發的擴充版 BASIC 時，眼角餘光瞥見一位和我年紀相仿的英俊男子，一頭黑髮、修剪整齊的鬍鬚，身穿三件式西裝。他就在幾個攤位之外，同樣被一群人包圍著。雖然隔了一段距離，我還是能感覺到他全身散發出特別的氣場。我在心裡自言自語：「那傢伙是誰

啊？」那天是我第一次見到賈伯斯。

蘋果的規模雖然比不上其他許多公司，卻格外醒目。蘋果在當時就展現出不凡的設計品味，在未來數十年更是讓蘋果與賈伯斯成為業界傳奇。他們在會場上發表 Apple II，簡約的米色外殼看起來更像精緻的消費電子產品，而非個人電腦。他們用精美的壓克力板裝飾攤位，還委託行銷公司設計優雅的企業商標：被咬了一口的蘋果。他們的攤位就在展場的入口處，蘋果用投影機將 Apple II 的彩色圖形投影到大螢幕上，所有人一進場就能看到蘋果的商標、招牌與新發表的電腦。「蘋果吸引了不少注意，」保羅對我說。

1977 年春天的第一次相遇，開啟了賈伯斯與我之間合作又競爭的長期關係。不過在那次電腦展現場，我多半是與負責設計、製造 Apple II 的沃茲尼克交談。Apple II 和康懋達的 PET 一樣，都是使用 MOS 科技的 6502 晶片。

在當時，沃茲尼克是我們產業裡少見的奇才，同時精通硬體與軟體。不過他開發的 BASIC 有一個基本缺陷：這是簡化版的語言，只能處理整數，無法處理浮點運算，代表它無法處理小數點或科學記號，而這是任何成熟的軟體程式不可或缺的功能。蘋果需要更好的 BASIC，沃茲尼克也清楚這一點。之前我們已經為康懋達的 6502 晶片開發了 BASIC 版本，我們絕對有優勢為蘋果開發類似的軟體。我在會場上大力推銷我們的軟體，並強調直接授權使用我們的軟體，會比他們自己開發更

便宜、更快速。我離開舊金山時,很有信心我們能達成交易。

幾天後,我回到阿布奎基時收到德州儀器的通知,他們選中我們為他們正在開發的個人電腦寫新的 BASIC 版本。德儀表示他們想像這台電腦是家用裝置,可用於家庭理財、玩遊戲、寫學校報告。我希望這台電腦能真正打入大眾市場,使用者不會只有幾千人,而是有可能來到數萬人。

我們擊敗了至少另外兩家競爭對手才拿到這個案子,這筆交易讓我們信心大增。原本我想向德州儀器收取 10 萬美元的固定授權費用,但最後退縮了,我怕對方看到六位數的價格會卻步,最終我開出 9 萬美元。除了我們必須與 MITS 分成的 NCR 專案之外,這是我們簽過最大筆的交易。德州儀器第一次拜訪微軟時,我們的新任辦公室經理還要跑出去買新椅子,才能讓每個人都有地方坐。

德州儀器使用自己的處理器,這代表我們必須從頭開始開發 BASIC。這個工作至少需要花費兩個人數個月的工作時間。蒙特再次表示願意整個夏季都待在阿布奎基。但因為瑞克要離開,所以我還需要招募一位程式設計師。與德州儀器簽約後,我打電話給鮑伯・格林伯格(Bob Greenberg),我們在哈佛曾一起上過幾堂數學課,我知道他當時正在考慮幾個工作機會。「我就是你要找的人,」他對我說。

我們能否支付他的薪水,又是另一個問題。MITS 只付了一小部分權利金,但拒絕付清所有欠款,當時欠款已經超過

10 萬美元。保羅和我忍無可忍了。4 月底,在我們的律師邁恩斯協助下,我們寄了一封兩頁的信給羅勃茲,列舉了 MITS 種種違約行為:未付清欠款,拒絕盡最大努力將 8080 BASIC 授權給 ADDS 與 Delta Data 等公司。我們寫道,如果 MITS 無法在 10 天內支付權利金、並重新開始授權我們的軟體,我們將終止合約。

他們很快就作出回應:幾天後,Pertec 與 MITS 申請禁制令,試圖阻止我們授權 8080 BASIC。

進入仲裁程序,現金流告急

根據我們與 MITS 的合約,這場糾紛在 6 月進入仲裁階段。起初我很擔心我們的律師。邁恩斯外表看起來沒有條理、思考發散,散漫的行為舉止只會助長對方律師的自信,即使在我看來,他們的自信毫無根據。他們看起來很得意,似乎認為勝券在握。但事實上,邁恩斯非常精明,做事非常細心。每天晚上他都把我們留在他的辦公室,為第二天做準備,仔細研究我們的合約細節,以及我們與曾表示對 BASIC 感興趣的每一家公司的往來紀錄。

仲裁聽證程序大約持續了 10 天。我作為微軟的代表人,全程旁聽所有的證詞陳述;柯瑞則是 MITS 的代表。瑞克、保羅和我都有提供證詞,羅勃茲、柯瑞與公司其他人也是。撇開對微軟的影響,我覺得整個仲裁過程非常有趣。我模仿肯特,

每天帶著巨大的公事包，裡面塞滿了所有可能需要的文件。我會在公事包裡翻找，一張接著一張抽出文件，為了查找資料方便，也是為了做足樣子。與我高中時不帶課本回家的做法正好相反：看看那些文件！他們一定準備得非常充分！

某幾天晚上，保羅、柯瑞和我會在聽證結束後一起去吃飯，交換意見，猜測仲裁員在那一天看起來偏向哪一方。仲裁員始終不太理解爭議核心牽涉的技術概念。為了幫助他理解，我們把我們開發的 8080 BASIC 原始碼稱為「大原始碼」（Grand Source），以便與合約未涵蓋的其他版本做區隔。

我們找來 ADDS 的一位證人，希望證明這家終端機製造商的確想獲得 BASIC 授權，卻遭到 MITS 阻擋。在 ADDS 作證前一天晚上，我在吃飯時告訴柯瑞 ADDS 的產品代號是「百夫長」（Centurion）。我沒想到柯瑞會把這個消息分享其他人，更沒想到我根本搞錯了代號名稱。

第二天，Pertec 律師詢問 ADDS 證人這個祕密專案時，我才意識到這件事。「告訴我們關於百夫長的事情，」律師質問，一副胸有成竹的樣子，像是即將揭露我們的重大破綻。

「我不知道。」ADDS 的證人回答。

「你一定知道百夫長專案，」律師立即反駁，證人回答：「我想我知道那個字的意思，好像是羅馬軍團或士兵之類的。」

我不記得確切的代號名稱是什麼，柯瑞一定以為是我故意

誤導他。我倒希望我有那麼聰明。從此之後,我學會更小心謹慎。

我們的關鍵挑戰是說服仲裁員相信:一、很多公司都想獲得 8080 BASIC 的授權;二、根據合約規定,Pertec/MITS 有責任遵守合約盡最大努力推動軟體授權,但他們卻從中阻撓。幸運的是,瑞克在他的微軟日誌中詳細記錄了過去一年我們與這些公司的往來。有了這些紀錄,我們就能證明全世界都需要我們開發的軟體。

聽證程序在 6 月底結束。然後我們就只能等待,一直等待。由於 MITS 的款項被擱置,微軟急需現金週轉。那年夏天,我與父母通了幾次電話,我終於提到了我一直想迴避的話題:我可能需要借錢維持公司營運。當時,我們已經欠邁恩斯大約 3 萬美元,還要發薪給員工,但我們的現金已經所剩無幾。某天晚上,保羅憂心地問我是不是應該與 MITS 和解。我告訴他,邁恩斯和我父親都向我保證,我們會贏得仲裁。我們應該相信他們。

聽證程序結束後第二天,保羅和我帶著微軟員工去了「大谷牧場」(Big Valley Ranch)連鎖餐廳吃牛排與自助沙拉吧,對我們來說那已經是很高檔的餐廳。我們大約有七個人,包括瑞克在內,隔天他就要離開微軟了。當「總裁」和「副總裁」很心煩、想提振士氣時該怎麼做?請員工吃午餐,並坦白地說出他們的擔憂。這時候必須向員工傳達一件顯而易見的事實:

雖然我們對仲裁結果很有信心,但無法保證能贏。

那天下午,我付清了欠瑞克的薪水。第二天,7月1日,瑞克在前往加州投入新工作與新生活之前,跑來辦公室看我們。即使在出發前,他對離職這件事仍覺得心情複雜,我的感受則相對單純,只是為他的離開感到很難過。幾週後,我為他寫了一封工作推薦信,我在信中誠實地寫道:「我覺得瑞克的離開是微軟的重大損失。」

我不確定是不是公司聚餐發揮了作用,微軟得到了意外的驚喜:到公司未滿一個月的格林伯格告訴我,他願意借7,000美元給微軟,這筆錢足夠我們發薪水了。多年後,格林伯格和我都已經不記得是我開口借錢、還是他主動提出,但微軟拿到了這筆借款,我們約定微軟每月會支付他80美元的利息。(格林伯格的父親得知這件事之後罵了他。他原本就不諒解兒子選擇了微軟、而不是知名企業。他說:「你找到工作,是公司應該付錢給你。你知道對吧?」)

我希望能籌到更多資金,所以收到格林伯格借款的隔天,我寫了一封信給蘋果:

親愛的沃茲尼克先生:

隨信附上我們的標準合約內容。我相信之前我已經向你說明過6502 BASIC的價格:

方案一：1,000 美元固定費用＋2,000 美元原始碼費用（每份 35 美元，上限是 35,000 美元）

方案二：21,000 美元固定費用，包含原始碼與目的碼的全部發行權。

如果你有興趣，我們可以討論介於兩個方案之間的折衷方案。考量到貴公司的軟體專業與特殊的硬體設計，你們可能會需要原始碼……

……如果你需要另一個展示版本或是有任何問題，請隨時與我聯繫。期望我們能達成雙方都受益的授權協議。

比爾

幾週後，我接到蘋果總裁麥可·史考特（Michael Scott）的電話，他說他們喜歡第二個方案。幾天後，我們就收到一張支票，金額是總費用的一半：10,500 美元。我用這筆錢付了更多薪水，另外給了律師 1,000 美元，這只是日益增加的法律費用的一小部分。

就在同一個月，全美知名電子產品連鎖零售通路睿俠（RadioShack）的母公司坦迪（Tandy）宣布推出 TRS-80 家用電腦，成為另一個進軍個人電腦市場的大公司。短短一個月內，睿俠出乎意料地賣出了一萬台 TRS-80，瞬間成為暢銷產

品。睿俠銷售的電腦比 Altair 以及其他業餘愛好者使用的電腦都更完整。售價從 599.95 美元起跳，這台電腦配備了鍵盤、顯示器與卡式磁帶機，而且拆封後就可以使用。坦迪在這台電腦上安裝了自己的 BASIC 版本，主要是以免費的 Tiny BASIC 為基礎開發的。這個版本被稱為 Level 1 BASIC，功能非常有限，坦迪很快就收到了憤怒的客戶投訴。雖然我們錯過了這台機器的發布，我還是希望能說服坦迪購買我們的軟體。我約好 9 月底在他們的公司總部見面。

勞動節過後，我飛回西雅圖參加克莉絲蒂的婚禮，並抽空和父親討論即將與坦迪公司會面的事情。我知道坦迪的技術人員很欣賞我們開發的 BASIC，但是我必須說服掌管公司的高階主管，希望他們認同我們軟體的價值。我從未見過約翰‧羅奇（John Roach）這個人，但我聽說他很強硬，是態度不友善的德州人。

我知道坦迪是一家大量採購電容器、電阻器與撥動開關的公司。他們會雇用專門的「採購員」，這些人唯一的工作就是要求那些為睿俠門市供應數千種產品的亞洲公司盡可能壓低價格。正因為這種強調低成本的企業文化，坦迪的電腦部門能夠以低於 15 萬美元的成本開發第一台 TRS-80。他們可以用優惠價採購 RCA 電視機，作為 TRS-80 的顯示器。這些電視機的外殼是灰色的，所以為了節省成本，整台 TRS-80 電腦都用灰色。

我告訴父親，我的推銷重點是微軟能以遠低於坦迪自行開發的成本，賣 BASIC 給他們。我草擬了兩頁的談話要點，說明我們的產品比市面上其他任何產品都好得多。父親建議我，只要對羅奇誠實說就好。他給了我信心。如果我能提出好的價格，並解釋為什麼這個價格很划算，羅奇或許聽得進去。父親說，我甚至可以詳細分析微軟的成本結構，讓羅奇理解我的想法。

我走進睿俠位於沃思堡（Fort Worth）的總部時，已經準備好要自信地說明我們的 BASIC 優勢，並提供他們優惠的價格。我們向德州儀器收取 9 萬美元的費用，是因為需要為他們的新晶片進行大量的客製化。以睿俠的狀況來說，我決定只報價 5 萬美元。

我們所有人圍著一張桌子站著：我、睿俠的軟體部門負責人、其他幾個人，還有羅奇。我開始講述我精心準備的銷售簡報。

我說話時，羅奇就站在那裡，下巴微微抬起，完全看不出來他在想什麼。他可能有說了一些話，我不記得了，但我總覺得他似乎有些抗拒。

我不停地說著，完全無法掩飾內心的激動，「你們需要我們！」我熱切地說道，「沒有我們的 BASIC，你們的電腦什麼都做不了！」這時我已經完全脫稿演出，「有了我們的 BASIC，你們就無敵了！」我補充。

這並不完全是虛張聲勢。我們在開發 BASIC 的思考深度與付出的心血，遠超過當時其他產品。那時，我雙手撐在桌上，身體往前傾面向羅奇，他的臉已經漲得通紅。

他問我價格多少。

「5 萬美元。」我說。這是固定費用。

羅奇的回應，至今仍是我在微軟初期最難忘的記憶之一。「放屁！」他低吼了一聲。天啊，這可不在原先的劇本中。不過，我自己也可能說出這種話，只是不會用那麼粗魯的字眼。經過那次會議，我就很喜歡羅奇這個人，也很喜歡睿俠這家公司，他們都是優秀的生意人。更讓我開心的是，儘管那天下午的互動很激烈，「放屁羅奇」（我們對他的暱稱）最終還是接受了我們的價格。

個人電腦產業的先行者羅勃茲

我去拜訪睿俠的時候，我們也收到了 MITS 案件仲裁員的最後裁決：他支持微軟。他中止了我們與 MITS 簽訂的 8080 BASIC 獨家授權協議，明確澄清我們擁有原始碼的所有權。

裁決重點主要聚焦於 Pertec 試圖阻止 MITS 將 BASIC 授權給競爭對手，且 MITS 是用我們的軟體開發自己的 BASIC 版本，仲裁員聲稱這是一種「企業盜版行為，無論是從合約文字或是任何合理解讀來看，都是不被允許的。」

我們立刻聯繫多家在等待軟體授權的公司。幾週之內，我

們就收到了五、六家客戶的款項，包括 ADDS 與「百夫長」專案（或是其他的專案名稱）。我們會負責盡最大努力授權自家的軟體，而且 MITS 出局後，我們再也不需要分成。

10 月下旬，我將剩餘的欠款寄給邁恩斯，並寫道：「我希望現在說這些不會太早，我覺得這表示我們與 MITS 的冒險旅程終於劃上句點。這次經歷不僅結果令人滿意，過程也很精彩愉快。這都要歸功於你。」此後的許多年，邁恩斯一直是我和微軟信任的法律顧問。

Pertec 在 5 月底完成收購 MITS。羅勃茲從中獲得數百萬美元，還得到了一份好工作：在 Pertec 負責管理一間實驗室，研發下一個熱門技術。但是柯瑞與我們在 MITS 的其他老朋友，從一開始就覺得 Pertec 不是合適的對象。MITS 運作靈活隨性，有自己獨特的創新方式。Pertec 則顯得保守僵化，而且過度自信，認為能掌控變化快速的個人電腦市場。Pertec 很快就扼殺了小公司的活力。Altair 的市占率持續下滑，羅勃茲曾提議銷售筆記型電腦，但被 Pertec 否決了，他們不相信這個產品會有市場。

羅勃茲在佛羅里達州的成長過程中，曾立志成為外科醫生，他總是隨身攜帶人體解剖學習卡，甚至曾在醫院擔任過外科技術員。在 Pertec 短暫工作一段時間後，他就辭職並帶著家人搬到喬治亞州的科克倫（Cochran）。他在當地經營農場，幾年後終於實現兒時的夢想：羅勃茲 44 歲時在默瑟大學

（Mercer University）取得醫學學位。在他後來的人生中，他開了一間小診所，為喬治亞州鄉村的居民服務。

我與羅勃茲的關係很複雜，但這段關係對我早期的生涯有很深遠的影響。大約在微軟贏得仲裁時，我曾去他在MITS的辦公室拜訪他。他說裁決結果讓他很受傷，他認為仲裁員誤解了當時的情況。「下次我就找個殺手，」他說。他當然是在開玩笑，但是他沒有笑。我們兩人走上不同道路之後，見面的次數也愈來愈少。2009年，我聽說羅勃茲因為感染肺炎住院，我打電話給他。我們已經很多年沒有交談，但我知道他心中仍有些怨氣。我告訴他，我希望他知道當年與他共事的期間，我從他身上學到很多，只是當時的我絕對說不出口。「我那時候很不成熟、還有一點自負。但我改變了很多，」我對他說。這段話似乎打破了隔閡，我們開始愉快地聊天，「我們一起做了很有意義、很重要的工作，」他說。我同意：我們真的一起做了很有意義的事。

幾個月後，羅勃茲的病情惡化，我飛到喬治亞去看他。當時他幾乎處於昏迷狀態，我在那裡待了幾小時，對著他說話、也和他的兒子大衛（David）聊天，回想電腦產業的早期時光。不久之後，2010年4月，羅勃茲就去世了，享年68歲。他不僅率先推出獲得商業成功的電腦，還為個人電腦的未來發展畫出了藍圖。MITS電子報是第一本專門介紹個人電腦的雜誌。他們也是第一屆個人電腦展的贊助者。最早的電腦店都

是 Altair 的經銷商,因為這台電腦而形成的使用者社群更催生了許多重要的公司,包括蘋果。但是在我們談話時,大衛告訴我,他父親認為在小鎮行醫,與推動一場科技革命一樣有意義。

微軟總部遷至西雅圖

1977 年底時,康懋達 PET、Apple II 與睿俠 TRS-80 已進入了學校、辦公室與家庭之中,在短短幾年內就累積了數十萬使用者,其中多數人以前從未碰過電腦。與第一代電腦愛好者使用的電腦不同,這三台電腦都是完成組裝、隨時可用,不需要使用者自己焊接。PET 擁有許多功能,包括內建的卡式磁帶機,可用來儲存資料與程式;它的鍵盤很不好用,甚至被評論者比喻為芝蘭口香糖(Chiclets),但這完全沒有妨礙到這台電腦的成功。接下來一年,坦迪更新了 TRS-80,增加新功能,並借助五千家的睿俠門市建立起其他公司無法企及的規模。Apple II 憑藉高明的行銷、獨特的設計與彩色圖形顯示,銷量快速攀升,其中彩色圖形顯示功能特別適合玩遊戲。

這三台機器後來被稱為「1977 個人電腦三神」(1977 Trinity),從此讓個人電腦成為主流,其他競爭對手則逐漸落後。(我們曾非常興奮能合作的科技巨頭德州儀器,從未在個人電腦市場取得成功。)這三大個人電腦,每一台都安裝我們根據個別要求、客製化開發的 BASIC 版本。安裝在睿俠電

腦上的是 Level II BASIC，在蘋果電腦上的則取名為 Applesoft（是我們兩家公司的名字組合），至於安裝在 PET 電腦上的版本，就直接叫作康懋達 BASIC。我們在康懋達版本的程式中加入了一個彩蛋。PET 使用者輸入以下指令：WAIT 6502,1，螢幕左上角就會出現：MICROSOFT!

現在微軟再也不需要依賴 MITS，加上保羅和我在阿布奎基招募程式設計師碰到困難，在 1978 年的春天，我們寫了一份備忘錄給公司的十幾名員工，列出了未來總部的可能地點。我寫了西雅圖、達拉斯─沃思堡（靠近我們的大客戶：坦迪與德州儀器）與矽谷（有大量的客戶與可雇用人才，同時也有許多競爭對手）。保羅傾向選我們的家鄉。他受夠了阿布奎基的炎熱氣候，非常想念西雅圖的湖泊與普吉特灣，也希望離家人近一點。多數員工對於地點持開放態度（有些人還是想留在阿布奎基）。經過一番考量，我得出結論，西雅圖能滿足各項條件：華盛頓大學可提供大量的程式設計人才，而且遠離矽谷，保密性更高，也能降低員工被競爭對手挖角的風險。當然，這也是我媽媽的心願。我們決定搬回西雅圖之後，她就忍不住寄給我從報紙上剪下的房地產廣告，還不忘加上她的建議：「這裡離橋很近，我覺得是很不錯的選擇」。

1978 年 12 月是我們在阿布奎基的最後一個月，格林伯格參加比賽贏得了一次免費全家福攝影。他發了通知給大家，主旨是「團隊精神」，邀請大家到上海餐館後方的照相館。他帶

去拍照的家人就是我們全體十二位員工之中的十一人（有一人那天回老家了）。我們那天拍的團體照，成為 1970 年代的微軟經典照片，照片裡可以看到寬衣領、蓬亂的頭髮，以及五個大鬍子。

大約一個月後，我把為數不多的家當塞進我的保時捷 911，還放了跟保羅借的《世界大戰》（*The War of the Worlds*）錄音帶，啟程向北穿越內華達州，到矽谷參加幾場會議，再北上西雅圖。那趟旅程我被開了三張超速罰單。我還記得當時對於搬回家這件事，心情有點奇怪。離家讀大學時，我告訴父母自己不會再回到西雅圖住了，我理所當然地覺得自己注定要到更廣闊的世界開創人生。在我心中，那個地方應該是東岸，是金融、政治、頂尖大學以及當時電腦產業的中心。返鄉可能會被視為是一種撤退。

但是仔細想想，我知道這次不一樣。不是只有我一個人搬回去西雅圖，而是微軟，是我和朋友一起創辦的公司，我們有一群特立獨行的員工，我們的業務持續成長、也開始獲利。從那時開始，這家公司就是我人生不可分割的一部分。我的人生之路就此底定。我在五號州際公路上以時速 160 公里奔馳時，還無法想像這條路會帶我走多遠。

後記

　　我母親和外祖母一直希望在胡德運河邊有一個住處，等到我們兄弟姐妹長大、擁有自己的家庭時，可以在這裡團聚。加米在 1987 年離世，還沒來得及看到這個夢想實現。在她的告別式那一天，我和我父母、莉比與克莉絲蒂開車去看加米為我們找到的一塊地。後來我買下那塊地，接下來的幾年我們陸續建了幾棟小屋，我母親將這個家族莊園稱為「蓋茲園道」（Gateaway），在微軟創業初期，無論是碰到順境或逆境（多數時候是順利的），這裡一直是我的避風港。我漸漸養成了一個習慣，會到胡德運河邊待一段時間，我稱之為「思考週」（Think Week）。一年之中有一、兩次，我會開車或是搭水上飛機到胡德運河。在這連續 7 天不受干擾的期間，我會讀書、讀文章與論文，密集學習我認為需要學習的領域。然後我會寫下長篇的策略備忘錄，探討微軟如何在某些領域保持領先，例如網路安全與自然語言處理等。如加米和我母親所期望的，蓋茲園道成了我們大家族的基地，每年 7 月 4 日與感恩節，我們都會在這裡團聚。隨著我們家族不斷擴大，這裡也成為我的孩子們與他們的表親延續奇里歐精神的地方。

　　2012 年 7 月 4 日的家族聚會之前，我搭水上飛機到蓋茲園

附近的度假村。走上碼頭時，我突然聽到有人喊：「特雷！」我抬頭一看，是一位高瘦的老人，我馬上認出他是肯特的爸爸馬文・伊凡斯。我們大概有二十年沒見了。

馬文說他和肯特的弟弟大衛正在短程航行，預計在度假村停靠一晚。我們坐在他們家船上的甲板上敘舊。肯特的母親因為長期的疾病，幾年前過世了。現年八十多歲的馬文說話時仍帶著熟悉的、令人安心的南方口音，我彷彿回到了以前他開著 1967 年道奇車，載著肯特和我在西雅圖街頭穿梭的時光。他說，這些年他開始寫回憶錄，很自然地也寫到了肯特和我，以及湖濱程式設計工作室的故事。我背出伊凡斯家的電話號碼時，馬文笑了，這個號碼永遠銘刻在我的記憶裡。馬文告訴我，你們這些男孩們擁有了不起的智慧與創意。我回答，假如肯特沒有離開，我們一起的旅程可能會一直持續下去。我們會進同一所大學，成為事業上的夥伴。馬文說，他也這麼認為。

有一件事是確定的。就連對未來超級樂觀的肯特，如果看到我們對於程式設計的熱愛居然創造了今天的成就，也一定會覺得很難以置信。那個曾經想知道 1,500 萬美元的現金能不能塞進一輛車裡的少年，應該會很開心地發現，我們當初在湖濱學校終端機前學到的本領、在 C 立方磨練的技能、在排課程式專案累積的實務經驗，在未來造就了史上最成功的公司之一。而那些技術所創造出的產物：軟體，如今已經融入現代生活的所有層面。

我不是容易緬懷過去的人,但有時候我真希望能回到13歲,重新與這個世界約定:只要你勇往直前、不斷地學習更多、讓理解更深刻,就能創造出真正有用與創新的東西。

成功的故事常把人簡化成某些刻板印象:神童、天才工程師、顛覆傳統的設計師、充滿矛盾的商業大亨。至於我的故事,充滿了許多非我能控制的獨特情境,它們塑造了我的性格,影響了我的人生選擇。我擁有許多不需努力就能獲得的特權:出生在富裕的美國,就像是中了人生樂透,更不用說我生在一個特別優待白人男性的社會。

我也幸運地趕上好時機。我還是橡果學院幼兒園裡的叛逆小孩時,工程師已經找到方法將微型電路整合在單一矽片上,發明了半導體。當我在卡菲老師管理的圖書館整理書籍時,有一位工程師預測了這些電路在未來幾年會以指數級速度不斷縮小。我13歲開始寫程式時,當時很難接觸到的大型電腦,已開始使用晶片儲存資料。等到我拿到駕照時,一台電腦所需的功能已經能全部整合在單一晶片上。

我很早就意識到自己有數學天分,這是我人生故事的重要轉折點。數學家艾倫伯格(Jordan Ellenberg)在《數學教你不犯錯》(*How Not to Be Wrong*)這本精彩的書中寫道:「了解

數學就像是戴上一副 X 光眼鏡,能夠看穿世界表面的混沌與雜亂,洞察隱藏於表面之下的結構。」這副 X 光眼鏡的確幫助我看見混亂之下隱藏的秩序,也強化了我的信念:一定有正確答案,我只需要找到它。那樣的頓悟正巧出現在我人生中最重要的成長時期,當年幼的大腦正在發展成更專業化、更有效率的工具。對數字的掌握不僅帶給我信心,也給了我安全感。

我 30 歲出頭時,利用一次難得的假期看了費曼(Richard Feyman)教大學生物理的課程影片。他對主題的深入理解,以及講解時流露出孩童般的好奇心,讓我深深著迷。我搜尋並閱讀了他所有能找到的作品。他在發現新知識與探索世界奧祕時體會到的快樂,我完全能夠體會,「發現事理的樂趣,」就如他所說的,「這就是黃金,這就是興奮所在,是你有紀律地思考、努力工作之後所獲得的回報。」他在《費曼的科學精神》(*The Meaning of It All*)書中解釋。

費曼是特例,是罕見的天才,他對世界的理解廣博且深入,能在各領域運用理性思維解決難題。但是他準確描述了我從小就深刻體會到的感受:我開始建構心智模型,幫助我具體理解世界的各個部分與組成。知識不斷地累積,心智模型也愈來愈精密。這就是我投入軟體開發的路徑。我在湖濱學校愛上寫程式,後來經歷的每個階段,包括 C 立方的駭客行動以及在 TRW 的短期工作,我都是跟隨著強烈的學習熱情,而且恰好在個人電腦產業萌芽之際,養成了被需要的專業技能。

當然，好奇心不可能在封閉的環境中得到滿足。它需要培養、資源、引導以及支持。當克雷希博士對我說，我是個幸運的孩子，我相信他的意思是我很幸運能成為比爾與瑪麗・蓋茲的孩子，他們在面對複雜難搞的兒子時，雖然遇到了一些困境，最終卻很自然地知道該如何引導這個孩子。

　　如果我在現在長大，可能會被診斷有自閉症類群障礙。我小時候，人們普遍還不理解有些人大腦處理訊息的方式和別人不一樣。（神經多樣性〔neurodivergent〕這個字直到1990年代才出現。）我父母沒有任何指導或參考書能幫助他們理解，為什麼兒子對某些專案如此投入（例如小小的德拉瓦州）；看不懂社交暗示；經常表現得無禮或不得體，似乎不知道自己的行為會影響到他人。我也無從得知，克雷希博士當時是否有發現，或是向我父母提到這一點。

　　但我可以確定的是，我父母很剛好地提供我需要的支持與適度的壓力：他們給我情緒發展的空間，也為我創造培養社交能力的機會。他們沒有讓我變得內向封閉，而是推著我接觸外面的世界，加入棒球隊、參加童子軍，到其他奇里歐家庭吃晚餐。他們讓我持續與大人接觸，讓我熟悉他們的朋友與同事的語言與想法，滿足我對校園之外的世界的好奇心。即使有他們的用心，我的社交能力仍發展得很慢，我很晚才意識到自己的行為會影響到其他人。不過，隨著年紀增長與經驗累積，加上自己有了小孩之後，我已經變得比較好了。我希望改變能更早

發生，但我不會用任何東西交換我與生俱來的大腦。

母親在婚前寫給父親的信中提到的「統一戰線」，在他們婚後也從未動搖過，他們迥異的性格塑造出今天的我。我永遠無法像我父親那樣沉著冷靜，但是我遺傳了他的自信、以及相信自己有能力做到的意志。母親對我的影響比較複雜一些。我把她對我的期望內化、變成了一股更強烈的渴望，想出類拔萃、想達成重大成就。彷彿有一股力量驅策我，必須遠遠超越母親設定的標準，讓這件事再也沒有任何討論的餘地。

當然，母親總是會教導我一些道理。她總是提醒我，任何我獲得的財富，我都只是代為管理者。擁有財富，就有責任回饋社會，她總是這麼說。我很遺憾母親沒能親眼看見我如何努力想達成她的期望。她在1994年因為乳癌過世，享年64歲。母親去世後，父親協助我們成立基金會，並擔任多年的共同會長，將自己在律師生涯中懷抱的同情心與正直品格，帶進基金會。

我人生的大部分時間都在關注未來。即使是現在，我大部分的時間仍在研究可能要等待好幾年才會出現突破性進展的事物（如果真的能出現）。然而，隨著年齡增長，我發現自己愈來愈常回顧過往。結果，將記憶片段逐漸拼湊起來，讓我更理解自己。成年後很神奇的一件事，是當你褪去所有歲月的痕跡與後天的學習，才驚訝地發現，自己的許多特質，都是小時候就存在了。從許多方面來看，我依然是那個坐在加米餐桌旁，

等她發牌的八歲男孩。現在的我依然能感受到同樣的雀躍，就像是充滿好奇的孩子，迫不及待想理解關於這世界的一切。

致謝

我寫過幾本書,但是寫回憶錄是完全不同的體驗。重溫我的人生早期階段,梳理過去的記憶,變成一件很有趣的事。我沒有想過我會愈來愈享受分析自己的過去,以及這個過程在理性與情感上帶給我的新收穫。我會繼續這段追尋過往之旅。我預計寫另一本回憶錄,聚焦於我經營微軟那些年的故事,第三本書則是關於我現在的人生階段以及在蓋茲基金會的經歷。

我要感謝出現在我人生中的許多人,因為有他們的協助,這本書才有可能出版。

在寫這本回憶錄時,我很幸運有 Rob Guth 幫我整理、引導並建構我的回憶。十多年來,他深入研究、訪談我的親朋好友,成為我的記憶與人生經歷的活資料庫。他能抓出主題重點,幫助我創作出引人入勝的敘事,使得這本書不僅僅是各種軼事的彙整,沒有他,這本書不可能完成。

我要感謝 Courtney Hodell,從許多年前開始構思這本書時,她對故事的敏銳判斷與睿智的建議就一直引導著我。Susan Freinkel 豐富的寫作與編輯經驗,讓我的故事更有結構、更清晰。我很感謝所有的研究人員、作家與專家們:Chris Quirk、David Pearlstein、Harry McCracken、Lucy

Woods、Pablo Perez-Fernandez、Tedd Pitts、Tom Madams、Wayt Gibbs 與 Yumiko Kono，以各種方式支持這本書，為全書建立了穩固的基礎。

我非常感謝許多朋友願意接受訪談，分享他們在我人生早期階段發生的故事與回憶。

關於我人生早期以及關於我父母的記憶，我想感謝 Llew Pritchard、Jonie Pritchard、Marty Smith、Jim Irwin、Jeff Raikes、Tricia Raikes、Tom Fitzpatrick、Tren Griffin、Chris Bayley、Anne Winblad 與 Bill Neukom，以及我的同學們 Stan "Boomer" Youngs、Kip Cramer、Chip Holland、Lollie Groth 與 Dave Hennings。

謝謝我在湖濱學校的朋友 Page Knudson Cowles、Paul Carlson、Tom Rona 與 Vicki Weeks 分享我們高中時的故事。也謝謝我們的老師，包括 Bruce Bailey 與 Fred Wright。我的朋友、也是湖濱學校大家庭的成員 Bernie Noe，在我們兩人多次的談話中，針對這本書提供了許多睿智的建議，就如同他一直以來給我人生建議一樣。

特別謝謝 Connie Gordon 分享她已故的丈夫、我的好友 Doug Gordon 的回憶，絕頂聰明的一個人，總是在智識上帶給我啟發，我也永遠敬佩他看待世界的開放心胸。

Dan Sill 讓我重拾那些山間旅行的記憶，Mike Collier 則分享了我們的那幾次探險的故事與照片。也感謝 Chip Kennaugh

與 186 童軍團的朋友們。

David Evans 與他的父親 Marvin Evans 幫了非常多忙，他們慷慨地分享了肯特短暫人生中的美麗與苦痛。謝謝 Norm Petersen 分享肯特人生最後幾個月的記憶與珍貴照片。

我要謝謝我的大學好友 Sam Znaimer、Jim Sethna、Andy Braiterman、Peter Galison 與 Lloyd "Nick" Trefethen，在哈佛帶給我很多啟發，並分享關於那些年的記憶。我的哈佛教授 Harry Lewis 特地花時間幫我補充了 1970 年代初期，我在艾肯實驗室與哈佛生活的記憶。儘管最終沒有寫進書裡，但我感謝 Harry 讓我認識了「煎餅問題」（順便說明，趁 Harry 不注意時，將時鐘調快 10 分鐘的人不是我。）謝謝 Eric Roberts，我永遠不會忘記他在哈佛給我的幫助。謝謝 Ed Taft 帶給這本書的貢獻。謝謝 Tom Cheatham III 分享關於他父親的回憶。

謝謝微軟的創始團隊。我特別感謝 Monte Davidoff、Bob Greenberg、Chris Larson、Marc McDonald、Steve Wood 與 Bob O'Rear，謝謝你們在 Micro-Soft 還只是一家小新創時就全然地相信公司，也幫助我寫出我們的故事。

Eddie Currie 耐心地回顧了微軟與 MITS 合作的起起落落，並在多年後幫助我重新與 Ed Roberts 取得聯繫。我很珍惜與 David Roberts 共處的時光，謝謝他讓我在這本書中重現他父親的人生與事蹟。

謝謝我們在 Traf-O-Data 的夥伴 Paul Gilbert，也謝謝 Mike

Schaefer 幫助我講述瑞克的生活以及他對微軟的貢獻。謝謝 Van Chandler 與 Randy Wigginton 協助補充個人電腦興起那段時期的記憶。

能夠取得與我的人生有關的檔案資料，提供了莫大的幫助。我特別感謝 Gates Archive 的 Joe Ross、Meg Tuomala 與 Emily Jones，以及 Microsoft Archive 的 Patti Thibodeau、Lakeside Archives 的 Leslie Schuler 以及她在湖濱學校科學科的同事。謝謝史丹佛大學的檔案管理員 Josh Schneider、哈佛大學與華盛頓大學的檔案管理員的研究與指導。

要在半世紀之後回頭講一個故事很不容易，幸好已經有許多才華洋溢的作家做了基礎工作，給了我極大的幫助。謝謝這些作家的作品幫助我喚起記憶，並補充了早期個人電腦產業的故事：Paul Andrews、Paul Freiberger、Walter Isaacson、Steven Levy、Steve Lohr、Stephen Manes、John Markoff 與 Michael Swaine。

謝謝幫忙看初稿的 Paula Hurd、Marc St. John 與 Sheila Gulati。這些親近且值得信賴的友人閱讀初稿後，在我寫作的關鍵階段提供了深刻且富有洞見的回饋。

特別謝謝 Gates Ventures 的許多人，協助讓這本書順利出版。

Larry Cohen 在我們一起工作時就像是一道光，當我萌生寫回憶錄的想法時，提供了明智的建議。

Alex Reid 與她的公關團隊熟練地策劃這本回憶錄的發行,並善用媒體資源,幫助我接觸到讀者。

Andy Cook 和他的團隊,面對不斷變化的讀者需求,依然能找到方法將這本書推向市場。

Ian Saunders 和他的創意團隊從書中文字獲得靈感,發揮絕佳創意,接觸到更多讀者。

Jen Krajicek 與 Pia Dierking 以嚴謹的工作態度與圓融的溝通技巧,確保這本書的每個製作環節都能順利進行。

Gregg Eskenazi、Hillary Bounds 與 Laura Ayers 協助處理出版過程中看似永遠處理不完的合約與法律事務。

多年來,有很多人在這本書的製作與出版過程中扮演了關鍵角色:Alicia Salmond、Anita Kissée、Anna Dahlquist、Anu Horsman、Aubree Bogdonovich、Bradley Castaneda、Bridgitt Arnold、Cailin Wyatt、Chloe Johnson、Darya Fenton、David Sanger、Dinali Weeraman、Donia Barani、Emily Warden、Emma McHugh、Emma Northup、Erin Rickard、Graham Gerrity、Jacqueline Smith、Joanna Fuller、John Murphy、John Pinette、Jordana Narin、Josh Daniel、Josh Friedman、Katie Rupp、Kerry McNellis、Khiota Therrien、Kim McGee、Kimberly Lamar、Kristi Anthony、Lauren Jiloty、Mara MacLean、Margaret Holsinger、Mariah Young、Meghan Groob、Mike Immerwahr、Neil Shah、Sarah Fosmo、Sean Simons、

Sean Williams、Sebastian Majewski、Stephanie Williams、Tom Black、Valerie Morones、Whitney Beatty 與 Zach Finkelstein。

我也要謝謝 Gates Ventures 的優秀團隊：Aishwarya Sukumar、Alex Bertha、Alex Grinberg、Alexandra Crosby、Amy Mayberry、Andrea Vargas Guerra、Angelina Meadows Comb、Anna Devon-Sand、Anne Liu、Avery Bell、Becky Bartlein、Bennett Sherry、Brian Sanders、Brian Weiss、Bridgette O'Connor、Caitlin McHugh、Chelsea Katzenberg、Chevy Lazenby、Christopher Hughes、Courtney Voigt、Craig Miller、David Phillips、Dillon Mydland、Ebony McKiver、Emily Woolway、Erik Christensen、Farhad Imam、Gloria Ikilezi、Goutham Kandru、Graham Bearden、Greg Martinez、Gretchen Burk、Hannah Pratt、Heather Viola、Henry Moyers、Ilia Lopez、Jamal Yearwood、Jeanne Solsten、Jeff Huston、Jen Kidwell Drake、Jennie Lyman、Jonathan Shin、Jordan-Tate Thomas、Kate Reizner、Ken Caldeira、Kendra Fahrenbach、Kevin Smallwood、Kristina Malzbender、Kyle Nettelbladt、Linda Patterson、Lindsey Funari、Lisa Bishop、Lisa Perrone、Manny McBride、Matt Clement、Matt Tully、Meredith Kimball、Michael Peters、Mike Maguire、Molly Sinnott、Mukta Phatak、Naomi Zukor、Niranjan Bose、Patrick Owens、Prarthna Desai、Quinn Cornelius、Rachel Phillips、Ray Minchew、Rodi Guidero、Ryan Fitzgerald、Sonya Shekhar、Steve Springmeyer、

Sunrise Swanson Williams、Sydney Garfinkel、Sydney Yang Hoffman、Teresa Matson、Tony Hoelscher、Tony Pound、Tricia Jester、Tyler Hughes、Tyler Wilson、Udita Persaud、Varsha Krish、Vijay Sureshkumar、Yasmine Diara、Will Wang 與 Zach Hennenfent。

少了 Knopf 世界級的頂尖團隊，這本書就無法出版。這本書有三位編輯，首先是傳奇的 Bob Gottlieb。Bob 也是我前兩本書的編輯，也是這本書最早的支持者。不幸的是，就在初稿剛開始成形時，Bob 過世了。出版界就此失去了耀眼的明星。我推薦大家去看《翻開每一頁》（*Turn Every Page*）這部電影（由 Bob 的女兒 Lizzie Gottlieb 執導），就能感受到 Bob 的不凡。Bob 離世後，我幸運地認識了才華洋溢的 Reagan Arthur，見證了這本書在初期如何成形，並確立了方向。

在 Jennifer Barth 的專業掌舵下，這本書最終得以順利出版。她願意接手這個專案，投入大量時間與精力讓這本書臻於完美。我由衷感謝她有力的指導、無私的付出與始終如一的沉著冷靜，即使在繁複的編輯過程中也是如此。

感謝 KDPG 所有支持這本書出版的工作人員，首先是非常有遠見的 Maya Mavjee，她一直對這本書很有信心。還要謝謝 Knopf 出版社聰明的發行人暨總編輯 Jordan Pavlin，她始終堅定地投入這本書的出版。製作編輯總監 Ellen Feldman 的付出功不可沒。我也謝謝其他參與這本書出版的同事：Anne

Achenbaum、Michael Collica、Meredith Dros、Brian Etling、John Gall、Erinn Hartman、Kate Hughes、Oona Intemann、Laura Keefe、Linda Korn、Serena Lehman、Beth Meister、Lisa Montebello、Jessica Purcell、Sal Ruggiero、Suzanne Smith 與 Ellen Whitaker。也特別感謝 Knopf Canada 團隊以及 Allen Lane/Penguin Press UK 的貢獻,很高興能與你們一起工作。

如果沒有保羅・艾倫,我的人生不會有今天的成就,他是我的摯友、夥伴,是鞭策我前進的人。保羅走得太早了。寫這本書讓我有機會重溫那些我們形影不離的美好時光,我們在那段歲月創造了了不起的事物。我感謝保羅展現的洞察力、智慧、好奇心與友誼,尤其是在那些最艱難的時刻。

最後,我特別感謝我的姊姊克莉絲蒂與妹妹莉比。她們一生都很有耐心地支持著我,她們對這本書的貢獻也至關重要。在寫這本書的初期,我們三人在一個夏日的午後,在胡德運河邊笑著回憶童年往事、家族故事,以及一起成長的點點滴滴,從糖蜜到匹克球。我們三人度過了歡樂的時光,也很開心地發現經過那麼多的歲月,我們的關係更加緊密。我很幸運能有你們這樣的姐妹,也永遠感激你們一直以來給予我的愛與理解。

最後,我想感謝我的孩子們 Jenn、Rory 與 Phoebe。能成為你們的父親,看著你們長大,是我人生中最大的喜悅。我在寫這本書時,想到你們已經成長為如此優秀的人,你們的祖父母和曾祖父母一定會感到非常驕傲。

圖片來源

P23, 49, 69, 91, 143：作者個人收藏

P117, 245：湖濱學校檔案

P163：Bruce R. Burgess

P191：Norman Petersen

P267：哈佛年鑑

P299：Nick DeWolf 攝影

P321：《大眾電子學》雜誌

P337：David H. Ahl提供照片

P371：Kazuhiko Nishi

彩色照片集，所有照片均來自作者個人收藏，除以下照片，在此列出來源：

P223（婚禮照片）：Richards Studio Tacoma

P224, 225（蓋茲家庭照）：@ Wallace Ackerman Photography

P226（年輕的比爾蓋茲與箱子）：Museum of History & Industry, Seattle

P231（與聖誕老人合照）：Auther & Associates Holiday Photography

P232, 233（除了比爾‧蓋茲穿著童子軍制服、童子軍註冊卡之外的照片）：Mike Collier

P234-236（年輕時的肯特）：伊凡斯家族檔案；（上課照片、保羅與瑞克的學校大頭照）：湖濱學校檔案；（男孩在學校與電傳電腦合影的四張照片）：Bruce R. Burgess。

P237（比爾‧蓋茲的三張學校大頭照）：湖濱學校檔案

P240, 241（比爾‧蓋茲與保羅‧艾倫）：Barry Wong/The Seattle Times；（比爾‧蓋茲與瑞克‧韋蘭德）：Michael Schaefer；（比爾‧蓋茲在桌後）：© Stephen Wood；（微軟早期總部）：Gates Notes, LLC。

扉頁圖像來自作者個人收藏

為紀念老比爾‧蓋茲與瑪麗‧麥斯威爾‧蓋茲對公民參與以及慈善事業的投入與奉獻,本書所有收益將全數捐贈給聯合勸募。瑪麗‧蓋茲是金郡聯合勸募的首位女性主席,隨後也成為國際聯合勸募的首位女性董事會主席。

國家圖書館出版品預行編目（CIP）資料

原始碼：成為比爾‧蓋茲／比爾‧蓋茲（Bill Gates）作；吳凱琳譯.
-- 臺北市：天下雜誌股份有限公司, 2025.02
432 面；14.8×21 公分. --（天下財經；570）
譯自：Source code : my beginning
ISBN 978-626-7468-68-5（平裝）

1. CST: 蓋茲（Gates, Bill, 1955- ）　2. CST: 自傳

785.28　　　　　　　　　　　　　　　　113017105

天下財經 570

原始碼：成為比爾・蓋茲
SOURCE CODE: My Beginnings

作　　者／比爾・蓋茲（Bill Gates）
譯　　者／吳凱琳
封面設計／Javick工作室
內頁排版／邱介惠
責任編輯／許　湘
協力編輯／張奕芬、張齊方、呼延朔璟

天下雜誌群創辦人／殷允芃
天下雜誌董事長／吳迎春
出版部總編輯／吳韻儀
出 版 者／天下雜誌股份有限公司
地　　址／台北市 104 南京東路二段 139 號 11 樓
讀者服務／（02）2662-0332　傳真／（02）2662-6048
天下雜誌GROUP網址／http://www.cw.com.tw
劃撥帳號／01895001天下雜誌股份有限公司
法律顧問／台英國際商務法律事務所・羅明通律師
製版印刷／中原造像股份有限公司
總 經 銷／大和圖書有限公司　電話／（02）8990-2588
出版日期／2025 年 2 月 5 日第一版第一次印行
　　　　　2025 年 2 月 19 日第一版第二次印行
定　　價／700 元

Copyright © 2025 by Bill Gates
All rights reserved including the right of reproduction in whole or in part in any form.
This edition published by arrangement with Alfred A. Knopf, an imprint of
The Knopf Doubleday Publishing Group,
a division of Penguin Random House LLC.
Through Bardon-Chinese Media Agency 博達著作權代理有限公司
Complex Chinese Translation copyright © 2025
by CommonWealth Magazine Co., Ltd.
ALL RIGHTS RESERVED

書　號：BCCF0570P
ISBN：978-626-7468-68-5（平裝）

直營門市書香花園　地址／台北市建國北路二段6巷11號　電話／02-2506-1635
天下網路書店　shop.cwbook.com.tw　電話／02-2662-0332　傳真／02-2662-6048
本書如有缺頁、破損、裝訂錯誤，請寄回本公司調換

天下 雜誌出版
CommonWealth
Mag. Publishing

BASIC MCS 8080   GATES/ALLEN/DAVIDOFF   MACRO 47(113) 03:12 10-S
F3   MAC   6-SEP-64 03:11   IF ... THEN CODE

```
   3615                                       52520    SUBTTL  IF ... TH
   3616   004325'  001000   000315            52540    IF:     CALL
   3617   004326'  000000   005336'
   3618   004327'  000000   004323'
   3619                                       52560            IFE     LENGTH,<
   3620                                       52580            IFN     STRING,<
   3621                                       52600                    LDA
   3622                                       52620                    PUSH
   3623   004330'  001000   000176            52640                    MOV
   3624                                       52660            IFE     LENGTH,<
   3625                                       52680                    CALL
   3626                                       52700                    MVI
   3627                                       52720
   3628                                       52740
   3629                                       52760
   3630                                       52780    LOOPIF: SUI
   3631                                       52800            JC
   3632                                       52820    NUMREL=LESSTK=GR
   3633                                       52840            CPI
   3634                                       52860            JNC
   3635                                       52880            CPI
   3636                                       52900            RAL
   3637                                       52920            ORA
   3638                                       52940            MOV
   3639                                       52960            CHRGET
   3640                                       52980            JMP
   3641                                       53000    ENDREL: MOV
   3642                                       53020            ORA
   3643                                       53040            JZ
   3644                                       53060            PUSH
   3645                                       53080            CALL
   3646                                       53100
   3647                                       53120
   3648   004331'  001000   000376            53140            IFE     LENGTH=
   3649   004332'  000000   000654
   3650   004333'  001000   000514            53160                    CZ
   3651   004334'  000000   003426'
   3652   004335'  000000   004326'
   3653                                       53180            IFN     LENGTH,
   3654   004336'  001000   000376            53200                    CPI
   3655   004337'  000000   000210
   3656   004340'  001000   000312            53220                    JZ
   3657   004341'  000000   004346'
   3658   004342'  000000   004334'
   3659   004343'  001000   000317            53240                    SYNCHK
   3660   004344'  000000   000245
   3661   004345'  001000   000053            53260                    DCX
   3662   004346'                             53280    OKGOTO:
   3663                                       53300            IFE     LENGTH,
   3664                                       53320                    POP
   3665                                       53340                    POPR
   3666                                       53360            IFN     STRING,
   3667                                       53380                    XTHL>
```

;EVALUATE A FORMULA

;GET VALUE TYPE INTO [A]
;SAVE THE VALUE TYPE ON THE STACK
;GET TERMINATING CHARACTER OF FORMULA

;ONTO THE STACK
;KEEPS RELATIONAL OPERATOR MEMORIES
;LESS THAN =4
;EQUAL   =2
;GREATER THAN =1
;CHECK FOR A RELATIONAL OPERATOR
;NOPE
;NUMBER OF RELATIONAL OPERATORS
;IS THIS ONE OF THEM?
;NO SEE WHAT WE HAVE
;SETUP BITS BY MAPPING
;0 TO 1, 1 TO 2 AND 2 TO 4
;OR WITH EARLIER BITS
;STORE NEW BITS
;GET NEW CHARACTER
;SEE IF RELATIONAL
;GET REALTIONAL MEMORIES
;SEE IF THERE ARE ANY
;NO RELATIONAL OPERATORS!
;SAVE RELATIONAL MEMORIES
;PICK UP FIRST NON-RELATIONAL
;CHARACTER AGAIN AND INTERPRET FORMULA
;ANSWER LEFT IN FAC
;A COMMA?

;IF SO SKIP IT

;ALLOW "GOTO" AS WELL

;MUST HAVE A THEN

;POP OFF NUMBER

;COMPARE FORMULA TYPES

天下 雜誌出版
CommonWealth
Mag. Publishing